YOU & ME

ZWEI LEBEN MIT DIR

VON ANY CHERUBIM

Er hat das Herz eines Heiligen, den Geist eines Philosophen
und das Geschick des Teufels
– Jake Bennet – alias Roger Roon.

Er stürzt meine Gefühle in ein Chaos, er erlaubt mir, so zu sein, wie es mir all die Jahre zuvor verboten war. Durch ihn habe ich die Chance, einmal das Abenteuer zu spüren – etwas Unvernünftiges zu tun.

Dennoch werde ich Matt heiraten und in mein vorbestimmtes Leben eintreten, er gibt mir Halt – ihn liebe ich!

Die blaue Blume

"Was ihn aber mit voller Macht anzog, war eine hohe lichtblaue Blume, die zunächst an der Quelle stand, und ihn mit ihren breiten, glänzenden Blättern berührte. Rund um sie her standen unzählige Blumen von allen Farben und der köstlichste Geruch erfüllte die Luft. Er sah nichts als die blaue Blume und betrachtete sie lange mit unnennbarer Zärtlichkeit. Endlich wollte er sich ihr nähern, als sie auf einmal sich zu bewegen und zu verändern anfing; die Blätter wurden glänzender und schmiegten sich an den wachsenden Stengel, die Blume neigte sich nach ihm zu, und die Blütenblätter zeigten einen blauen ausgebreiteten Kragen, in welchem ein zartes Gesicht schwebte. Sein süßes Staunen wuchs mit der sonderbaren Verwandlung."

Novalis: Heinrich von Ofterdingen

KAPITEL 1

THE ONE

HANNAH

Eine New Yorker Vernissage hatte ich mir wirklich anders vorgestellt – Gäste, die in kleinen Grüppchen ihr Sektglas festhielten und mit fragenden Gesichtern die ausgestellten Bilder bestaunten. Ruhiges Gemurmel, vielleicht leise Musik. Zumindest hatte ich es so im Kopf, dicht gefolgt von der Vorstellung, dass dies ein Ort wäre, an dem man den künstlerischen Gedanken auf sich wirken lassen könnte.

Aber das hier hatte ich nicht erwartet! Dies war keine gewöhnliche Vernissage, sondern vielmehr eine Party. Laute Musik beschallte das Kunsthaus, Kellner mit freiem Oberkörper, nur bekleidet mit schwarzen langen Hosen, einer Fliege und weißen Handmanschetten, versorgten die Gäste mit Getränken und kleinen Häppchen. Die Damen trugen die tollsten Cocktail- und Abendkleider. Die Stimmung schien ausgesprochen gut. Für Lisa hatte ich mich in mein enges schwarzes Etuikleid und High Heels gezwängt und meine Haare auf große Lockenwickler aufgedreht. Ein wenig unwohl fühlte ich mich schon, so aufgebrezelt. Durch meine hohen Absätze brannten mir die Füße.

»Bist du sicher, dass wir hier richtig sind?«, fragte ich Lisa, meine beste Freundin, verwundert. Ihr hatte ich es zu verdanken, heute Abend nicht gemütlich mit einer DVD und einem Becher Eiscreme auf dem Sofa zu liegen.

»Jetzt stell dich nicht so an! Ist doch eine nette Party. Tante Nancy weiß eben, wie sie ihre Gäste überrascht. Ihre Vernissagen sind nie langweilig.«

Noch bevor ich etwas erwidern konnte, zog sie mich in das Getümmel. Bestimmt hatten die Gäste den Anlass des heutigen Abends schon längst vergessen. Die Bilder wurden zwar von mehreren Spots angestrahlt, doch niemand schien sie zu beachten, obwohl die Creme de la creme der New Yorker Kunstszene zugegen war. Lisas Tante Nancy war Kunstliebhaberin, Galeristin und bot jungen Talenten eine Chance. Heute feierte sie ihr Geschäftsjubiläum. Seit zwanzig Jahren war Nancy Hollister im Kunstgeschäft eine feste Größe und hatte sich im Laufe der Zeit einen Namen gemacht.

Einer der Oben-ohne-Kellner lief gerade an uns vorbei. Sofort nutzte Lisa die Gelegenheit und schnappte sich zwei Sektgläser. Und weil sie es gern übertrieb, fing sie an, einen ganzen Stapel der liebevoll angerichteten Snacks vom Tablett zu stibitzen. Erstaunt beobachtete der Kellner, wie sein Tablett immer leerer wurde und als Lisa bemerkte, wie unverschämt er dies fand, nahm sie ihm gleich das ganze Tablett ab. Sein Mund klappte auf, er wollte etwas sagen, doch man sah ihm deutlich an, wie er sich auf die Zunge biss und seinen Kommentar herunterschluckte.

Ich dagegen starrte sie vorwurfsvoll an – wie konnte man so gierig sein?

»Was?«, versuchte sie sich zu verteidigen, als sie meinen tadelnden Blick bemerkte. »Ich habe den ganzen Tag noch nichts gegessen.«

Typisch Lisa! Wenn ihr Magen sie nicht mit lautem Knurren daran erinnern würde, dass er gefüllt werden wollte, dann würde sie ihn komplett vergessen.

Genüsslich stopfte sie sich den ersten Happen in den Mund und spülte ihn mit einem Schluck Sekt hinunter.

»Wo Tante Nancy wohl steckt?«, fragte sie mit vollem Mund. Unsere Blicke wanderten durch die Menge.

»Sie wird sich schon noch zeigen. Bestimmt hat sie alle Hände voll zu tun.«

Wir schoben uns durch die Menge zu einem kleinen Bistrotisch am Rande der Party. Von dort aus hatten wir eine bessere Sicht. Lisa verputzte ihre Häppchenration und kippte den Sekt in einem Zug hinunter. Zufrieden mit ihrer Mahlzeit, lächelte sie mich an. In ihrem aprikotfarbenen, kurzen Kleid leuchtete ihre gebräunte Haut golden. Ihre blauen Augen waren heute etwas kräftiger geschminkt als sonst, ihr Haar trug sie wie immer offen. Sie hatte von Natur aus wunderschöne Wellen und sah meist aus, als käme sie gerade vom Friseur. Ihre Wirkung auf Männer war ihr durchaus bewusst. Trotzdem war sie überzeugter Single. Bisher hatte sie mir nicht verraten, warum sie sich niemals auf einen Mann einließ.

»Da ist sie ja«, rief Lisa und winkte hektisch ihre Tante zu uns.

Nancy Hollister war eine sehr attraktive Frau und ihr tolles, rotes Kleid passte ausgezeichnet zu ihrem Typ. Sie wirkte wie Jane Fonda – frisch, modern und sexy. Kaum hatte sie Lisa entdeckt, breitete sich ein Lächeln auf ihrem Gesicht aus.

»Na endlich! Wo habt ihr euch den ganzen Abend versteckt?« Sie begrüßte uns mit Küsschen.

»Schön, dass ihr endlich da seid. Mischt euch ein wenig unter die Leute und habt Spaß. Heute sind attraktive Männer da.« Sie zwinkerte Lisa zu, die jedoch genervt von dem Thema ihre Augen verdrehte.

»Tante Nancy, bitte«, stöhnte sie. »Du weißt genau, dass ich nicht deswegen hier bin. Mit meinem Studium und meinem Job habe ich schon genug zu tun. Und Hannah wird sehr bald heiraten, wie du weißt.«

»Na und! Was hast du gegen ein wenig Spaß? Außerdem ist Hannah noch nicht unter der Haube!« Sie lachte und zwinkerte mir vielsagend zu.

Eigentlich mochte ich Lisas Tante sehr, trotz ihrer eigenwilligen Ansichten über die Ehe. Sie selbst war bisher vier mal verheiratet. Keine der Ehen hatte länger als drei Jahre gehalten. Seit fünf Jahren war sie nun Single und Lisa der Meinung, dass dies für Tante Nancy und die Männer am besten war.

»Tanzt, Mädchen, und habt Spaß. Kein Mann ist es wert, auf alles zu verzichten. Das Leben ist zu kurz, um sich für jemanden aufzusparen.« Sie tätschelte Lisa, nahm sich gut gelaunt ein Glas Martini von einem Tablett und ging.

Kopfschüttelnd sah Lisa ihr hinterher.

»Meine Tante! Es ist mir ein Rätsel, wie sie und meine Mutter Geschwister sein konnten. Sie sehen sich weder ähnlich, noch haben sie irgendetwas gemeinsam. Manchmal frage ich mich, ob Tante Nancy als Baby vertauscht wurde.«

Kichernd trank ich noch einen Schluck und spürte, wie der Alkohol meinen Körper langsam wärmte.

Ich wusste, was Lisa damit meinte. Nancy genoss ihr Leben in vollen Zügen. Sie verzichtete auf nichts, ging offen mit ihren Bedürfnissen und Plänen um. Sie war selbstständig und unabhängig. Sie scherte sich einen Dreck darum, was andere von ihr hielten, und sie ließ sich niemals vorschreiben, was sie zu tun hatte. Sie musste keine Erwartungen erfüllen. Insgeheim bewunderte ich sie, aber das konnte ich niemals zugeben.

Durch meine Verlobung mit Matt war mein Schicksal klar vorgegeben. Bald würde ich die Frau von Matt Baldwin sein. Er war der Sohn von John Baldwin, dem Firmeninhaber von Baldwin Industries. Nach unserer Hochzeit sollte er die Firma übernehmen, weil sein Vater sich aus dem Geschäft zurückziehen wollte.

»Wie schafft es deine Tante, dass sie sämtliche Aufmerksamkeit auf sich zieht? Sieh dir das an!«

Alle Augen waren auf Nancy gerichtet und man merkte, wie sehr sie es genoss. Sie blieb bei einer Herrenrunde stehen und war sofort in eine Unterhaltung vertieft.

»Tja, ich würde sagen, meine Tante ist noch dick im Geschäft!«, meinte Lisa grinsend.

Eine Weile betrachtete ich die Männer und mir fiel auf, wie sie ihr an den Lippen hingen. Es waren bewundernde Blicke, aber auch solche voller Erwartungen und Hoffnungen. Natürlich spürte Nancy dies und genoss es, wie die Männer um ihre Gunst buhlten.

»Oh, da ist Mrs. Mundist. Ich begrüße sie eben, bin gleich wieder da«, sagte Lisa und schon rauschte sie davon und ließ mich allein an dem Bistrotisch stehen.

Ich nutzte die Gelegenheit, um meinen Sekt gegen Wasser einzutauschen. Die zwei winzigen Schlucke, die ich davon getrunken hatte, bereiteten mir Unbehagen. Ich trank wenig Alkohol, weil ich ihn einfach nicht vertrug. Er brachte eine Seite von mir zum Vorschein, die mich Dinge sagen oder tun ließ, für die ich mich hinterher meistens schämte. Also hatte ich schon vor langer Zeit beschlossen, so wenig wie möglich von dem Zeugs zu mir zu nehmen.

Ich leerte das halbe Glas Wasser in einem Zug und hoffte, damit den Sekt in mir verdünnen zu können. Jetzt fühlte ich mich schon viel besser. Trotzdem blieb eine gewisse Unbehaglichkeit, ich hatte das Gefühl, dass mich jemand beobachtete. Mein Blick wanderte durch die Menge, bis ich schließlich auf das Augenpaar traf, welches mich ungeniert musterte. Es waren braune, warme Augen, die mich für einen Moment gefangen hielten. Der Typ stand bei Nancy und hatte seine Aufmerksamkeit auf mich gerichtet. Wie die meisten trug er einen schwarzen Anzug. Sein Haar war dunkel und kurz. Nur einzelne Strähnen hingen ihm lässig ins Gesicht. Breite Schultern und ein leicht gebräunter Teint ließen ihn wie einem Magazin entsprungen erscheinen.

Als sich unsere Blicke trafen, zuckte ein Grinsen um seine vollen Lippen. Sein Blick war intensiv und irgendwie hatte ich den Eindruck, ihn schon einmal gesehen zu haben. Ungeniert wanderten seine Augen frech über meinen Körper. Wie unverschämt! Empört, über seine aufdringlichen Blicke, wandte ich mich ab und war froh, als Lisa wieder zurückkam. Sie nahm sich ein weiteres Sektglas und sah zu ihrer Tante.

»Deine Tante ist schon eine sehr ungewöhnliche Frau.«

»Weißt du, Hannah, sie war noch nie anders. Sie hat schon immer das getan, worauf sie Lust hatte, und hielt nicht viel von den gesellschaftlichen Regeln.«

»Also, ich mag sie. Sie hat zwar ihre Eigenarten, ist aber trotzdem erfolgreich in ihrem Job. Und sie ist frei –ihr eigener Chef. ... Sieh sie dir an, sie ist immer noch sehr begehrt.«

Der Typ mit den braunen Augen legte gerade seinen Arm um ihre Schultern, als wären sie ein Paar.

»Und wie man sieht, hat sie sich für diesen Abend schon entschieden«, sagte ich in einem abfälligen Ton. Solche Typen konnte ich ja überhaupt nicht ausstehen – machten sich erst an die Gastgeberin ran, und falls diese nicht einwilligen würde, suchten sie im Saal eben schon mal ein neues Opfer – nur so für den Fall, damit man nicht allein nach Hause gehen musste.

»Oh, das ist ja ... Tja, meine Liebe, mit Geld kann man einiges kaufen.«

Verdutzt sah ich zu Lisa. »Kaufen? Wie meinst du das?«

Um Lisas Mundwinkel huschte ein wissendes Lächeln. »Na, du weißt schon. Nancy bucht sich Männer für besondere

Anlässe und gewisse Stunden – wenn du verstehst, was ich meine.«

Was? Schockiert sah ich zu Nancy und hielt die Luft an. »Sie kauft sich die Männer? Aber ... das hat sie doch gar nicht nötig! Sie könnte doch jeden haben!«

»Natürlich hat sie das nicht nötig. Aber so hat sie alles unter Kontrolle und muss niemandem Rechenschaft ablegen.«

Mein Mund klappte auf und mir wurde bei diesem Geständnis ganz heiß. Deutlich spürte ich, wie sich meine Wangen färbten. Oh mein Gott! Wie bekam ich jetzt dieses Bild wieder aus meinem Kopf? Das war ... eklig. Fassungslos huschte mein Blick wieder zu Nancy und ihrem gebuchten und bezahlten … Mann.

»Sag bloß, du wusstest nicht, dass Nancy sich Männer bucht!«

»Woher sollte ich das wissen, Lisa? Ich bin verlobt und organisiere gerade meine Hochzeit, wie du weißt. Hallo? Du bist meine Trauzeugin, schon vergessen? Ich kümmere mich nicht um, …«

»Ja ja, ist ja schon gut. Hier in New York ist vieles anders als im prüden Richland. Du solltest dich endlich daran gewöhnen! Aber nicht dass du jetzt denkst, Tante Nancy bucht die alle. Sie ist Stammkundin bei „The One“.«

»Bei wem?«

»Jetzt sag bloß, du hast auch noch nie etwas von dem Mann gehört, der den Escort neu erfunden hat?«

»Nein! Woher auch? Ich habe noch nie einen Mann … stundenweise gekauft.«

Lisa lachte und rückte näher zu mir. »Der Typ, der aussieht wie ein junger Gott, das ist der König des Escort-Services mit dem gewissen Extra«, flüsterte sie mir zu. »Roger Roon hat den besten Ruf in der Damenwelt. In den Kreisen meiner Tante nennt man ihn „The One“.«

Ich konnte nicht anders, ich musste ihn einfach anstarren. Ein Schauer lief mir den Rücken hinunter, wenn ich an seinen Blick von vorhin dachte. Die Vorstellung, dass er sich bezahlen ließ, stieß mich ab, dennoch strahlte er eine gewisse Anziehungskraft aus. Es war nicht nur sein außergewöhnlich gutes Aussehen, sondern auch sein herausfordernder Blick, der mich verunsicherte. Und dieser merkwürdige Name passte überhaupt nicht zu ihm.

»Hey, starr ihn nicht so an. Er sieht schon eine Weile zu uns.« Lisa stupste mich warnend an. Mist! Schnell trank ich einen Schluck Wasser, um die Bilder von Nancy und Roger in meinem Kopf wieder loszuwerden.

»Jetzt schau nicht so betroffen. Viele Frauen buchen Escorts und ich habe gehört, der Sex soll fantastisch sein.« Den letzten Teil flüsterte Lisa mir ins Ohr. Ich schloss meine Augen und versuchte krampfhaft, das Kopfkino wieder auszuschalten.

»Jetzt krieg dich wieder ein. Du kannst mir glauben, Nancy ist bei „The One" in den allerbesten Händen.«

Sie grinste mich frech an und rückte nochmals näher. »Du solltest es vielleicht auch mal ausprobieren, Hannah. Für ein New Yorker Mädchen, bist du einfach viel zu prüde und irgendwie passt das so gar nicht zu dir.«

»Spinnst du? … Ich werde bald heiraten und außerdem bin ich mit Matt glücklich.« Was glaubte sie eigentlich, was sie mir da vorschlug? Ich würde Matt niemals betrügen, und warum sollte ich das tun?

»Er wäre schon eine Sünde wert!« Ihr verträumter Blick ließ mich fassungslos mit dem Kopf schütteln.

»Können wir bitte das Thema wechseln?«

»Wieso ist dir das unangenehm? Genau das ist es, was Tante Nancy vorhin gemeint hat. Du solltest Spaß haben, bevor du dich für immer an Matt bindest. Vielleicht würde dir ein Seitensprung ganz gut tun!«

»Jetzt reicht es aber! Du bist meine Freundin und solltest so etwas nicht sagen.« Mir wurde ganz übel bei dem Gedanken. Ich und ein Seitensprung? Gott bewahre! Ich liebte Matt. Ich war glücklich mit ihm. Warum sollte ich das alles aufs Spiel setzen?

»Ich glaube, du hast zu viel getrunken. Du redest wirklich Blödsinn.« Das war die einzige Erklärung, die ich für Lisas Vorschlag hatte.

»Ach, komm schon! Sei kein Spielverderber. Hast du noch niemals daran gedacht, Sex mit einem anderen Mann zu haben?«

Meine Güte, was war nur in sie gefahren. Sie kannte Matt doch auch. Sie war genauso mit ihm befreundet wie mit mir. Was würde er wohl denken, wenn er wüsste, was sie mir gerade vorschlug?

»Lisa, bitte! Hör auf damit! Du weißt genauso gut wie ich, dass ich so etwas nie machen würde.«

»Was würdest du nicht machen, Hannah?«, hörte ich Nancys Stimme hinter mir.

Ertappt! Erschrocken wandte ich mich um. Meine Wangen färbten sich verräterisch und ein dicker Kloß setzte sich in meinem Hals fest. Ich brauchte gar nicht erst aufzusehen, ich wusste, dass Nancy und dieser „The One" mich fixierten. Oh mein Gott, wie peinlich! Das hatte mir gerade noch gefehlt. Die angespannte Stille war unerträglich.

»Oh, ähhh ... ich ... nichts!«, stotterte ich und hoffte inständig, der Erdboden würde sich auftun.

»Hannah meinte, dass sie niemals so kreativ sein könnte wie die Künstler hier«, rettete mich Lisa und zeigte auf ein Bild, das in unserer Nähe an der Wand hing. Obwohl es ein schlechter Versuch war, schien Nancy mit der Antwort zufrieden und begann, über den Maler zu erzählen. Angestrengt versuchte ich, mich auf ihren Mund zu konzentrieren, versuchte, seinen Blick, der immer noch ungeniert auf mir ruhte, zu ignorieren. Ich traute mir selbst nicht über den Weg. Es kostete mich viel Kraft, ihn nicht anzusehen. Er würde sofort wissen, dass er unser Thema gewesen war.

»Entschuldigt mich bitte!«, brachte ich gerade noch rechtzeitig hervor, schaffte es, mich aus der peinlichen Situation zu stehlen, und lief schnell zur Damentoilette. Verdammt! Wenn Matt hier wäre, wäre mir das bestimmt nicht passiert. Am Waschbecken kramte ich mein Handy aus der Handtasche und sah nach, ob mein Verlobter mir eine Nachricht hinterlassen hatte. Er war erst seit zwei Tagen auf dieser überaus wichtigen Geschäftsreise, die mehrere Wochen dauern würde. Eigentlich war ich gewohnt allein zu sein, schließlich war er sehr viel unterwegs. Aber ausgerechnet jetzt wünschte ich mir, er würde anrufen. Ich brauchte das Gefühl von Beständigkeit, welches nur er mir geben konnte.

Keine Anrufe in Abwesenheit und auch keine SMS. Ich hielt meine Hände unter den kalten Wasserstrahl und legte sie zur Abkühlung auf mein Genick. Meine innere Hitze verschwand und langsam beruhigte ich mich wieder.

Erst jetzt bemerkte ich, dass ich nicht allein auf der Damentoilette war. Als ich das Handy wieder zurück in die Tasche steckte, wurde ich unfreiwillig Zeugin eines intimen Gesprächs. Zwei Damen unterhielten sich über ihre Kabinen hinweg. »Ich frage mich wirklich, wie Nancy an Rogers Nummer gekommen ist. Wie man hört, bekommt die nicht jede. Dabei habe ich schon alles versucht.«

»Du bist nicht die Einzige, Carla. Aber soweit ich weiß, sucht er sich seine Kundinnen aus, und ist dabei sehr wählerisch.«

»Eben! Ich frage mich, was Nancy hat, was ich nicht zu bieten hätte. Ich bin viel jünger und mein Körper ist um einiges knackiger, als ihrer.«

»Vielleicht zahlt sie besser?«

»Dass ich nicht lache! Ich würde Roger das Doppelte zahlen.«

»Tja, meine Liebe, auch wenn es dir nicht passt, aber Nancy muss etwas an sich haben, was ihm gefällt. Außerdem kann er es sich leisten. Niemand in seiner Branche kann mit dem Service mithalten, den er bietet. Er macht seinem Spitznamen alle Ehre. Er ist eben „The One".«

»Ach, was weißt du schon, Bea? Ich werde ihn schon noch bekommen. Darauf kannst du wetten.«

Ich stöhnte leise und schloss genervt meine Augen. Mein Magen rebellierte. Gab es denn heute Abend kein anderes Thema mehr? Ich trocknete meine Hände ab und sah zu, dass ich schnell die Damentoilette wieder verließ. Ein Gigolo eroberte sämtliche Frauenherzen – wie romantisch!

Immer noch stand er mit Nancy bei Lisa. Angeregt unterhielten sie sich. Na super! Ich wollte nach Hause. Noch mal würde ich diese Situation nicht ertragen.

Ich verlangsamte meine Schritte, als ich in die Kunsthalle zurückkehrte.

»Da bist du ja. Alles in Ordnung?« Lisa kam auf mich zu und sah mich besorgt an. Nancy und ihr Begleiter mischten sich unter die anderen Gäste, was mich erleichtert aufatmen ließ.

»Ja, mach dir keine Gedanken.«

»Er hat mitbekommen, dass du über ihn gesprochen hast«, flüsterte sie. »Aber keine Sorge, ich habe etwas passendes als Ausrede gesagt.« Lisa wusste, wie peinlich mir das alles war. Lächelnd hakte sie sich bei mir unter und führte mich zu unserem Tisch zurück. Dabei kam mir der Gedanke, dass ich lieber nicht wissen wollte, was sie sich ausgedacht hatte.

»Komm, lass uns noch einen Drink nehmen, und dann führe ich dich zu dem Highlight des Abends. Es soll wirklich großartig sein«, sagte Lisa, weil sie genau wusste, dass das Thema „The One" für mich endgültig erledigt war.

»Ich würde jetzt lieber nach Hause gehen!«

»Och, komm schon, Hannah. Dich und mich erwartet doch zu Hause nichts. Wir sind noch jung, beide heute Nacht allein und sollten dies ausnutzen und Spaß haben«, bettelte sie und sah mich mit ihren blauen Augen wie ein kleines Hündchen an. Sie wusste genau, dass sie mich so überreden konnte, und schob zur Verstärkung ihre Unterlippe schmollend hervor. Damit hatte sie es schon immer geschafft, mich zum Lachen zu bringen. Ich seufzte und erklärte mich einverstanden, noch zu bleiben.

»Ich hole uns noch schnell etwas zu trinken«, sagte sie freudestrahlend und machte sich auf den Weg zur Bar.

Kapitel 2

Das beste Stück

Hannah

Bisher war alles in meinem Leben nach Plan verlaufen. Ich lief, wie man so schön sagte, immer in der Spur. Die rebellische Pubertät, von der viele Eltern erzählten, blieb bei mir aus. Zumindest hatte ich mit meiner Mutter wenig Streit wegen der Uhrzeiten, zu denen ich abends zu Hause sein musste, oder wegen der Erlaubnis, auf eine Party zu gehen gehabt. Damals war ich eher das schüchterne Mädchen gewesen, das gern im Haushalt half und sich aus Jungs und Partys nichts machte. Das änderte sich auch nicht, als ich weit weg von zu Hause auf dem College war. Ich lernte zwar Matt kennen, doch unsere Liebe wuchs ganz langsam. Wie oft hatte meine Mutter mir haarsträubende Geschichten von Nachbarskindern erzählt, die völlig betrunken von der Polizei aufgegriffen worden waren. Sie war froh, dass ich nicht so war. Nur manchmal, wenn ich abends in meinem Bett lag, wünschte ich mir insgeheim, dabei gewesen zu sein. Doch niemals durften diese Gedanken einen Weg aus meinem Kopf finden.

»Entschuldigen Sie, Nancy hat uns gar nicht vorgestellt.« Eine tiefe, dunkle Stimme ließ meine Gedanken verstummen. Ich sah auf und blickte in lebendige, braune Augen, die von vielen schwarzen, dichten Wimpern umrahmt wurden. Sie gehörten Roger Roon. Er überragte mich, um mehr als einen Kopf. Aus der Nähe sah er noch attraktiver aus und mein Kopf war plötzlich wie leergefegt. Oh Gott! Was sollte das jetzt werden? Erwartete er jetzt etwa eine Entschuldigung?

Auf die konnte er lange warten, denn schließlich konnte er nicht sicher sein, dass ich vorher von ihm gesprochen hatte. Stolz reckte ich ihm mein Kinn entgegen.

»Ich weiß, wer Sie sind«, gab ich ihm in einem abfälligen Ton zur Antwort.

Er ignorierte meine Bemerkung und streckte mir lächelnd seine Hand entgegen. Zögernd ergriff ich sie, weil ich gut erzogen war.

»Hannah, Hannah Parker«, sagte ich kühl und war überrascht, wie weich und gleichzeitig kräftig sich seine Hand anfühlte.

»Mein Name ist Roger Roon.«

Meine Güte, er sah unglaublich gut aus. Markante Wangen, volle Lippen und diese Augen … »Sie heißen doch nicht wirklich so, oder?«

Sein Lächeln wurde breiter und makellose weiße Zähne kamen zum Vorschein. »Jeder hat sein Geheimnis, oder? Welches ist Ihres, Mrs. Parker?«

Was dachte sich dieser Kerl eigentlich? Und was sollte das hier werden? Eine plumpe Anmache?

»Sollten Sie sich nicht um ... Nancy kümmern?«, gab ich zickig von mir.

Er sah sich nach ihr um. Sie stand ein paar Meter von uns entfernt und bemerkte noch nicht mal, dass ihr gekaufter Freund sich gerade eine neue Buchung zu besorgen versuchte. Als könnte er meine Gedanken erraten, wurde sein Grinsen anzüglicher.

»Auch ich habe hin und wieder mal eine Pause. Darf ich Sie etwas fragen?«

Wenn er mich jetzt um ein Date bat, bekäme ich bestimmt einen Lachanfall. »Was möchten Sie denn wissen?«

Wieder fixierten mich seine Augen und er wartete einen Moment, bevor er mit seiner Frage herausrückte.

»Was ist eigentlich Ihr Problem?«

Gelassen sah ich ihn an, aber innerlich begann ich zu kochen und wusste gar nicht so recht, warum.

»Ich habe ein Problem? Wie kommen Sie denn darauf?« Nervös strich ich mir eine Haarsträhne aus dem Gesicht, weil ich nicht wusste, was ich mit meinen Händen tun sollte. Er schien meine Unsicherheit zu bemerken, was mich nur noch mehr verärgerte.

»Ich sehe es Ihnen an und ... ich konnte hören, was Sie eben zu Nancys Nichte sagten.«

Hitze stieg in meine Wangen. Seine Augen hielten mich gefangen, meine Stimme verabschiedete sich und der Kloß in meinem Hals wurde wieder dicker. Ich fühlte mich ertappt. Würde er mir jetzt eine Szene machen?

Doch stattdessen lächelte er und griff in seine Hosentasche.

Irritiert starrte ich auf seine Hand, die mir ein kleines Kärtchen entgegenstreckte.

»Hier, meine Karte. Sie sehen aus, als könnten Sie hin und wieder etwas Spaß gebrauchen, Hannah. Sie sind viel zu steif. Ich kann dafür sorgen, dass Sie sich entspannen, und stehe Ihnen jederzeit zur Verfügung. Ein Anruf genügt!«

Sein überhebliches Grinsen brachte mich so in Rage, dass mein Herz wild gegen meine Brust hämmerte. Am liebsten hätte ich ihn geohrfeigt. Der Typ hatte vielleicht Nerven! Fassungslos starrte ich ihn an, und bevor ich etwas erwidern konnte, machte er auf dem Absatz kehrt und verschwand in der Menge.

Mit seiner Karte in der Hand stand ich da und bekam meinen Mund nicht wieder zu. Was für eine Unverschämtheit! Was glaubte er eigentlich, wer er war? Wo war mir das letzte Mal so viel Arroganz begegnet? Ich stand kurz davor wütend zu ihm zu gehen und ihm meine Meinung zu sagen, doch der Gedanke, Nancy die Party zu ruinieren, hielt mich zurück. Ich presste meine Lippen aufeinander, um das Beben in mir einzudämmen.

»Hier, dein Drink!« Lisa drückte mir ein Martiniglas in die Hand und entdeckte dabei die Karte, die ich verkrampft zwischen meinen Fingern hielt.

»Was ist das?«

Damit ich ihr diese Peinlichkeit nicht erklären musste, stopfte ich die Karte schnell in meine Handtasche. Damit war das dämliche Ding verschwunden.

»Äh, ... nichts! … Hat Nancy für heute Abend ein Programm oder so etwas Ähnliches?«, fragte ich, um sie abzulenken.

»Oh ja! Soweit ich weiß, soll um Mitternacht ein ganz besonderer Künstler kommen. Leider hat sie mir nicht verraten, wer es ist, aber seine Skulptur soll noch heute Abend für einen guten Zweck versteigert werden. Nancy unterstützt heute Abend ein Waisenhaus in Kambodscha. Willst du das geheimnisvolle Kunstobjekt mal sehen?«

Mir war alles recht, was mich auf andere Gedanken brachte, und so ließ ich mich von ihr durch die Menge schieben.

***

Lisa sah sich kurz um, öffnete eine Tür und wir huschten hindurch. In dem Raum war es dunkel, nur in der Mitte war ein großer, abgedeckter Gegenstand schemenhaft zu erkennen. Lisa knipste das Licht an. Verpackte Bilder und gut gefüllte Weinregale standen an der Wand. Durch die Besen und Putzmittel, die ebenfalls in einem Regal untergebracht waren, wirkte der Raum eher wie eine Abstellkammer. Jetzt konnte ich auch erkennen, was sich in der Mitte des Raumes befand – eine verhüllte Skulptur.

Lisa nahm eine Sektflasche aus dem Weinregal und öffnete diese.

»Trifft sich gut, meinen Martini hab ich leider schon ausgetrunken.« Der Korken knallte gegen die Decke und schäumend sprudelte der Inhalt zu Boden.

»Huch! Der Sekt hat es aber eilig«, kicherte sie.

»Pass auf, dass du das Kunstwerk nicht besudelst. Dürfen wir eigentlich hier rein?«, fragte ich ein wenig nervös. Gedämpft hörte ich die Musik von draußen und rechnete schon damit, dass die Tür aufgehen und man uns erwischen würde.

Lisa nahm einen Schluck aus der Flasche und hielt sie mir hin. »Natürlich dürfen wir nicht hier rein. Nancy wäre bestimmt sauer, wenn sie wüsste, dass ich dir ihre Überraschung schon vorab zeige. Aber was sie nicht weiß, macht sie nicht heiß, oder?«, gluckste sie.

Sie hatte eindeutig schon zu viel. So langsam machte sich ein Schwips bei ihr bemerkbar. Kopfschüttelnd nahm ich ihr die Flasche ab.

»Ich bin wirklich gespannt. Nancy hofft, mit der Skulptur eine Rekordsumme zu erzielen. Der Name des Künstlers soll den Preis in die Höhe jagen. Und es ist für einen guten Zweck. Die Presse wird morgen in allen Zeitungen davon berichten.« Sie trat zu dem Kunstwerk und zog vorsichtig an dem Tuch, sodass die Statue enthüllt wurde. Gespannt, was sich Besonderes darunter verbergen würde, hielt ich für einen Moment die Luft an.

Mit dem Tuch in der Hand betrachteten wir die Figur. Ein Mann, nackt, wie Gott ihn geschaffen hatte, stand auf einem kleinen Podest. Die Skulptur bestand aus einem glatten, weißen Material, welches an weißen Kalkstein erinnerte. Die Muskeln und Sehnen hatte der Künstler gut herausgearbeitet. Kräftig, stark und doch sehr fein. Den rechten Arm streckte er von sich und zeigte das Peace-Zeichen. Es erinnerte mich an Michelangelos David, wobei das Original noch viel genauer und detailreicher war.

Lisa nahm mir die Flasche aus der Hand und trank einen großen Schluck. So langsam hatte ich den Eindruck, wir sollten das Ding wieder abdecken und verschwinden.

»Komm, lass uns gehen.«

»Warte noch, ... hicks, ich will mir noch seinen Hintern ansehen«, sagte sie. Gerade, als sie um die Sektpfütze einen großen Ausfallschritt machen wollte, rutschte sie aus. Ich sah sie schon im Geiste auf die Skulptur fallen, hielt sie am Ellenbogen fest, was zur Folge hatte, dass ich selbst ins Straucheln geriet. Um mich noch irgendwie abzufangen, hielt ich mich reflexartig am Nächstbesten fest, was ich zu fassen bekam. Es knackte. Ehe ich begriff, was genau geschah, fielen Lisa und ich zu Boden. Die Statue wackelte gefährlich und ich hielt den Atem an. Tausend Stoßgebete schickte ich zum Himmel, in der Hoffnung, dass das Schlimmste nicht eintreffen würde. Wir hatten Glück im Unglück – das Kunstwerk blieb stehen. Doch als Lisa zu mir schaute und sah, was in meiner Hand lag, prustete sie lauthals los.

Verdammter Mist! Da lag der Penis der Statue in meiner Hand.

»Ich finde das nicht witzig. Was machen wir jetzt? Lisa!« Ich stand auf und suchte fieberhaft nach einer Lösung. Eine Panikattacke bahnte sich an. Mir wurde heiß und kalt, wenn ich daran dachte, dass jetzt gleich die Tür aufgehen würde und Nancy ihr Highlight des Abends präsentieren wollte.

»Hilf mir doch! Wie soll ich das wieder hinbekommen? Gibt es hier so was wie einen Alleskleber?«, fuhr ich sie an und sah mich auf den Regalen um. Doch ich fand nichts, womit ich das Ding wieder ankleben konnte.

Plötzlich verstummte auch noch die Musik draußen und wir hörten Nancy durch ein Mikrofon zu ihren Gästen sprechen. Es war so weit – sie wollte das Kunstwerk präsentieren.

»Oh Gott! Lisa! Was sollen wir tun?«

Mein Herz klopfte und mein Blut geriet in Wallung. Das Ding in meiner Hand fühlte sich plötzlich wie eine tickende Zeitbombe an, die ich unbedingt loswerden sollte. Mit Lisa konnte ich nicht weiter rechnen, je mehr ich in Panik geriet, desto belustigter lachte sie. Mittlerweile war schon ihr Mascara verschmiert und Tränen vermischten sich mit ihrem Make-up. Die Tür öffnete sich, jemand kam herein. Ich blieb wie angewurzelt stehen und versteckte den abgebrochenen Penis hinter meinem Rücken. Ich hatte schon passende Worte im Kopf, die mir aber im Hals stecken blieben, als ich erkannte, wer den Raum betrat.

»Was macht ihr denn hier drin?« Seine tiefe Stimme ging mir durch und durch und ich kam mir wie ein kleines Schulmädchen vor, das beim Schwänzen erwischt wurde. Verräterisch reagierte mein Blut und schoss sogleich in mein Gesicht. Peinlicher konnte es jetzt nicht mehr werden. Selbst Lisa schien sich jetzt zusammenreißen zu können und augenblicklich verstummte auch ihr Lachen.

»Es war nicht ihre Schuld«, begann sie zu stammeln. »Ich bin ausgerutscht und Hannah wollte mir helfen, dabei ist sie ...«

Seine Augen blieben erst an Lisa hängen, dann sah er zu mir, und als er auf die abgebrochene Stelle an der Statue schaute, zog er erstaunt seine Stirn kraus. »Nancy hat mich geschickt, ich soll die Statue rausschieben«, grinste er dämlich.

Endlich fand ich meine Stimme wieder »Ich hab nach etwas gesucht, womit ich ihn wieder ankleben kann, aber nichts gefunden.« Zumindest sollte er nicht denken, dass es mir egal wäre.

»Entweder ich bringe den Kerl ohne sein bestes Stück hinaus oder uns fällt auf die Schnelle noch etwas ein.« Roger trat zu dem Kunstwerk und nahm die Stelle näher in Augenschein. Lisa begann die Regale zu durchsuchen, in der Hoffnung, etwas zu finden, womit wir kleben konnten.

Roger starrte nachdenklich auf das Ding in meiner Hand, welches ich ihm entgegenstreckte. »Gehen Sie mit allen Männern so grob um?« Ein Schmunzeln huschte über seine Lippen und am liebsten hätte ich ihm Gift ins Gesicht gespritzt. Jetzt bereute ich es, nicht aus der Sektflasche getrunken zu haben. Ich wäre mutiger und hätte mich wahrscheinlich getraut, ihm eine patzige Antwort um die Ohren zu schmettern. Doch so schluckte ich meinen Ärger hinunter.

Er wartete auf eine Antwort von mir, und als diese nicht kam, schüttelte er grinsend den Kopf und griff in seine Hosentasche. »Sie sollten sagen, was Sie denken, Hannah.«

Er zog ein kleines Päckchen Kaugummi heraus. Er gab Lisa und mir einen. »Kauen!«, wies er uns an.

Was sollte das? Wir brauchten eine Lösung und keinen Kaugummi. Er schob sich gleich zwei Streifen in den Mund. Ich zögerte und versuchte, aus seinen Worten schlau zu werden. War ich so leicht zu durchschauen? Mit einer Handbewegung forderte er mich auf, schneller zu kauen.

Von draußen hörten wir Nancys Stimme, wie sie über den Künstler sprach und sein Projekt beschrieb, welches er mit dem Erlös unterstützen wollte.

Wir kauten alle andächtig und langsam dämmerte mir, was er vorhatte. Nein! Das würde nie und nimmer funktionieren. Zumindest würde es nicht lange halten.

Er hob seine Hand vor Lisas Mund und wartete, bis sie ihren Kaugummi direkt auf seine Handfläche spuckte. Ich zögerte, als er seine Hand vor meinen Mund hielt. Dabei sah er mir direkt in die Augen.

Eigentlich sollte ich ihm dankbar für seine Hilfe sein, doch mein Stolz hinderte mich daran. Gleichzeitig hielten mich seine Augen gefangen. Mir gefiel das warme Braun, es streichelte meine Haut und dennoch sorgte es dafür, dass ich mich unter seinem Blick klein fühlte.

Kaum sichtbar zog er seine Augenbrauen in die Höhe. Stumm forderte er mich damit auf, es meiner Freundin gleichzutun. Dabei widerstrebte es mir, überhaupt zu spucken.

Sein Grinsen wurde breiter, als ich meinen Kaugummi aus dem Mund nahm und auf seine Hand legte.

Jetzt ging alles sehr schnell und wir hörten, wie Nancy draußen schon nach dem Kunstwerk rief.

»Oh Gott! Schnell!«

Roger knetete die vier Kaugummis zusammen und nahm mir den Penis aus der Hand. Die klebrige Masse presste er auf das abgebrochene Ende.

»Los! Deckt die Statue wieder ab«, rief er uns zu. Lisa und ich hoben das Tuch auf und warfen es etwas ungeschickt darüber. Genau in dem Moment, als der Stoff die Skulptur wieder verhüllte, ging die Tür auf und zwei Kellner betraten den Raum.

Roger nestelte immer noch unter dem Tuch, ohne zu sehen, was er genau tat. Mit festem Druck presste er den Penis wieder an den Körper, in der Hoffnung, dass der Kaugummi das abgebrochene Stück halten würde. Die beiden Kellner traten näher und sahen uns verwundert an.

»Ihr könnt sie jetzt hinausbringen«, sagte Roger, bevor einer der beiden uns fragen konnte, was wir hier zu suchen hatten. Er löste die Rollen und mit klopfendem Herzen sah ich zu, wie die perplexen Kellner das Kunstwerk aus dem Raum schoben.

»Ich weiß zwar nicht, ob es funktionieren wird, aber einen Versuch war es wert.«

»Danke, Roger. Das war knapp! Und Sie meinen das hält?« Lisa lächelte ihn honigsüß an. Sie war nervös, das sah ihr gar nicht ähnlich. Seit wann löste ein Mann Nervosität bei ihr aus?

»Keine Ahnung, vielleicht für ein paar Minuten. Wir können nur hoffen, dass das gute Stück die Versteigerung übersteht«, meinte er und bedeutete uns mit einem Wink, den Raum zu verlassen.

Unter tosendem Applaus wurde das Objekt in die Mitte der Halle gebracht. Die Gäste bildeten um Nancy und das Kunstwerk einen Kreis.

Mein Magen zuckte nervös und ich hatte Mühe, das Zittern meiner Hände zu unterdrücken.

»Es wird schon schiefgehen«, kicherte Lisa neben mir leise. Sie fand es immer noch total lustig und hatte nicht die geringste Angst, dass wir dafür verantwortlich gemacht werden könnten. Ich durfte gar nicht darüber nachdenken, was Matt dazu sagen würde, wenn er es erfuhr. Da bin ich einmal ohne ihn unterwegs und dann passierte gleich solch eine Katastrophe.

Kapitel 3

Peinlichkeit hoch zehn

Hannah

»Liebe Freunde, jetzt kommen wir endlich zu dem Stück, das ich euch wirklich ans Herz legen möchte. Der geheimnisvolle Prominente ist heute Abend unter uns. Lange Zeit behielt er seine Leidenschaft für sich und nun will er sich ganz offiziell als Künstler vorstellen. Er ist euch allen bekannt als ein Mann, der nicht nur mit großen Reden viel Aufmerksamkeit erlangt hat, sondern auch durch seine Taten. Seit vielen Jahren unterstützt er unser Projekt für junge, aufstrebende Künstler. Bitte begrüßt mit mir den amtierenden Gouverneur unseres Staates, Dave Snyder.«

Tosender Applaus und Blitzlichtgewitter setzten ein. Erst jetzt fielen mir die Sicherheitsleute auf, die sich in der Halle befanden. Die Gäste reckten neugierig ihre Köpfe, sodass Lisa und ich ihn nicht sehen konnten. Selbst auf Zehenspitzen konnte ich in der Mitte neben Nancy nur sein graues Haar erkennen.

»WOW!!! Dave Snyder! Damit hatte ich nicht gerechnet.« Lisa drängte sich zwischen den Gästen durch, um wenigstens einen kurzen Blick auf den Politiker zu erhaschen. Die eingeladenen Journalisten riefen ihm ein paar Anweisungen zu, wie er in die Kamera zu lächeln hatte. Während Nancy dem Gouverneur ein paar Fragen stellte, sah ich mich nach Roger um. Er hatte vor uns den Lagerraum verlassen und seitdem hatte ich ihn nicht mehr gesehen. Bestimmt stand er in Nancys Nähe. Na ja, eigentlich konnte es mir auch egal sein.

Ein Trommelwirbel dröhnte laut aus den Lautsprechern. Jetzt war der Moment gekommen. Die Skulptur wurde enthüllt. Mein Mund war vor Nervosität ganz trocken. Ich schloss meine Augen und versuchte, anhand der Reaktionen der Gäste herauszuhören, ob unser Missgeschick verborgen blieb. Lautes Lachen, Empörung und das Knipsen vieler Kameras drangen zu mir. Jemand zog mich zwischen den Gästen hindurch.

»Hannah, sieh nur!«, rief Lisa mir zu, während ich einigen Gästen ein paar entschuldigende Worte wegen meines Vordrängelns zurief.

In Lisas Gesicht spiegelte sich große Begeisterung, aber auch Verwirrung. Ich folgte ihrem Blick und da sah ich den Skandal, der sich in den nächsten Tagen durch die gesamte Presse ziehen würde. Der Gouverneur schien erst nicht zu verstehen, was die Gäste so in Aufruhr versetzte. Nancy, die eine der Ersten gewesen war, die die Panne entdeckt hatte, blieb ruhig und ich glaubte sogar, Belustigung in ihrem Gesicht erkennen zu können.

Mir wurde gleichzeitig heiß und kalt. Oh Gott! Wie konnte das nur passieren? Ich war nicht fähig zu reagieren, ich starrte auf den Penis, der wie eine Eins vom Körper abstand. Er sah aus, als wäre er voll erigiert. Stoßweise entwich mir mein Atem und ich konnte keinen klaren Gedanken fassen.

»Das ist ja pornografisch«, hörte ich jemanden sagen.

»Und das von einem Politiker!«, sagte eine andere Stimme. Zwischen dem Gelächter und Getuschel der Leute wurde mir schlagartig klar, warum sich dieser sogenannte „The One“ einfach aus dem Staub gemacht hatte.

Damit war der Skandal perfekt und vielleicht Nancys guter Ruf dahin. Oh, mein Gott! Wir sollten irgendetwas tun. Nur was? Mein schlechtes Gewissen kämpfte gegen diese Peinlichkeit an. Sollte ich mich stellen und das Missgeschick beichten? Vor all den Menschen und der gesamten Presse? Mir wurde schlecht, wenn ich an die Schlagzeilen dachte.

»Verlobte des begehrten Junggesellen Matt Baldwin in Pornoskandal verwickelt.«

Was würde Matt nur von mir denken und was hätte das für Nancy, Dave Snyder und das Unternehmen von Matts Vater für Konsequenzen? Mir brach der Schweiß aus und in Gedanken verfluchte ich diesen Gigolo. Was sollte ich nur tun? Mit geschlossenen Augen versuchte ich, eine Entscheidung zu treffen.

»Entschuldigen Sie, Gouverneur, liebe Nancy und verehrte Gäste.«

Ich kannte diese Stimme und öffnete sofort meine Augen.

»Ich glaube, ich bin Ihnen eine Erklärung schuldig.« Während Roger Nancy das Mikrofon aus der Hand nahm und ihr zuzwinkerte, wandte er sich der Presse und den Gästen zu. Dabei lief er zu der Skulptur und löste den Penis. Der Kaugummi zog Fäden, was die Menge tuscheln ließ. Doch er ließ sich davon nicht stören und setzte das Genital der Skulptur in seiner ursprünglichen Form wieder an – ruhig und völlig gelassen.

»Bevor wir das Kunstwerk von Gouverneur Snyder zu Ihnen bringen konnten, war ich einen Moment unachtsam und stieß ausgerechnet gegen … dieses wertvolle und gute Stück. Dabei brach es ab.« Die Leute kicherten. »Ich entschuldige mich in aller Form bei Ihnen, Mr. Snyder, und auch bei dir, Nancy. Nichtsdestotrotz sollte dieser kleine Unfall nicht im Vordergrund stehen, sondern der Grund, warum der Gouverneur uns dieses Kunstwerk zur Verfügung stellt. Es sind die Kinder, denen wir mit dem Geld ein Lächeln ins Gesicht zaubern wollen. Deshalb biete ich als Anfangsgebot 10.000 Dollar. Wer bietet mehr?« Ein Raunen ging durch die Menge, bis schließlich jemand anfing zu klatschen und die Gäste laut applaudierten.

Nancy war diejenige, die als Erste ihre Fassung wiedererlangte.

»Wow, Roger! Das ist dein Applaus.« Sie lächelte ihn an und schon wurde aus der Menge ein neues Gebot gerufen. Damit war die Versteigerung in vollem Gange.

»Er ist ein Held. Anders kann ich es nicht sagen. Er hat dich wirklich gerettet und aus allem herausgehalten. Du solltest dich bei ihm bedanken«, sagte Lisa, die mich aus der Masse der Leute führte.

»Ich? Was glaubst du, warum mir das passiert ist? Das Ding wäre niemals abgebrochen, wenn du ...« Ich brach mitten im Satz ab, weil ich keine Lust hatte, mit ihr darüber zu streiten. Im Grunde hatte sie ja recht. Mindestens ein Dankeschön sollte ich über meine Lippen bringen.

Wir sahen dem Treiben noch eine Weile zu. Der Preis war schnell in die Höhe gestiegen und es war kein Ende in Sicht.

Lisa und ich versuchten, Roger in der Menge auszumachen. Doch er schien wie vom Erdboden verschluckt zu sein.

»Lass uns noch irgendwo auf den heutigen Abend anstoßen.«

»Nein, ich will nach Hause. Für heute Abend habe ich wirklich genug.« Meine Füße brannten und ich sehnte mich nach meinem Bett. Schließlich gab Lisa nach. Wir verabschiedeten uns nicht von Nancy. Sie hatte jetzt sowieso keine Zeit. In Gedanken wünschte ich mir, dass die Versteigerung ein großer Erfolg werden und die Presse diesen Vorfall schnell vergessen würde.

Tief atmete ich die klare Sommerluft ein, während ich auf Lisa wartete, die sich noch von jemandem verabschiedete. Was für ein Abend! Und wie mutig von diesem Kerl. Ich sollte ihm wirklich danken.

»Und? Alles gut gegangen?«, hörte ich seine Stimme hinter mir. Abrupt drehte ich mich um. Da stand er. Lässig lehnte er an der Hauswand und rauchte eine Zigarette. Seine Fliege hatte er von seinem Hals entfernt und ein paar Hemdknöpfe geöffnet. Ich brauchte eine Weile, bis ich meine Stimme wiederfand.

»Oh ja, … ich denke, Sie haben den Abend gerettet.«

Er stemmte sich von der Hauswand ab und lief mir entgegen. Im Licht der Laterne blieb er mir gegenüber stehen. »Es war mir eine Ehre, Ihnen zu helfen.«

Sein Blick war sanft und dieses warme Gefühl breitete sich wieder in meinem Körper aus. Wie schaffte er es nur, mich immer wieder so in Verlegenheit zu bringen?

Ich nickte und kämpfte mit den Worten, die sich in meinem Kopf bildeten.

»So, wir können gehen. … Oh, Roger!« Lisa kam gerade zu uns. Sie hatte wirklich ein Talent, mir ständig dazwischenzufunken. »Das haben Sie großartig gemacht. Vielen Dank. Sie haben uns gerettet«, sagte sie.

Das Lächeln auf seinem Gesicht wurde breiter. »Keine Ursache! Ich hoffe nur, die Presse wird die Story nicht komplett ausschlachten. Außerdem war es ja mein Fehler. Ich habe ...«

»Papperlapapp!«, unterbrach sie ihn. »Wenn Sie nicht gewesen wären, hätten Hannah und ich nicht gewusst, wie wir das hätten erklären sollen. Stimmt´s, Hannah?« Mit ihrem Ellenbogen stieß sie mir in die Hüften, als dezente Aufforderung, ihn nicht wie ein Mondkalb anzustarren und endlich die richtigen Dankesworte hervorzubringen.

»Lisa hat recht! Sie haben uns gerettet. Vielen Dank!«

Sein Blick wanderte über mein Gesicht. »Gern geschehen!«, sagte er lächelnd. »Tja, dann … einen schönen Abend noch!«

»Danke, Ihnen auch. Und falls wir mal etwas für Sie tun können …!«, rief Lisa ihm noch zu, bevor ich sie endgültig mit mir zog.

Die Tage vergingen und ich war allein in unserem Appartement. Solange er in Los Angeles war, genoss ich es, mich mit einem Buch ins Bett zu verkriechen, das Programm im Fernsehen allein bestimmen zu können und mal nicht auf irgendwelche Partys zu gehen. Matt war ein sehr unternehmungslustiger Typ. Er war mehr unterwegs als zu Hause und schleppte mich fast jedes Wochenende zu den Treffen seiner Freunde mit. Er kam aus einer wohlhabenden und erfolgreichen Unternehmerfamilie. Schon bald würde er die Firma seines Vaters übernehmen. Er liebte Golf, Tennis und Segeltörns, die er mit seinen Kumpels unternahm. Diesmal war er für mehrere Wochen in Los Angeles, um einen wichtigen Kunden zu gewinnen.

Ich dagegen war gern zu Hause und legte am Wochenende mal die Füße hoch, genoss die Ruhe und Stille. Nur Lisa versuchte jeden Abend, meine Pläne zu durchkreuzen. Noch bevor Matt fort gewesen war, hatte sie mir angedroht, mich überall hin mitzuschleppen, aus Angst, ich könnte vereinsamen. Bis auf Nancys Geschäftsjubiläum hatte ich es bisher geschafft, ihre Einladungen freundlich auszuschlagen.

Nancy und auch der Gouverneur kamen in den Presseberichten glimpflich davon. Die Storyjäger ließen es sich zwar nicht nehmen, in allen Einzelheiten über den Vorfall zu schreiben, aber die Berichte waren durchweg positiv. Ganze zwei Tage wurde in allen Zeitungen auf der Titelseite darüber berichtet. Endlich wurde es wieder ruhiger und Nancy erzählte Lisa, dass sie jetzt noch mehr Kunstinteressenten hatte als vorher. Das beruhigte mich und ließ mich nachts wieder besser schlafen.

***

Mit Matt telefonierte ich fast jeden Tag. Den Vorfall verschwieg ich ihm allerdings. Ich wollte es ihm in einer ruhigen Minute erzählen, wenn er wieder zu Hause war.

Ein paar Tage später saß ich auf dem Sofa. In meiner Hand hielt ich das alte Notizbuch meines Vaters. Liebevoll strich ich über den mit Ornamenten verzierten Ledereinband. Es war klein, etwas abgegriffen, aber noch gut erhalten. Mein größter Schatz, den ich immer bei mir trug, und das Einzige, was mir von meinem Vater geblieben war, zusammen mit dem silbernen Armkettchen. Das Kettchen war wirklich wunderschön gearbeitet. Eine Blüte, deren Blätter aus vielen kleinen blauen Topas-Herzen bestanden, zierte es. Bestimmt war das Schmuckstück sehr wertvoll.

Das Kettchen und das Notizbuch war sein Erbe an mich. Das Büchlein war gefüllt mit Versen, Gedichten und Poesie, die mein Vater für mich aufgeschrieben hatte.

Aus den Lautsprechern unserer Musikanlage ertönten die Klänge eines Orchesters, dessen klassische Musik mich jedes Mal völlig verzauberte. Mit 16 Jahren hatte ich dieses Faible entdeckt, was Matt überhaupt nicht verstehen konnte. Er hatte sich oft über die Sprüche und kleinen Gedichte lustig gemacht, die ich früher auf all meine Schulordner geschrieben hatte. Für mich klang in den Gedichten die Stimme meines Vaters mit und manchmal wünschte ich mir, dass die Menschen noch so miteinander sprechen würden. Es lag keine Hektik in den Versen, sie waren wohlüberlegt und hatten diese geheimnisvolle Kraft, die mir eine Gänsehaut bescherte. Es waren Worte voller Romantik und Wahrheit, die mich jedes Mal beflügelten. Die klassischen Stücke von Vivaldi, Debussy oder Frédéric Chopin unterstrichen diese Wirkung noch.

So verbrachte ich manche Abende mit den Träumen meines Vaters und begab mich im Geist in die Bilder hinein, die er mit Worten niedergeschrieben hatte. Leider gab es niemanden, der diese Leidenschaft mit mir teilte – außer meinen verstorbenen Vater. Und nur manchmal erbarmte sich Lisa und sah sich mit mir ein paar alte Filme an.

Heute würde wieder so ein Abend sein und ich war schon voller Vorfreude in eine Videothek gegangen und hatte mir mehrere DVDs mit Verfilmungen von Jane Austens Romanen ausgeliehen, von denen ich wusste, dass Lisa sie mochte.

In der Küche bereitete ich unser Abendessen vor. Ich freute mich, dass sie ihren heiligen Samstagabend mit mir verbringen wollte. Ein gemütlicher Mädelsabend mit einer romantischen DVD und Knabberzeug – das hatten wir schon lange mal wieder vorgehabt. Die Spaghetti waren gerade fertig, als es klingelte. Schnell öffnete ich die Tür und schenkte uns beiden schon einmal Wein ein.

»Hmmm, ... hier duftet es aber lecker!« Laut schloss sie die Eingangstür.

»Hi! Du kommst gerade rechtzeitig. Das Essen ist fertig.« Wir umarmten uns kurz, sie setzte sich und trank einen großen Schluck. »Was für ein Tag«, stöhnte sie und streckte müde ihre Glieder von sich. »Du kannst dir nicht vorstellen, was heute im Neil´s für Leute waren. Die merkwürdigsten Typen mit den verrücktesten Bestellungen. Ein Mann wollte nicht nur einen Kaffee, sondern auch gleich die ganze Maschine kaufen«, erzählte sie, während ich ihr eine Portion Nudeln auf den Teller schöpfte.

Lisa arbeitete schon lange in Neil´s Coffee Shop. Wir hatten uns dort kennengelernt. Sie schüttete mir damals versehentlich ein Glas Wasser über meine Hose, was ihr total peinlich war. Als Entschuldigung spendierte sie mir ein paarmal den Kaffee und seither waren wir Freundinnen. Eigentlich war sie so etwas wie eine Schwester für mich. Sie war ein ehrlicher und gleichzeitig verschwiegener Mensch. Sie sprach kaum über ihre Familie oder ihre Vergangenheit. Manchmal war sie traurig und nichts und niemand schaffte es dann, sie aus ihrem Tief zu reißen. Es war noch nie meine Art gewesen, sie zu drängen, sich mir anzuvertrauen, aber ich hoffte, dass sie mir eines Tages erzählen würde, was sie so oft in dunkle und tiefe Gedanken zerrte. Ich wusste, dass sie ein Geheimnis in sich trug.

Ansonsten war sie, neben Matt, der großartigste und lustigste Mensch, den ich kannte.

***

Nachdem Aufräumen der Küche holte ich die DVDs aus der Schublade, während Lisa sich schon über die Schüssel mit dem Popcorn hermachte, die ich auf den Wohnzimmertisch gestellt hatte.

»Was möchtest du zuerst ansehen?«, fragte ich und hielt ihr „Stolz und Vorurteil“, „Shakespeare in Love“ und „Notting Hill“ hin.«

»Oh, Hannah, nicht schon wieder! Ich kann ja deine Liebe für Jane Austen, Poesie und all den Kram verstehen, aber wie oft hast du diese Filme schon gesehen?«

»Ich weiß, ich übertreibe es, aber ich kann auch nichts dafür. Meine Hände greifen schon ganz automatisch nach diesen Hüllen, wenn ich vor dem Regal mit den Liebesschnulzen stehe. Ich liebe diese Filme einfach, du doch eigentlich auch?«

»Na gut, aber erst sehen wir uns „Notting Hill“ an und dann kannst du deinen „Shakespeare oder Stolz und Vorurteil„ von mir aus einlegen«, gab sie nach und verdrehte dabei genervt ihre Augen.

Während des Films sprachen wir kaum. Wir konnten es beide nicht ausstehen, wenn ständig jemand dazwischenquatschte. Nach circa neunzig Minuten lief der Abspann und Lisa hatte das Popcorn fast allein aufgegessen.

Mein Handy klingelte und sofort sprang ich auf, da ich wusste, wer so spät noch anrief. Ich freute mich auf Matts Stimme und verließ das Wohnzimmer. Diese paar Minuten wollte ich allein mit ihm verbringen. Freudestrahlend setzte ich mich auf unser Bett und erzählte ihm, wie sehr ich ihn vermisste. Doch darauf ging er nicht ein, was mich verwunderte. Es trübte ein wenig meine Freude und hinterließ ein enttäuschtes Gefühl in mir. Vermisste er mich nicht so sehr wie ich ihn? Das Gespräch hörte sich wie ein Pflichtanruf an und ehrlich gesagt machte ich mir Sorgen.

»Was ist los, Matt?«

»Nichts, was soll sein? Ich bin nur müde, das ist alles.«

»Das sagst du in den letzten Tagen oft. Geht es mit dem Vertragsabschluss nicht voran?«, hakte ich nach.

»Doch, doch. Die Chancen stehen gut, aber noch habe ich den Kunden nicht in der Tasche. Die Verträge sind noch nicht ganz sauber und wir ändern immer wieder die Satzungen. Aber ich bin zuversichtlich.«

»Vermisst du mich wenigstens?«

»Natürlich, das weißt du doch. Hat meine Mutter sich bei dir gemeldet?« Wieso sprach er im gleichen Atemzug von seiner Mutter? Wich er mir etwa aus? Ein Teil von mir wollte dem auf den Grund gehen, doch ein noch viel größerer Teil flüsterte mir besänftigend zu, ich solle es lassen. Vernünftigerweise gab ich nach. Schließlich hatte er angerufen – also dachte er wenigstens an mich.

»Nein, sie hat sich nicht bei mir gemeldet. Warum?«

»Ich weiß auch nicht, sie sagte, du solltest ihr die Gästeliste und deine Wünsche für die Hochzeitstorte zuschicken. Sie möchte alles mit dir durchgehen.«

Genervt schloss ich meine Augen. Ich wusste, dass Victoria die Fäden gern in der Hand hielt, und genau das störte mich. Am liebsten würde sie die Hochzeit für uns planen. Ständig hatte sie etwas an meinen Vorstellungen und Wünschen auszusetzen. Für meinen Geschmack lief die Veranstaltung ein wenig aus dem Ruder – zu viele Gäste, zu viele Ideen und viel zu viel Geld. Mehr als einmal hatte ich mich von Matt breitschlagen lassen, auf die Ideen seiner Mutter einzugehen. Nur einmal schaffte ich es, mich durchzusetzen. An diesem Tag war sie auf die wahnwitzige Idee gekommen, mich in ihr Brautkleid stecken zu wollen. Nicht dass sie an ihrem Tag nicht wunderschön ausgesehen hatte, aber ich stellte mir für mich etwas ganz anderes vor als einen Traum aus Spitze. Außerdem hatte ich schon ein Kleid angezahlt und würde es bald bei der Schneiderin abholen können.

Nur Matt war es zu verdanken gewesen, dass wir nicht gestritten hatten. Seine Mutter war zwar zwei Wochen lang beleidigt und zeigte seitdem eine gewisse Reserviertheit mir gegenüber, aber damit konnte ich leben.

Ich seufzte. »Ich werde sie anrufen. Aber wenn sie sich wieder zu sehr einmischt, dann kann ich für nichts garantieren.«

»Oh, ... Liebling, versuche dich bitte mit meiner Mutter zu verstehen. Du weißt, nach unserer Hochzeit wirst du eng mit ihr zusammenarbeiten. Meine Familie würde es sehr begrüßen, wenn du dich dann, gemeinsam mit meiner Mutter, um die Öffentlichkeitsarbeit kümmern würdest. Abgesehen davon, möchte ich so schnell wie möglich ein Baby mit dir.«

Ich schluckte hart bei dem letzten Satz. Ein Baby? Jetzt?! Das war neu. Natürlich wollten wir eine Familie, aber doch nicht so schnell und schon gar nicht jetzt! Ich sah mich schon mit einem dicken Bauch in einer schmuddeligen Küche stehen, völlig überfordert und fertig mit den Nerven.

»Willst du aus mir ein Heimchen am Herd machen?«, fragte ich ihn lachend, obwohl ich es ernst meinte.

Matt lachte amüsiert. »Ehrlich gesagt, ja, Schatz. Ich stelle es mir toll vor, wenn ich abends nach Hause komme, meine Kinder schlafen und meine schöne Frau auf mich wartet.«

»Das kann nicht dein Ernst sein! Ich will Kinder, ja, aber nicht sofort. Du weißt, wie wichtig es mir ist, endlich selbstständig zu sein. Außerdem, ... ich bin noch nicht so weit. Ich will arbeiten, Matt. Ich will herausfinden, zu was ich in der Lage bin.«

Er seufzte schwer und gab mir somit das Gefühl, dass meine Wünsche und Bestrebungen eher zweitrangig waren. Es war wie ein Schlag ins Gesicht.

»Meinst du nicht, dass du das alles ein wenig zu wichtig nimmst?«

Ich riss meine Augen auf und konnte nicht glauben, was er gerade gesagt hatte. »Denkst du das wirklich? Ich nehme mich und meine Träume zu ernst? Matt, ich will nicht das gleiche Leben wie deine Mutter führen. Dafür bin ich nicht die Richtige.«

»Schatz, jetzt sei nicht sauer. So habe ich es ja nicht gemeint. Du kennst mich. Ich meine ja nur, du brauchst das alles nicht. Ich verdiene genug für uns beide. Außerdem, wenn ich die Firma übernommen habe, dann brauche ich dich an meiner Seite.«

Ich hätte jetzt wirklich mit ihm streiten können. Wütend ging ich im Schlafzimmer auf und ab. In meiner linken Hand hielt ich seinen Pullover, an dem ich seinen Duft noch wahrnahm. Ich pfefferte ihn in eine Ecke, als wäre der Stoff mit einer ekligen Substanz benetzt.

Ich schwieg und überlegte, was ich dazu sagen sollte. Aber ich fand keine Worte. Vielleicht war er auch zu müde, um mich zu verstehen?

»Hannah? Bist du noch dran?«

Am liebsten würde ich nichts sagen, doch das gehörte sich nicht. »Ja.«

»Jetzt bist du sauer, oder?«

»Wärst du das nicht?«

Wieder seufzte er, doch diesmal klang ein leidiger Ton mit. »Es tut mir leid, Schatz. Ehrlich! Können wir darüber sprechen, wenn ich wieder da bin? Natürlich sind mir deine Ziele und Träume wichtig, das weißt du. Aber es ist so schwierig, das alles am Telefon zu besprechen.«

Da gab ich ihm recht. »In Ordnung. Geh jetzt schlafen, wir telefonieren morgen.«

Nachdenklich und mit gemischten Gefühlen ging ich nach dem Gespräch wieder zu Lisa ins Wohnzimmer.

Kapitel 4

Zerstörter Luxus

Hannah

»Und? War es Matt?«

»Ja, das war er.« Ich nahm den Film und legte ihn in den Player ein. »Soll ich dir noch mehr Popcorn machen?«

»Nein, aber eine zweite Flasche Wein wäre nicht schlecht.«

Ich schlenderte in die Küche, öffnete die Flasche und schenkte erst Lisa und dann mir ein. Mein Ärger war in der Zwischenzeit etwas verraucht.

»Und jetzt erzähl, warum bist du so deprimiert?«

Achselzuckend suchte ich eine Erklärung. »Ich weiß auch nicht. Seine Mutter will die Gästeliste und ich soll ihr sagen, wen ich noch alles einladen möchte. Dabei hat sie die Gästeliste schon vier mal überarbeitet und ständig waren mehr als zwanzig Personen zusätzlich darauf. Und dann … dann hat Matt gesagt, dass er es am liebsten hätte, wenn wir bald ein Baby bekommen würden.«

»Das ist jetzt nicht dein Ernst, oder?«

»Doch, das waren genau seine Worte. Dabei haben wir noch nicht mal ernsthaft über ein Baby gesprochen. Damit hat er mich total überrumpelt.«

»Tja, das sehe ich.«

»Früher oder später werden wir auch nach Washington zu seiner Familie ziehen müssen, wenn Matt die Geschäfte nicht mehr von hier aus führen kann.«

Ich wusste, dass jetzt eine Diskussion folgen würde. Lisa war schon immer ein Freund der Unabhängigkeit gewesen. Sie kniff ihre Augen zusammen und sah mich abschätzend an.

»Ich weiß genau, was du jetzt denkst, aber so ist es nicht. Wirklich!« Ich stand auf und musste mich bewegen.

»Ach, und was denke ich?« Sie zog ihre Beine zu sich und folgte mir mit ihren Blicken durch den Raum.

»Du denkst, ich schenke Matt meine Träume oder meine Freiheit.«

»Ja, ganz genau. Das denke ich, und soll ich dir noch was sagen? Ich glaube sogar, dass eine Hochzeit zu früh ist.« Sie erhob ihre Stimme und ein leicht patziger Ton schwang darin mit. Sie ließ ihren Gedanken freien Lauf. »Du weißt, ich mag Matt. Du bist meine beste Freundin, aber du lässt dich in ein Leben drängen, das du dir so nicht ausgesucht hättest.«

Als sie das sagte, blieb ich abrupt stehen und starrte sie an.

»Wozu lasse ich mich drängen?«

»Das weißt du ganz genau. Und wenn du ehrlich zu dir selbst wärst, dann könntest du es zugeben. ... Du bist noch nicht bereit für ein Baby, für eine Familie, und für Matts Familie schon gar nicht. Zwischen dir und Matt sind noch so viele Dinge unausgesprochen.«

»Und woher willst du das wissen?«, warf ich ihr verärgert zu.

»Hör endlich auf dir etwas vorzumachen, Hannah. Ich will, dass du glücklich wirst.«

»Ach? Und du denkst, Matt wäre nicht der Richtige für mich?« Wie konnte sie so etwas nur sagen? Sie wusste doch ganz genau, dass ich ihn liebte und wie gut wir uns verstanden. Sie war die einzige Person, die alles über mich wusste - über Matt, mich und mein Leben.

Sie stand auf und lief auf mich zu.

»Süße, ich weiß, dass das hart klingen mag. Aber ihr solltet dringend über eure Wünsche und eure Zukunft sprechen.« Lisa legte ihre Hand auf meinen Arm und redete weiter auf mich ein. Ich wusste, dass sie recht hatte. Jedes einzelne Wort stimmte. Es wäre ein Fehler, all meine Träume und Wünsche aufzugeben, nur um Matt und seine Familie zufriedenzustellen.

»Sorg doch dafür, dass diese laute Stimme der Vernunft endlich mal ihre Klappe hält. Genieße dein Leben, mach doch endlich mal Dinge, die du schon immer mal tun wolltest.«

»Aber das tue ich doch. Ich … «

»Ich rede davon, dass ihr euch jetzt schon wie ein altes Ehepaar benehmt. Er geht seinem Job nach, und wenn ihr am Wochenende endlich mal Zeit habt, ist Matt oft unterwegs. Wann habt ihr mal etwas gemeinsam gemacht, etwas, das euch beiden Spaß macht? Du hast mir noch nie begeistert von eurer Zweisamkeit erzählt, geschweige denn von einer feurigen Liebesnacht. Da läuft etwas schief, Süße. Und ich will dich rechtzeitig warnen. Du darfst dich nicht völlig von ihm abhängig machen. Du weißt ja noch nicht einmal, wie es ist, andere Männer zu küssen. Du bist bereit, alles für ihn aufzugeben, nur, weil du denkst, dass das Leben so ist. Du versteckst dich hinter all den Erwartungen und Regeln, die man dir vorgibt, doch insgeheim schlummert eine ganz andere Hannah in dir, das weiß ich. Und ich weiß auch, dass Matt dich liebt, und gerade deshalb wird und muss er auf dich Rücksicht nehmen.«

Mal wieder war ich wie erschlagen von der Wahrheit, die Lisa mir ins Gesicht schleuderte. Ihre Worte fanden den Weg zu der Seite, die ich immer zurückhielt. Die Seite, welche in meinem bisherigen Leben einfach nur Chaos angerichtet hätte.

Ich schluckte die aufsteigenden Tränen hinunter.

»Komm, lass uns den Wein austrinken. Du wirst sehen, wenn du nur einmal das tust, was dein Herz dir sagt, dann findet sich der Rest schon. Du musst dich nur trauen.«

Eine Stunde später war ich allein. Der Fernseher lief noch. Ich hatte ihn absichtlich nicht ausgeschaltet. Die Schießerei des Spielfilms, der gerade ausgestrahlt wurde, übertönte meine

Wut. Die Stimme in mir wurde immer lauter – sie schrie gegen den Fernseher an.

Der Alkohol zeigte seine Wirkung und ich grübelte über die deutlichen Worte meiner Freundin nach. Vieles, was sie gesagt hatte, stimmte und machte mir gleichzeitig Angst. Aber was war so falsch daran, sich ein bisschen hintenanzustellen, um dem Menschen, den man liebte, den Vortritt zu lassen – zumindest für eine gewisse Zeit?

War ich wirklich so feige? Ja, hallte es laut in meinen Gedanken. Die Flasche Wein in meiner Hand war fast leer und mir schwirrte der Kopf. Ich war betrunken und es fühlte sich gut an. Ich schaltete das Programm auf einen Musiksender und fing an zu tanzen. Heute konnte ich mich gehen lassen. Die beherrschte, vernünftige und konservative Hannah hatte ich mit dem letzten Schluck Wein tief in mir begraben. Jetzt durfte die Hannah raus, von der Lisa heute Abend gesprochen hatte. Ich war ja allein und niemand würde davon erfahren. Morgen wäre ich wieder die Alte und würde dem gradlinigen Weg folgen, den meine Mutter mir anerzogen hatte.

Meine eigene Party gefiel mir so gut, dass ich tanzend in die Küche lief und noch eine Flasche Wein öffnete. Die Musik drehte ich noch lauter, sodass keine Nebengeräusche mehr zu hören waren. In vollen Zügen genoss ich es und tanzte wild zu den lauten Klängen, bis ich Trottel über meine eigenen Füße stolperte und fiel. Dabei rutschte die Flasche Rotwein aus meiner Hand und ergoss sich auf den weißen Berberteppich. Rot wie Blut gluckerte der Inhalt heraus und breitete sich aus.

»Oh, nein!« Schnell hob ich die Flasche auf, doch es war bereits zu spät. Der Fleck war so riesig, das würde ich niemals vertuschen können. Ich war zu betrunken, um den Fleck sofort mit Salz zu behandeln. Wie sollte ich das nur erklären? Was würde Matt dazu sagen? Meine Gedanken flogen wild durcheinander, bis ich plötzlich innehielt und anfing zu lachen.

Ich bekam so einen Lachanfall, dass ich mir sogar den Bauch halten musste.

»Na, Lisa! Siehst du, wie mutig ich bin? Ich bin kein Feigling, ha! Ich werde dir beweisen, dass ich auch an mich denke«, sagte ich zu mir.

Umständlich zog ich mich am Sofa hoch, weil meine Beine sich wie Pudding anfühlten. Schließlich schaffte ich es aufzustehen, nur um erneut über meine Füße zu stolpern. Diesmal fiel ich hart auf die Fliesen und spürte einen dumpfen Schmerz. Ich beschloss, einfach liegen zu bleiben und mich von meinem Rausch in einen tiefen Schlaf treiben zu lassen.

***

Das Sonnenlicht fiel ins Wohnzimmer, sogar durch meine geschlossenen Augen nahm ich das grelle Schimmern wahr. Mein Kopf dröhnte und sobald ich mich bewegte, wurde der pochende Schmerz unerträglich. Ich gähnte und riskierte es, ein Auge einen winzigen Spalt zu öffnen. Schlagartig wurde ich wach, als mir alles einfiel, was letzte Nacht passiert war. Vorsichtig setzte ich mich auf, doch der stechende Schmerz, der mir durch den Kopf jagte, ließ mich innehalten. Ein zweites Mal versuchte ich es, aber diesmal langsamer. In meinem Mund war ein übler Geschmack, den ich schnell loswerden musste. Nach und nach gewöhnten sich meine Augen an das Licht, das Pochen in meinem Kopf wurde immer unerträglicher. Ich brauchte dringend eine Schmerztablette. Erinnerungen drängten sich in mein Gedächtnis. Mist! Was hatte ich mir gestern nur dabei gedacht? Ich erkannte das Chaos, das ich hinterlassen hatte. Das hatte ich jetzt davon. Der Berberteppich von Matt sah aus, als hätte ein verblutender Körper die ganze Nacht darauf gelegen. Matt würde mich umbringen. Ich hatte jetzt schon seine Stimme im Ohr, wie er mir sagen würde, wie viel Tausende von Dollar er für das kostbare Stück bezahlt hatte. Er würde von mir wissen wollen, was ich hier veranstaltet hatte. Wie sollte ich das nur erklären?

Schnell wischte ich diesen Gedanken beiseite. Darüber konnte ich mir später noch Sorgen machen. Erst mal nahm ich eine Tablette und begann aufzuräumen.

Gerade als ich in der Küche fertig war, klingelte es an der Tür. »Entschuldige, habe ich dich geweckt?«, wollte Lisa direkt an der Tür von mir wissen.

»Nein, ich bin schon auf. Aber was machst du hier?«, fragte ich sie und lief in die Küche.

»Ich habe Donuts mitgebracht, die wollte ich mit dir essen.« Sie legte die Tüte auf die Theke und ich hörte in ihrer Stimme, dass sie noch etwas auf dem Herzen hatte.

»Musst du nicht arbeiten?«, wollte ich wissen, während ich uns einen Kaffee aufbrühte.

»Nein, erst heute Nachmittag. Ich habe Neil angerufen und die Schicht mit Ben getauscht, weil ich ... mich bei dir entschuldigen wollte.«

Mitten in meiner Bewegung hielt ich inne. »Was? ... Bei mir entschuldigen? Aber weshalb?« Ich goss einen großen Schluck Milch in unsere Tassen und betätigte den Knopf der Kaffeemaschine. Lisa kletterte ein bisschen umständlich auf den Barhocker und sah mich mitleidig an.

»Na ja, es war nicht richtig, was ich gestern Abend alles zu dir gesagt habe.«

»Ach, vergiss es, Lisa. Du hattest ja mit ein paar Dingen recht«, unterbrach ich sie.

»Nein, hör zu. Ich weiß, dass es nicht leicht ist für dich. Du und Matt, ihr seid ein tolles Paar. Und er hat eben einfach diesen Job. Ich bewundere euch, ehrlich. Vielleicht war ich gestern nur neidisch. Es geht mich auch nichts an.«

Lisa und neidisch? Auf mich? Aber das hatte sie doch gar nicht nötig. Sie könnte jederzeit einen Freund haben. Sie war hübsch und sehr intelligent. Manchmal fragte ich mich schon, warum sie keinen Mann in ihr Leben ließ.

»Aber du hast mir gestern Abend klargemacht, dass ich dringend mit Matt über einiges sprechen muss. Damit lagst du zumindest nicht falsch.«

Der Kaffee war fertig. Ich reichte ihr eine Tasse und setzte mich zu ihr an die Küchentheke. Kurz schwiegen wir und hingen unseren Gedanken nach, bis sie in das Wohnzimmer blickte und dort den großen, blutroten Fleck auf dem Teppich entdeckte. Normalerweise liebte ich die offene Bauweise unserer Wohnung. Es gab keine Tür zwischen dem Wohnzimmer und der Küche. Alles war frei einsehbar und folglich sprang der Fleck ihr schon fast entgegen.

»Ach, herrje! Was hast du denn gemacht?«

»Äh, ich bin gestolpert. Leider!«

»Na, der ist hin. Das bekommst du nie wieder raus«, klärte sie mich auf.

»Ich weiß.«

»Vielleicht kannst du ihn in eine Reinigung geben«, überlegte sie.

»Ja, mal sehen, aber ehrlich gesagt, glaube ich kaum, dass der Fleck wieder rausgeht. … Aber was ich noch sagen wollte, du hattest recht – Matt und ich benehmen uns wirklich wie ein altes Ehepaar. Ich genieße die freie Zeit, die ich ohne ihn habe. Er ist mein bester Freund, Lisa. Ich liebe ihn, auch wenn wir unsere Sexualität nicht so leidenschaftlich ausleben wie andere verliebte Paare. Das, was wir haben, ist solide und sicher. Er gibt mir das Gefühl, dass mein Leben in der richtigen Spur läuft, verstehst du?«

Sie nickte, sagte aber nichts dazu.

»Ich bin mir so unsicher, was ich wegen seiner Pläne machen soll. Einerseits will ich auch eine Familie und andererseits würde ich gerne erst ein paar Dinge ausprobieren. Beides lässt sich nun mal nicht vereinen.«

»Das ist wirklich keine leichte Entscheidung. Ich verstehe dich. ... Komm, es ist so schönes Wetter draußen. Lass uns spazieren gehen. Dann können wir über alles ausführlich sprechen.«

Lisa verstand es schon immer, meine trüben Gedanken zu vertreiben, und ich sprang sogleich auf. Frische Luft und ein Spaziergang im Central Park würden mir bestimmt helfen, meinen Kopf wieder freizubekommen. »Okay, aber lass mich hier das Chaos noch beseitigen und duschen. Du kannst dich ja so lange über die Donuts hermachen.«

Kapitel 5

Roger Roon feat. Jake Bennet

Jake

Wie meine Schwester am Telefon erzählt hatte, befand sich die Einladung meiner Großmutter im Briefkasten. Ungeöffnet warf ich sie auf die Theke meiner Küche und schenkte mir einen Drink ein – den brauchte ich jetzt. Schon der erste Schluck entspannte mich. Ich löste die Krawatte, knöpfte mein Hemd auf und schlenderte zur Terrasse meines Appartements. Leicht ließ sich das große Panoramafenster öffnen und ich trat in die laue Sommernacht New Yorks. Die Lichter der Stadt funkelten und glitzerten um die Wette und eine leichte Brise strich mir warm übers Gesicht. Ich war müde und legte meinen Kopf in den Nacken, sah in die sternenklare Nacht.

Diese Einladung war so viel mehr, als nur der Geburtstag meiner Großmutter. Sie würde bedeuten zurückzugehen – zurück in mein altes Leben, mit dem ich eigentlich abgeschlossen hatte. Seit sechs Jahren hatte ich all das hinter mir gelassen, war bereit gewesen, allen Erwartungen und Wünschen meiner Familie zu trotzen.

Meine Schwester Laura und Granny verstanden meine Schuld, die mich damals fast aufgefressen hatte. Dass ich unser Zuhause verließ, versuchten sie mit viel gutem Zureden zu verhindern. Aber sie begriffen einfach nicht, dass ich keine andere Wahl hatte, dass ich sogar meiner eigenen Mutter, durch meine Anwesenheit die Luft zum Atmen genommen habe. Es war für uns alle das Beste gewesen. Und jetzt sollte ich zurück – wenn auch nur für ein paar Tage. Meine Familie kannte mich nicht mehr. Sie wussten nichts von meinem neuen Leben, welches ich mir aufgebaut hatte – und das war auch gut so. Die Wahrheit zu kennen, würde meine Mutter umbringen, meinen Vater mich endgültig verstoßen und meine Brüder mich nur noch mehr verachten lassen. Um sie und auch mich zu schützen, erfand ich diese Lüge. Jake Bennet – ein erfolgreicher Börsenmakler, der es mit Fleiß geschafft hatte, in einem luxuriösen Appartement zu leben, teure Autos zu fahren und mit den schönsten und reichsten Frauen New Yorks auszugehen.

Mein Glas war bereits leer, als ich einen weiteren Schluck nehmen wollte. Es waren quälende Gefühle, die sich langsam wieder an die Oberfläche schlängelten – ich brauchte einen weiteren Drink.

Ich ging hinein. Mein Blick wanderte automatisch zu der Einladung, der ich meinen betrübten Zustand zu verdanken hatte. Erinnerungen wollten sich in mein Gedächtnis schleichen, doch der Whisky half, sie zu vertreiben. Ich nahm gleich die ganze Flasche.

Das verschlafene kleine Nest Dundee in der Nähe von Binghamton hatte ich damals nicht schnell genug hinter mir lassen können. Und ich vermisste es bis jetzt nicht – keine Sekunde. So wie mich niemand aus meiner Familie je vermisst hatte, außer Granny und vielleicht Laura.

Auch heute spürte ich noch diese hasserfüllten Blicke der Einwohner von damals, wenn ich durch die Straßen streifte, hörte den Spott der anderen Kinder und das Getuschel hinter meinem Rücken. Kalte Blicke, die mir deutlich gemacht hatten, dass dieser dunkle Punkt wie ein Schatten über dem ganzen Dorf lag – und das für immer.

Heute fühlte ich mich stark genug, um es ihnen allen zu zeigen. Sie sollten sehen, wie gut mein Leben jetzt war, wie viel Geld ich besaß und was für Designer-Anzüge ich trug. Als reicher Börsenmakler würde ich dort auftauchen, ihnen zeigen, wie großartig mein Leben in New York war. Es gab nur ein Problem – ich brauchte eine Frau. Eine, die dieses Spiel mitspielte und mir dabei half, diesmal als Sieger und endgültig aus Dundee zu verschwinden.

Die Flasche mit dem Whisky war fast leer, als ich mir noch einmal nachschenken wollte, und ich spürte schon die betäubende Wirkung. Ich hatte genug und sollte schlafen gehen. Nur in Boxershorts bekleidet, ließ ich mich in mein Bett fallen.

***

Der Umschlag mit dem Lohn der letzten Nacht steckte noch in meiner Jackentasche, als ich in den frühen Morgenstunden nach Hause kam. Meine Kundin war eine sehr attraktive und angenehme Person gewesen. Ich sollte mir wirklich überlegen, sie in den Kreis meiner Stammkundschaft aufzunehmen. Sie zahlte gut und ihre Gesellschaft war niemals langweilig. Sie war überaus intelligent und es war leicht, sie zu verwöhnen. Besser konnte ein Job nicht laufen.

Mein Magen grummelte, wenn ich an meine nächste Verabredung dachte. Diese hatte nichts mit meinem Job als Escort zu tun und Vieles hing von dieser Dame ab.

Mein Anrufbeantworter blinkte. Ich ließ die Mitteilungen abspielen. Darauf waren einige Kundinnen und Nancy, die um einen Rückruf bat.

Ich nahm mein Handy, wählte ihre Nummer und es dauerte auch nicht lange, bis sie abnahm. Nancy schlief nie aus. Sie war eine der wenigen Frauen, die ich kannte, die jeden Morgen schon hundert Dinge zu erledigen hatte. »Hey, ich sollte dich zurückrufen?«

»Hallo Jake, ich wollte mich noch einmal bei dir bedanken. Du hast meine Party gerettet.«

Ich grinste vor mich hin, als ich an den Abend vor ein paar Tagen dachte. »Was hat die Auktion eingebracht?«

»Du wirst es nicht glauben, aber jemand hat tatsächlich 84.000 Dollar geboten. Das ist einfach fantastisch, Schatz.«

Ihre gute Laune war ansteckend und ich freute mich sehr für sie. »Wow! Das ist unfassbar! Und wer ist der Käufer?«, wollte ich wissen, während ich durch mein Appartement lief, um auf die Terrasse zu gehen. Ich setzte mich in einen Liegestuhl.

»Willy Month, ein reicher Industrieller. Er sammelt ungewöhnliche Kunstwerke. … Aber sag mal, was ist eigentlich passiert? Ich konnte dich nirgends mehr finden. Du warst wie vom Erdboden verschluckt.«

»Das erzähle ich dir ein anderes Mal. Ich bin jedenfalls erleichtert, dass es nicht wirklich zu einem Skandal gekommen ist.«

»Ja, das bin ich auch.«

»Ich werde mich jetzt noch ein wenig hinlegen. Heute Nachmittag ist das Treffen mit Monika.«

»Hattest du eine anstrengende Nacht?« Sie machte sich immer Sorgen um mich – manchmal benahm sie sich wie meine Mutter.

Ich schmunzelte. »Du weißt doch, Frauen sind nur anstrengend, wenn sie shoppen gehen.«

Ein kleines Lachen entfuhr ihr. »Das stimmt, aber nur manchmal. … Melde dich, wenn das Treffen vorbei ist.«

»Jetzt bist du neugierig.« Wieder lachte sie und das nur, weil ich sie ertappt hatte.

»Bis bald, Nancy.«

***

Dass mein Herz ein paar Takte zu schnell schlug und ich nervös war, ließ ich mir nicht anmerken, als ich an der Bethesda Terrace entlanglief. Ich war frisch geduscht, trug mehr oder weniger Freizeitkleidung und eine Sonnenbrille. Mein T-Shirt verbarg kaum die Tattoos auf meinen Oberarmen. Normalerweise achtete ich darauf, dass meine Kundinnen diese beim ersten Treffen nicht zu Gesicht bekamen. Aber diesmal war es kein geschäftlicher Termin. Diesmal ging es um eine Privatangelegenheit.

Die Sonne schien warm an diesem Sonntagnachmittag und einige Touristen fotografierten den Engel, der auf einer Schale über dem Brunnen stand. Der Platz um den Brunnen war ein beliebter Treffpunkt. Ich nutzte oft öffentliche Schauplätze für die ersten Begegnungen mit meinen Kundinnen, denn die Damen waren nervös und eine Hotellobby gab ihnen das Gefühl, etwas Anrüchiges zu tun. Ein öffentlicher Ort mitten unter Leuten machte es für viele Frauen einfacher.

Nur heute war es kein übliches Treffen. Ich stand schon eine Weile am Brunnen und langsam beschlich mich das Gefühl, dass sie nicht kommen würde. Was noch viel schlimmer war, war die Gewissheit, dadurch keine Lösung für mein Problem zu haben. Ich hatte nur noch wenige Tage Zeit.

Minuten vergingen, während meine Laune auf den absoluten Tiefpunkt sank. Unpünktlichkeit und Unzuverlässigkeit konnte ich nicht ausstehen. Es waren Eigenschaften, die meine Mutter uns Kindern früh ausgetrieben hatte. Ein Blick auf mein Handy verriet mir, dass Monika mich wohl versetzt hatte. Und ehrlich gesagt, war das Gefühl, als ich mit ihr telefoniert hatte, nicht wirklich gut gewesen. Sie hatte so professionell und abgeklärt geklungen, eben wie jemand, der genug Erfahrung in unserem Geschäft hatte. Es war Nancys Idee gewesen, sie zu engagieren.

»Hallo!«, rief jemand und ich brauchte ein paar Sekunden, bis ich die Quelle der Stimme entdeckt hatte. Zuerst sah ich nur Nancys Nichte, die mit einem Finger auf mich zeigte. Ich zog meine Sonnenbrille tiefer. Tatsächlich, es waren die jungen Frauen, die ich vor ein paar Tagen auf der Vernissage kennengelernt hatte.

»Roger!« Lisa zog ihre Freundin mit sich und deutlich konnte ich in ihrem Gesicht erkennen, dass sie nicht so begeistert war, mich zu sehen. Das ließ mich innerlich schon wieder über sie schmunzeln. Noch nie war mir so ein versteckter Rebell, wie sie es war, begegnet.

»Wie geht es Ihnen? Haben Sie die Schlagzeilen alle gut überstanden?«, fragte Lisa und schenkte mir ein herzliches Lächeln. Hannah hingegen vermied es, mich anzusehen. Schon am Abend von Nancys Jubiläum war mir das aufgefallen und hatte mich amüsiert.

»Oh ja. Ich bin nur froh, dass Nancy keinen Schaden davon getragen hat. Und bei euch? Genießt ihr die Sonne?«

»Ja, es ist einfach zu schön, um zu Hause zu versauern. Wir gehen hier spazieren. Und Sie?«

Ich presste meine Lippen zusammen und überlegte, was ich ihnen als Antwort bieten sollte. Der Reiz, Hannah erneut zu schocken, war einfach zu groß.

»Ich arbeite. Ich treffe mich mit einer Kundin.«

Sie wurde blass und ihre Augen fixierten mich. Es war nicht nötig, mehr zu erzählen. Was sie davon hielt, spiegelte sich in ihrem Gesicht wider. Schnell blickte sie zurück auf den Asphalt, um mir nicht in die Augen schauen zu müssen. Es war ihr total unangenehm und es gefiel mir, sie so zu sehen.

»Dann sollten wir Sie nicht länger stören.«

»Keine Sorge, ihr stört mich nicht. Es sieht eher danach aus, als hätte die Dame mich versetzt.« Ich sah mich suchend um, blickte aber gleich darauf wieder zu ihnen.

Hannah grinste frech. »Oh, das passiert Ihnen auch?« Ihr Ton war sarkastisch. Und diesmal blitzte etwas in ihren Augen auf. Sie war jetzt mutig genug, mir ihr Kinn entgegenzustrecken und mich zu mustern. Das verblüffte mich und ich gestand mir ein, dass ich sie unterschätzt hatte. Die junge Frau war wirklich anders.

»Ja, natürlich. Das ist sozusagen ein ... Berufsrisiko«, sagte ich und lachte, weil sie sich sofort wieder in ihr Schneckenhaus verkroch. Angewidert verzog sie ihren Mund dabei.

»Das tut mir leid für Sie. … Aber vielleicht könnten wir für Ihren Ausfall aufkommen«, schlug Lisa mir vor.

»Lisa!«, ermahnte Hannah sie.

Ich konnte nicht anders und lachte ihnen breit entgegen. Meine Verabredung war nicht aufgetaucht und ich genoss die Gesellschaft der beiden. Außerdem wusste ich genau, dass Hannah alles lieber täte, als Zeit mit mir zu verbringen. Merkwürdigerweise bereitete es mir großen Spaß, diese junge Frau zu reizen. Hannahs entsetztes Gesicht war es schon wert, auf das Angebot von Lisa einzugehen.

»Sehr gern!«, sagte ich deshalb besonders freundlich. Entsetzt über meine Zustimmung und überhaupt nicht damit einverstanden, funkelten Hannahs Augen mich an. Deutlich sah ich, wie sie nach einer Ausrede suchte. Jede wäre ihr recht gewesen.

»Und wenn Ihre Kundin doch noch kommt und sich nur verspätet hat?«, versuchte sie, unserer Verabredung zu entkommen.

»Das glaube ich kaum, sie ist schon mehr als eine halbe Stunde zu spät. … Wollen wir?« Frech bot ich Lisa und ihr meinen Arm an. Lisa zögerte keinen Moment. Nur Hannah sträubte sich und zog es vor, neben ihrer Freundin zu gehen.

Besser hätte dieser Nachmittag nicht laufen können. Hannah wiederzusehen, versprach höchst interessant zu werden, und als sie mir einen bösen Blick zuwarf, konnte ich mir ein arrogantes Lachen nicht verkneifen.

***

Eine Weile spazierten wir gemeinsam an dem kleinen angelegten See entlang und sahen den Enten beim Schwimmen zu. Der Tag war perfekt für einen Ausflug wie diesen. Es war lange her, dass ich nur zum Spaß meine Zeit im Central Park verbracht hatte. Meistens trainierte ich meinen Körper oder fuhr mit meinem geliebten Porsche durch die Straßen. Ich hatte eine Schwäche für schnelle Autos, von denen alle kleinen und großen Jungs träumten. Auf die Gesichter meiner Familie war ich gespannt, wenn ich mit meinem schwarzen Baby die Einfahrt zu unserem Grundstück entlang fahren würde.

»War es eine wichtige Kundin, die Sie versetzt hat?«

Lisa riss mich aus meinen Gedanken.

»Ich denke, wir können das alberne „Sie" lassen. Du weißt ja, wie ich heiße.«

Ihr Gesicht erhellte sich bei meinem Angebot, während Hannah mir einen grimmigen Blick zuwarf. Sie spielte an ihrem Armkettchen, das sie auch schon an der Vernissage getragen hatte. Ob das ein Zeichen für ihre Nervosität war?

»Um ehrlich zu sein, es war keine richtige Kundin. Es war mehr … eine Frau, mit der ich eine Vereinbarung hatte.«

»Eine Vereinbarung?«

»Lisa! Sei nicht so neugierig«, ermahnte Hannah sie.

»Schon gut. … Dort drüben ist das Seerestaurant. Darf ich euch auf einen Kaffee oder ein Glas Wein einladen?« Ich ging mit zügigen Schritten Richtung Eingang.

In dem kleinen Restaurant setzten wir uns auf die Terrasse und bestellten bei einer jungen Kellnerin unsere Getränke.

Hannah saß mir gegenüber und ich hatte den Eindruck, dass ihre anfängliche Gereiztheit sich ein wenig gelegt hatte.

Um nicht wieder auf das vorige Thema zu kommen, wollte ich die Unterhaltung mit etwas Unverfänglicherem weiterführen.

»Was macht ihr beruflich?« Ich sah dabei bewusst Hannah an.

»Also, ich jobbe in Neil´s Coffee Shop und finanziere damit einen Teil meines Studiums«, sagte Lisa. »Hannah arbeitet als Lehrerin, aber nur aushilfsweise ...«

»Danke, Lisa. Ich habe einen eigenen Mund, mit dem ich selbst sprechen kann«, unterbrach sie ihre Freundin. … »Ich heirate in drei Monaten und werde dann in der Firma meines Mannes arbeiten.« Der spitze Ton in ihrer Stimme ließ Lisa endgültig verstummen und ich fragte mich, warum sie eigentlich in meiner Gegenwart so verkrampft wirkte. Lag es an mir? War es wirklich die Tatsache, dass ich ein Escort-Man war? War das Grund genug, um über mich zu urteilen?

»Meinen Glückwunsch. Und in was für eine Firma heiratest du ein?«

»In Baldwin Industries. Matt übernimmt die Geschäftsleitung in der Firma seines Vater, und ich werde mich gemeinsam mit seiner Mutter, um die Öffentlichkeitsarbeit kümmern.«

Unsicherheit war in ihrer Stimme zu hören, die sie überspielte, indem sie einen großen Schluck von ihrem Wasser nahm.

»Darf ich dich etwas fragen?«, rief Lisa.

»Natürlich!«

Hannah warf ihr einen warnenden Blick zu, was ihre Freundin jedoch ignorierte. Offensichtlich war es ihr total unangenehm, über meinen Job zu sprechen. Wieso war sie nur so verklemmt?

»Du warst vorhin verabredet und deine Kundin hat dich sitzen lassen, das kann ich gar nicht glauben. Welche Idiotin lässt ein Date mir dir platzen?«

»Na ja, wir waren nicht im üblichen Sinne verabredet. Sie schuldete mir noch einen Gefallen.«

»Einen Gefallen? … Den schulden wir dir ja eigentlich auch noch.«

»Lasst uns von etwas anderem sprechen. Es langweilt euch bestimmt«, versuchte ich auszuweichen.

»Es langweilt mich überhaupt nicht!«

»Lisa! Vielleicht will er aber auch nichts erzählen. Es geht uns ja schließlich auch nichts an«, mischte sich Hannah in unsere Unterhaltung ein.

»Schon gut. Ich kann verstehen, dass deine Freundin gerne mehr darüber erfahren würde.«

»Keine Sorge, ich nicht!«, gab sie gereizt von sich. Mit ihrer Lüge brachte sie mich wieder zum Lachen. Ich wusste genau, dass sie ebenso darauf brannte, mehr darüber zu erfahren, doch sie war viel zu stolz, um das zuzugeben. Sie studierte mich, ohne mich dabei anzusehen. Jede Geste und Miene nahm sie wahr.

Hannah war ein natürlicher Typ, zurückhaltend und vorsichtig. Wer ihr Vertrauen wollte, musste es sich erst einmal verdienen. Und wenn ich es mir recht überlegte, war sie genau der Typ, den meine Familie sympathisch finden würde. Sie könnte vielleicht für Monika einspringen. Sie war zwar nicht so aufgeschlossen, doch irgendetwas in ihren Augen sagte mir, dass mehr hinter ihrer gut aufgebauten Fassade steckte.

Ich zündete mir eine Zigarette an und inhalierte den Rauch tief ein. Dabei dachte ich über meine neue Erkenntnis nach. Und ganz plötzlich wurde mir klar, dass sie genau das verkörperte, was ich suchte. Das Problem war nur, dass sie mich für meine Arbeit verachtete. Ein weiterer Punkt wäre, dass ich vielleicht zu viel von mir preisgeben müsste. Die Gefahr, dass sie hinter den Namen Roger Roon blicken könnte, war groß – möglicherweise zu groß.

»Was für einen Gefallen sollte diese Frau für dich tun? Vielleicht können wir für sie einspringen«, unterbrach Lisa meine Gedanken. Ich blies den Rauch aus. Nervös fing ich an, mit meinem Bein zu wippen. »Willst du das wirklich wissen?«

»Jetzt spuck es schon aus, Roger.«

»Na gut! Ich brauche für ein Wochenende eine Begleitung, die mit mir meine Familie besucht. Genauer gesagt, meine Großmutter feiert ihren Geburtstag.« Jetzt war es raus, trotzdem hielt ich die Luft an, während ich in ihre Gesichter sah. Entweder würden sie sich gleich vom Acker machen oder mich hier und jetzt in die Schranken weisen.

»Oh, das ist … doch eigentlich kein Problem!«

Verwundert sah Hannah zu ihrer Freundin. Wahrscheinlich konnte Hannah nicht glauben, was Lisa von sich gab. »Wann musst du denn zu deiner Familie?«, wollte sie wissen.

»Nächstes Wochenende.«

Sie nickte und sah zu Hannah, die die Geste als Aufforderung aufnahm, dass sie den Part der Begleitung übernehmen sollte.

»Sag mal, spinnst du? Du kannst doch nicht einfach …«, sprudelte es aus Hannah hervor.

»Was ist denn schon dabei? Ich finde, wir sind es ihm schuldig. Du hast doch gerade nichts zu tun und genug Zeit. Ich muss leider arbeiten. Es wäre die Chance für dich, endlich mal etwas anderes zu erleben. Er hat deinen kleinen Hintern vor dieser riesigen Blamage gerettet - schon vergessen?«

»Hast du sie noch alle? Ich kann doch nicht einfach mit ihm zu seiner Familie fahren!«

»Wieso nicht? Erstens ist Matt nicht da, zweitens kennt Tante Nancy Roger ja recht gut und drittens braucht er Hilfe. Also, wo ist das Problem?«

»Na, … ich bin verlobt! Wieso scheinst du das ständig zu vergessen?«

»Ich vergesse überhaupt nichts! Außerdem hat niemand gesagt, dass du Sex mit ihm haben musst.«

Hannah sog scharf die Luft ein und schien so erschrocken über Lisas Direktheit, dass sie mir schon wieder leidtat. Obwohl ihr Gesichtsausdruck mit ihren weit aufgerissenen blauen Augen eher belustigend war. »Mädels, ich möchte nicht, dass ihr wegen mir streitet. Ich kann auch jemand anderen fragen, ehrlich!«, versuchte ich, die beiden zu beruhigen.

»Wir streiten nicht«, sagte Hannah schnippisch.

»Das ist doch völlig egal, du schuldest ihm etwas und ich finde, du könntest dir wenigstens anhören, um was es genau geht.«

Ein paar Gäste sahen schon zu unserem Tisch. Vor Aufregung schienen die beiden das nicht mitzubekommen.

»Du warst das mit dem Penis, nicht ich! Er war derjenige, der alles wieder in Ordnung gebracht hat. Also solltest du dich bei ihm revanchieren und ihn zumindest anhören.« Lisa erhob sich.

»Lisa, setz dich wieder hin. Bitte!«

»Keine Sorge, Roger. Ich muss jetzt sowieso gehen. Das hat nichts mit dir zu tun. … Sei mir nicht böse, Hannah, und denk fair darüber nach. Ich finde, du schuldest ihm etwas. … Ich muss los. Ruf´ mich heute Abend an, ja?« Damit hauchte sie Hannah einen Kuss auf die Wange und rauschte davon.

***

Aufgewühlt spielte sie mal wieder an ihrem Armkettchen. Ich vermutete, es war ihr unangenehm, dass Lisa sie einfach so hatte sitzen lassen. Ein trauriger Ausdruck legte sich auf ihre Augen. Sie sah wunderschön aus. Das Sonnenlicht ließ ihr braunes Haar glänzen und ihre Haut leuchten. Sie war weder geschminkt, noch in irgendeiner Weise künstlich aufgebrezelt. Sie war eine natürliche Schönheit. Ob sie sich dessen bewusst war? Ich fragte mich, wie es sich wohl anfühlen würde, über ihre Haut zu streichen. Die meisten Frauen, die mich buchten, waren schön, aber Hannah war besonders.

Endlich sah sie zu mir. »Es tut mir leid. Ich war von Anfang an … voreingenommen. … Es liegt nicht an dir, sondern an mir.«

Genau in dem Augenblick erkannte ich, wie schwer es ihr gefallen sein musste, diese Worte auszusprechen.

Nervös benetzte sie ihre Lippen. »Ich war nicht fair dir gegenüber und das, obwohl ich dir wirklich dankbar sein sollte. Lisa ist meine beste Freundin und es war nicht richtig von ihr, mich mit dir hier allein zu lassen. Aber in einem Punkt gebe ich ihr recht. Ich bin dir etwas schuldig. Deshalb … erzähl mir von dem Geburtstag.«

Völlig fasziniert von ihren Lippen, hörte ich nur mit einem Ohr zu. Eigentlich sollte ich dankend ablehnen und mich auf den Heimweg machen. Doch irgendetwas hielt mich weiter auf dem Stuhl gefangen und machte es mir unmöglich aufzustehen. »Ist schon in Ordnung, ich ...«, wehrte ich mit einer Handbewegung ab.

»Nein! Bitte! Erzähl mir davon. Vielleicht finden wir eine Lösung.« Ihre Augen fixierten mich und sie wartete auf eine Reaktion von mir. Am liebsten würde ich sie fragen, ob sie mich begleiten würde, doch durfte ich das?

»Okay, fangen wir von vorne an«, sagte ich und streckte ihr meine Hand entgegen. »Jake Bennet, ich freue mich, dich kennenzulernen, Hannah.«

Irritiert sah sie mich an und zögerte, mir ihre Hand zu reichen – wie bei unserer ersten Begegnung.

»Hannah Parker«, erwiderte sie tonlos.

»Ich möchte nicht, dass Lisa und du meinetwegen streitet. Ihr seid doch Freundinnen. … Ich hoffe, dass *du und ich* unsere unausgesprochenen Probleme aus der Welt schaffen können.«

Sie nickte, was mich mehr freute, als ich mir eingestehen wollte.

»Dann ist Jake dein richtiger Name?«

Ich nickte. »Roger Roon benutze ich sozusagen nur als Pseudonym. Ich bitte dich jedoch, meinen wahren Namen für dich zu behalten. Es gibt nur eine Handvoll Leute in New York, die ihn kennen. Und das soll auch so bleiben.«

Mein Herz schlug laut gegen meine Brust, als sie mich nickend anlächelte. Wow! Sie faszinierte mich und verschlug mir die Sprache. Erst als sie den Bann zwischen uns brach und sich eine Haarsträhne aus dem Gesicht streifte, schien mein Hirn wieder zu funktionieren. Was war das denn eben? Sofort versuchte ich, mich wieder zu konzentrieren.

»Ich arbeite seit sechs Jahren als Escort-Man. Meine Verabredung heute war wirklich keine Kundin, sondern jemand, die sich bereit erklärt hatte, mich nächstes Wochenende zu meiner Familie zu begleiten.«

»Und warum brauchst du jemanden? Du hast doch bestimmt auch Kolleginnen. Ich verstehe den Hintergrund nicht ganz.«

»In meinem Job ist absolute Diskretion sehr wichtig. Wenn ich dir davon erzähle, erwarte ich die gleiche Diskretion von dir.«

»Natürlich!«

Außer Nancy wusste niemand davon. Wenn ich ihr jetzt von den Umständen berichtete, dann musste ich ihr wirklich vertrauen können. Mein Ruf und mein Job lagen dann in ihren Händen. Bisher hatte ich große Schwierigkeiten gehabt, mich überhaupt jemandem anzuvertrauen. Das alles war mit meiner Vergangenheit behaftet, von der ich mich vor langer Zeit getrennt hatte. Und jetzt saß diese schöne, unschuldige und merkwürdige junge Frau vor mir und sah mich mit ihren großen, blauen Augen an. Ich verstand es selbst nicht, aber bei ihr fühlte ich kein Risiko, nicht so wie bei Monika. Ich warf mich einfach in die Wellen und wartete, ob sie mich verschlucken oder wieder ausspucken würden.

»Seit sechs Jahren bin ich „The One“. Ich habe meine Heimat verlassen, um in New York ein neues Leben anzufangen. Meine Großmutter feiert am nächsten Sonntag ihren Geburtstag und meine Familie organisiert ein großes Fest. Als ich damals ging, versprach ich ihr wiederzukommen, mit einer Frau an meiner Seite. Niemand weiß von meinem Leben hier.«

»Du meinst, sie wissen nicht, dass du ...«

»Nein! Und das dürfen sie auch nie erfahren. Sie glauben, ich habe Karriere an der Börse gemacht.«

Ich beobachtete ihre Augen, suchte Abneigung und Spott darin, doch das Blau blieb weiterhin so strahlend und tiefgründig wie der Ozean.

»Der Geburtstag wird in unserem Städtchen groß gefeiert. Vier Tage, also von Freitagabend bis Montagmittag brauche ich jemanden, der ...«

»... der deine Freundin spielt?«

»Ja.«

»Und warum fragst du nicht eine Kollegin oder sagst deiner Großmutter einfach, dass du Single bist? Ich meine, das ist doch heutzutage kein Problem mehr.«

»Ich kenne niemanden, außer vielleicht Monika, die dies glaubhaft meiner Familie hätte vorspielen können. Und wie du weißt, hat sie mich versetzt. Außerdem ist meine Großmutter krank und ich rechne damit, dass ich sie das letzte Mal sehen werde. Ich möchte einfach, dass sie weiß, dass ich glücklich bin. Es war ihr sehnlichster Wunsch, mich mit einer Frau glücklich zu sehen. Sie soll sich um mich keine Sorgen machen, versteht du?«

Hannah nickte. »Sie bedeutet dir sehr viel, habe ich recht?«

Ich war es nicht gewohnt, über solch persönliche Dinge zu sprechen. Ein merkwürdiges Gefühl durchdrang mich, als ihr Blick mich bis ins Mark traf. »Ja«, sagte ich zögernd. »Ich glaube, du wärst jemand, der ihr gefallen könnte. Natürlich würde ich dafür bezahlen.«

Schon lange war ich nicht mehr so aufgeregt gewesen wie in diesen Sekunden. Was wohl in ihrem hübschen Köpfchen vor sich ging?

KAPITEL 6

DEAL OR NO DEAL

HANNAH

Ich war nicht fähig, etwas zu sagen. Um ehrlich zu sein, war ich stinksauer auf Lisa. Wie konnte sie mir so etwas nur antun? Aber je länger ich in diese warmen, braunen Augen sah, desto mehr wusste ich, dass ich mir dieses Abenteuer nicht entgehen lassen konnte. Vier Tage! … Vier Tage, in denen ich etwas anderes sehen durfte. Bevor ich in das vorgestrickte Leben mit Matt ging, könnte ich etwas erleben, das mein Geheimnis bliebe. Niemand außer Lisa würde davon wissen. Für kurze Zeit würde ich aus meinem Leben aussteigen und sogar jemandem aus der Patsche helfen. Mit klopfendem Herzen grinste ich den Mann an, der mir dies ermöglichte.

»Okay, ich werde dich begleiten.«

Er hatte wohl nicht mit meiner Zusage gerechnet.

»Ist das dein Ernst?«, fragte er mich Sekunden später.

»Wieso nicht! Du hast mir schließlich auch geholfen und damit wären wir quitt. Wie alt wird denn deine Großmutter?«

»Oh, sie wird achtzig Jahre. Ganz Dundee feiert dieses Ereignis mit. Wir reisen am Freitag an. Am Sonntagvormittag nach der Kirche gibt der Bürgermeister einen Empfang und am Abend beginnt die eigentliche Feier.«

»Das ist sehr ungewöhnlich. Warum wird so ein großes Tamtam veranstaltet?«

»Na ja, meine Großmutter ist ein sehr geschätztes Mitglied der Gemeinde. Dundee hat ihr viel zu verdanken. Sie hat eine

Stiftung für benachteiligte Kinder gegründet und viele Jahre wohltätig gearbeitet. Sie sammelte Spendengelder und konnte so zum Beispiel die Grundschule sanieren lassen. Mit den Jahren ist ihre Stiftung sehr groß geworden und unterstützt bereits viele andere Projekte. Kurzum, an ihrem Geburtstag wollen sie sie ehren. … Aber noch einmal zu unserer Vereinbarung. Mir ist wichtig, dass meine Familie nichts von meiner Arbeit erfährt. Also, … was ich damit sagen will, du bist dort meine Freundin und du solltest … keine Hemmungen mir gegenüber haben.«

Oh! Daran hatte ich noch gar nicht gedacht. Meine anfängliche Euphorie wich und Zweifel keimten auf.

»Keine Sorge, du musst nicht mit mir schlafen«, lachte er, als er bemerkte, wie peinlich mir dieses Thema war.

»Mehr als Händchenhalten oder ein paar wenige Berührungen werden nicht geschehen. Aber du solltest keine Angst vor mir haben.«

»Ich habe keine Angst vor dir. Ich … ich bin es nur nicht gewohnt, dass ein fremder Mann mich berührt.« Oder hatte ich doch Angst? Ich konnte es nicht einschätzen, ich wusste nur, dass er in mir ständig Bilder im Kopf hervorrief, die ich eigentlich nicht haben sollte.

»Mach dir keine Sorgen. Meine Familie wird entzückt von dir sein, und ehe du dich versiehst, ist das Wochenende vorbei.« Er schob mir eine Visitenkarte über den Tisch.

»Hier, auf dieser Karte steht meine Handynummer. Unter dieser privaten Nummer kannst du mich immer erreichen.«

***

Wie ein aufgeschrecktes Huhn lief ich im Wohnzimmer auf und ab. Ich war nervös wegen der Zusage, die ich Jake noch an diesem Nachmittag gegeben hatte. Jake Bennet – so hieß er also wirklich. Der Name passte viel besser zu ihm und ließ ihn gleich sympathischer wirken.

Seit gestern hatte ich von Matt nichts mehr gehört und je später es wurde, desto eher rechnete ich mit seinem Anruf. Der Rotweinfleck auf dem weißen Berberteppich leuchtete mir in jedem Winkel der Wohnung entgegen, mahnte mich eindringlich, das Ganze wieder abzublasen. Kurzerhand rollte ich Matts gutes Stück zusammen und stellte es in den Flur, damit ich den Beweis meiner Orgie nicht sehen musste.

Das Telefon klingelte und für einen kurzen Moment schreckte ich zusammen.

»Hallo?«

»Hannah, hier spricht deine Mutter. Seit Tagen versuche ich, dich zu erreichen. Wo steckst du denn?«

Oh nein! Nicht auch noch meine Mutter. Sie war mal wieder sauer. Der strenge Ton schürte mein schlechtes Gewissen. »Oh! Mom! Äh, ich ... wieso, ist etwas passiert?« Mein Magen zog sich zusammen. Ich hatte absolut keine Lust, jetzt mir ihr zu sprechen. Sie war imstande und würde meine Aufregung durchs Telefon spüren.

»Wieso muss immer gleich was passiert sein, wenn ich meine Tochter zu sprechen wünsche? Aber eigentlich hatte ich erwartet, dass du anrufen würdest.«

Ihr vorwurfsvoller Ton war deutlich zu hören, doch diesmal ließ ich mich nicht darauf ein.

»Mom, es tut mir leid. In letzter Zeit habe ich einfach zu viel um die Ohren.«

»So? Soweit ich weiß, sind Ferien, also musst du nicht unterrichten.«

Ich verdrehte die Augen. »Na, die Vorbereitungen für die Hochzeit und all das, du weißt schon.« Ich redete mich heraus und sie spürte das, doch heute war es mir egal. Sie war weit entfernt und ich hier in New York. Außerdem war sie die

Letzte, der ich von den aufregenden Ereignissen der letzten Tage erzählen konnte.

Unser Verhältnis war nicht das beste. Ihre strenge und besitzergreifende Art war manchmal schon extrem. Erst seit ich in New York war, spürte ich, wie gut mir der Abstand zu ihr tat.

»Ja, ja, … die Hochzeit! Bist du immer noch nicht zur Vernunft gekommen?«

»Ach, Mom! Ich will mich nicht mit dir streiten.«

»Du weißt genau, wie ich dazu stehe. Aber du hörst ja nicht mehr auf mich, seit du von zu Hause fort bist. Und daran ist nur dieser Matt schuld.«

Ich gab es auf, es hatte keinen Sinn mit ihr zu diskutieren.

»Lass uns über etwas anderes reden. Bist du wenigstens mal zu einem der Skatnachmittage gegangen?«

»Nein, warum sollte ich? Außerdem will ich mit den alten Weibern dort nichts zu tun haben. Ich gehe regelmäßig in die Kirche. Pastor Luis hat schon nach dir gefragt. In New York gibt es doch auch Messen. Gehst du auch regelmäßig hin?«

Röte schoss mir ins Gesicht und ich war froh, dass sie mich jetzt nicht sehen konnte. Natürlich ging ich nicht regelmäßig zum Gottesdienst. Wie hätte ich das auch noch schaffen sollen? Seit ich zu Matt nach New York gezogen war, konnte ich schon froh sein, wenn wir mal einen Tag zu Hause verbrachten. Ständig gab es Verabredungen, da war in unserem Terminkalender kein Platz für die Kirche.

»Natürlich, Mom, richte Pastor Luis liebe Grüße aus.« Ich gähnte laut. »Ich muss jetzt wirklich ins Bett. Sei nicht böse. Gute Nacht, Mom.«

»Na ja, dann gute Nacht, Hannah.«

Seufzend legte ich auf. Meine Mutter konnte schon sehr anstrengend sein. Sie hatte es mir bis heute nicht verziehen, dass ich nach New York gegangen war. Ich war ihre einzige

Tochter. Sie war nie darüber hinweggekommen, dass mein Vater uns verlassen hatte. Er war einfach verschwunden, ohne eine Nachricht oder einen Hinweis zu hinterlassen, wohin. Er hatte uns verlassen und meine Mutter damit anfangs in tiefe Depressionen gestürzt.

Kein gutes Haar ließ sie seitdem an jungen Männern, die sich für mich interessierten. Sie traute keinem Mann mehr über den Weg. Als Matt und ich beschlossen hatten zu heiraten, war sie sofort dagegen gewesen. Nach vielen Diskussionen gab sie schließlich nach. Doch nur ich erkannte ihren misstrauischen Blick, wenn Matt und ich bei ihr waren. Das alles lag jetzt ein paar Monate zurück und ich war froh, dass ich mich von ihr lösen konnte. Nach New York zu gehen, war der erste richtige Schritt in meine neue Freiheit gewesen – ohne sie. Ich liebte meine Mom, doch sie wollte aus mir stets ein Mädchen machen, das ich nie sein würde. Ohne Matt hätte ich das nicht geschafft.

Ich seufzte. Hätte ich länger mit ihr gesprochen, wäre ihr meine Aufregung sicherlich aufgefallen. Sie kannte mich zu gut.

Es dauerte nicht lange und Matt rief an. Es war angenehm, seine Stimme zu hören, und ich hatte ihn vermisst.

»Hi Liebling! Was hast du heute Schönes gemacht?«, fragte er gut gelaunt.

»Ich war mit Lisa im Central Park spazieren.«

»Toll! …«, gab er gut gelaunt von sich. »Stell dir vor, heute hat der Kunde endlich einen Teil des Vertrages unterschrieben«, unterbrach er mich und begann überschwänglich weiterzuerzählen. Mir blieb nichts anderes übrig, als ihm zuzuhören.

»Jetzt will er uns auf sein Anwesen einladen. Er verlegt die ganze Angelegenheit einfach in seine Villa. Ist das nicht unglaublich? Wenn er die restlichen Verträge auch noch unterschreibt, dann ...«

»Das ist großartig, Matt! ... Aber hör mal, ich muss dringend mit dir reden«, sagte ich strenger, in der Hoffnung, er bemerkte, wie ernst es mir war. Ich konnte ja verstehen, dass er völlig aus dem Häuschen war, und vielleicht erwischte ich auch nicht den richtigen Zeitpunkt, um mit ihm zu sprechen. Aber wann war bei Matt schon der richtige Zeitpunkt?

»Was ist?«

Ich wartete, bis ich mir sicher war, dass er mir wirklich zuhören würde. »Schatz, wegen der Sache von gestern Abend, ich finde, wir sollten vor unserer Hochzeit unbedingt noch mal über unsere Zukunft sprechen.«

Er schwieg eine Weile und seufzte dann. »Warum? Du hast es dir doch nicht etwa anders überlegt, oder?«

»Nein, … aber ich, … ich finde, wir sollten uns über unsere Zukunft einig sein.«

»Ich bin eigentlich immer davon ausgegangen, dass du so schnell wie möglich schwanger werden willst. Alle jungen, verheirateten Frauen wünschen sich doch Kinder.«

»Das tue ich auch, nur nicht gleich nach der Hochzeit. Ich will damit einfach noch warten, Matt. Versteh mich nicht falsch, ich gebe meinen Beruf als Lehrerin auf, um als deine Angestellte in deiner Firma zu arbeiten. Und wenn ich das tue, will ich nicht sofort schwanger werden. Verstehst du?«

Noch bevor Matt etwas erwidern konnte, wurde er von jemandem gerufen.

»Bleib kurz dran, Hannah.« Es dauerte ein paar Sekunden, bis er sich wieder an mich wandte. »Also, Schatz. Wir müssen das Gespräch verschieben. Ich muss los. Wir fliegen mit dem Privatjet. Ich rufe dich an, wenn ich auf dem Anwesen bin. Ich liebe dich, bis bald.« Verwirrt starrte ich ein paar Sekunden lang das Handy an und flüsterte ihm ein „Ich liebe dich“ hinterher.

***

Ich hatte genug Zeit zum Nachdenken. Die halbe Nacht wälzte ich mich unruhig im Bett hin und her. Mein Entschluss, Jake Bennet zu helfen, geriet ins Wanken. Vielleicht hatte ich zu voreilig zugesagt. Mir war nicht klar gewesen, wie groß mein schlechtes Gewissen Matt gegenüber sein würde. Mit keinem Wort hatte ich ihm am Telefon von Jake Bennet erzählt. Wie würde er wohl darauf reagieren? Ich wusste zumindest, dass er nicht begeistert sein würde.

Lisa steckte den ganzen Tag in der Uni. Erst am späten Nachmittag holte sie mich ab. Gemeinsam fuhren wir den Teppich zur Reinigung. Im Auto ließ ich meiner Wut freien Lauf. Die gestrige Aktion hatte ich ihr noch nicht verziehen. Ich schimpfte wie ein Rohrspatz. Sie schlängelte sich in den New Yorker Verkehr ein, grinste vor sich hin, sagte aber nichts, während ich ihr Vorwürfe machte.

»Du hast mich einfach in diese Situation geworfen und mich im Stich gelassen! Wie konntest du nur? Vor allem war ich nicht allein schuld, dass an der Statue der Penis abgebrochen ist, und das weißt du genau!«

»Jetzt krieg dich wieder ein. Ich dachte eben, Roger wäre eine willkommene Ablenkung für dich. Außerdem hilfst du einem Freund, mehr nicht!«

»Und wie soll ich das Matt erklären? Hast du schon mal daran gedacht, dass wir ein verliebtes Paar spielen müssen? Verliebte Blicke, Händchen halten und all das?« Zu viel Nähe, schoss es mir durch den Kopf. Es kribbelte in meinem Bauch, was mich nervös an meinem Armkettchen zwirbeln ließ.

»Ich kann das nicht, Lisa. Ich hab einfach nicht nachgedacht und ihm zu schnell eine Zusage gegeben.«

»Jetzt beruhige dich. Es wird schon schiefgehen.«

Sie fuhr auf den Parkplatz eines Einkaufscenters und sah mich an. »Hannah, du hast doch nichts zu verlieren. Ich meine es nicht böse, aber manchmal muss man dich wirklich zu deinem Glück zwingen. … Wann soll es denn losgehen?«

»Er will mich am Freitag abholen. Dabei ist mir heute Nacht eingefallen, dass ich so gut wie nichts über ihn weiß. Als Paar weiß man doch, welche Vorlieben und Abneigungen man hat, oder nicht? Was ist, wenn seine Mutter oder sonst wer wissen will, wie wir uns kennengelernt haben? Oder was seine Lieblingsfarbe ist oder ich mich einfach verplappere? Und was sage ich Matt?«

Lisa schüttelte mit dem Kopf. »Du machst dir einfach zu viele Sorgen. Matt brauchst du vorerst gar nichts zu sagen. Und Roger rufst du an! Jetzt gleich! Sag ihm, du möchtest dich noch mal mit ihm treffen.«

»Was? Jetzt?«

»Ja, mach schon! Triff dich mit ihm. Sag ihm all das und dann kannst du dich noch immer entscheiden. Außerdem hat er dann die Möglichkeit, sich rechtzeitig jemand anderen zu suchen.«

Ich nickte. Eine Nachricht würde da genügen. Ich zog mein Handy aus der Tasche und schrieb ihm. Ich hatte jetzt nicht den Nerv, ihn am Telefon zu sprechen. Kaum hatte ich die Nachricht abgeschickt, piepste mein Handy.

»Das ging ja schnell! Und?«, fragte Lisa und beugte sich zu mir, um die Nachricht lesen zu können.

»Er will mich treffen. Jetzt!«

»Na also! Und wo?«

»Am blauen Engel.«

Lisa ließ den Motor wieder an und fuhr bereits aus der Parklücke heraus. »Du gehst da jetzt hin und wirst dich mit ihm unterhalten wie ein normaler, vernünftiger Mensch. Hast du mich verstanden? Ich bringe den Teppich in die Reinigung und du meldest dich, sobald du wieder zu Hause bist. In Ordnung?«

»Ist ja schon gut!«

Lisa hielt im absoluten Halteverbot, nur um mich aussteigen zu lassen. Resigniert öffnete ich die Autotür.

»Schnell, bevor ich ein Ticket kassiere. Bis später!«

»Bis später!« Mit deutlich erhöhtem Puls gab ich der Autotür einen Schups und sie fiel zu. Lisa gab Gas und dann sah ich ihr nach, wie sie vom Verkehr verschluckt wurde.

Kapitel 7

Erfundene Wahrheiten

Hannah

Vor mir erstreckte sich der Central Park. Entschlossen, diesem Möchtegern-Frauenversteher eine Absage zu erteilen, lief ich in den Park. Es war viel los. Kinder spielten am Ufer des Harlem Meers und überall lagen die Leute in der Sonne und genossen ihren Feierabend. Kurz schaute ich auf meine Armbanduhr. Eigentlich müsste er schon da sein. Ich blickte mich um, sah suchend hinunter zum Ufer und auf die Terrasse des kleinen Restaurants. Schlendernd ging ich die wenigen Stufen bis zum Ufer und setzte mich auf die letzte Stufe der Treppe. Meine Kopfschmerzen waren wie weggeblasen. Wie friedlich es hier war. Im moosgrünen Wasser schwammen ein paar Enten.

Wahrscheinlich hatte Jake Bennet es sich doch anders überlegt und versetzte mich. Wenn das seine Art war, mit Frauen umzugehen, dann wusste ich nicht, wie er es geschafft hatte, dass sie ihm alle aus der Hand fraßen. Ein weiteres Mal sah ich auf meine Armbanduhr. Jetzt war er schon mehr als zwanzig Minuten zu spät. Ich hätte mir gleich denken können, dass er es mit der Pünktlichkeit nicht so genau nahm. Verärgert warf ich einen Stein ins Wasser, als ein Schatten von hinten auf mich fiel.

Er war da. Mit einer Hand schützte ich meine Augen und blickte zu ihm auf. Jake grinste mal wieder so unverschämt und wirkte dabei umwerfend. Er trug ein weißes Hemd, Jeans und Sonnenbrille, war unrasiert, was ihn verwegen und sehr sexy aussehen ließ. »Entschuldige, wartest du schon lange?«, fragte er und setzte sich neben mich auf die Steinstufen.

»Um ehrlich zu sein, wollte ich gerade gehen«, gab ich gewohnt schnippisch zurück und legte ein falsches Lächeln in mein Gesicht. Er nahm seine Sonnenbrille ab. Seine Augen schimmerten im Sonnenlicht einfach unglaublich. Schnell maßregelte ich meine Gedanken.

»Du wolltest mich sprechen?«, unterbrach er mich und genau in dem Moment erreichte mich sein Aftershave. Ich beherrschte mich, nicht meine Augen zu schließen und seinen Duft genussvoll in mich aufzunehmen. Herb und frisch, mit einer süßen Note. Verdammt!

»Was ist los? Du siehst nicht sehr glücklich aus!«

»Doch, ich bin sehr glücklich«, flunkerte ich. Wachsam studierte er mich, ich hatte das Gefühl, dass er direkt in mich hineinsehen konnte. Schnell wendete ich mich ab und sah auf das Wasser.

»Komm, wir laufen ein Stück.« Er stand auf und reichte mir seine Hand. Was hatte er vor? Ein Stück laufen? Seine Hand ignorierend, erhob ich mich.

»Das schaffe ich allein, danke«, sagte ich leise. Er erwiderte nichts, nur durch sein dämliches Grinsen wusste ich, dass er mich gehört hatte.

Schweigend gingen wir den kleinen Weg am Wasser entlang.

»Also Hannah, kann es sein, dass du es dir anders überlegt hast? Darf ich fragen, warum?«

»Ich … ehrlich gesagt, … ich weiß es nicht.«

»Du bist dir unsicher?«

»Ja. Gestern Nacht konnte ich nicht schlafen und da sind mir einige Dinge durch den Kopf gegangen. Wir fahren in wenigen Tagen und ich weiß nichts von dir. Bist du nicht der Meinung, ich sollte zumindest ein paar persönliche Dinge wissen? Ich hab solche Panik bei dem Gedanken, dass mich jemand etwas fragen könnte und ich keine passende Antwort darauf habe.«

Er nickte und lachte. »Darüber brauchst du dir keine Sorgen zu machen. Das kriegen wir beide schon hin.«

Wir beide? Abrupt blieb ich stehen und sah ihn ernst an.

Er zog seine Augenbrauen hoch. »Ich denke, das dürfte kein Problem sein. Was willst du von mir wissen? Vertrau mir und frag mich einfach.«

Vertrauen? Ich kannte ihn kaum und es fiel mir schwer, mich auf ihn einzulassen. Er schien meine Gedanken zu erraten und für einen kurzen Moment verdunkelten sich seine Augen.

»Ich meine das nicht persönlich. Aber als ich erfuhr, dass Nancy ...«

»Ach so, Nancy! Nancy ist nur eine gute Freundin. … Hannah! In meinem Job geht es nicht nur um Sex. Es ist eine Dienstleistung wie jede andere auch.«

»Aber diese eine Sache ist illegal«, warf ich ein, was ihn wieder grinsen ließ.

»Hast du schon einmal darüber nachgedacht, wie es den Leuten gehen würde, wenn es Prostitution nicht gäbe? Meistens sind die Damen, die mich buchen, einsam. Viele sind verheiratet oder ihr Partner betrügt sie. Es ist mir wichtig, dass meine Kundinnen sich wohlfühlen, sie bezahlen schließlich dafür. In meinem Job sind Menschenkenntnis und Fingerspitzengefühl gefragt. Ich kann es mir nicht erlauben, indiskret oder stümperhaft zu arbeiten. Verstehst du?«

Ich war ehrlich beeindruckt von seinen Worten. Aber warum hatte es mich von Anfang an so abgeschreckt? Lag es daran, dass er sich und seinen Körper verkaufte? Ich fand dieses Thema schon immer moralisch verwerflich. Obwohl ich mir nie große Gedanken darüber gemacht hatte. Es war das erste Mal, dass ich überhaupt mit diesem Milieu in Berührung kam. Der Ruf, den dieses Gewerbe hatte – schmutzig und dreckig, hatte mich immer abgeschreckt. Dabei wirkte Jake überhaupt nicht so auf mich. Vielleicht hatte ich ihn wirklich zu schnell abgestempelt. Schamgefühl durchflutete mich und ich spürte, wie mir die Röte ins Gesicht schoss.

Er musterte mich, schien in meinem Gesicht lesen zu können. »Dir geht es um die Tatsache, dass ich mit anderen Frauen schlafe«, stellte er fest. Jetzt schaffte ich es nicht einmal mehr, ihm ins Gesicht zu schauen.

»Hannah, das braucht kein Thema zwischen uns zu sein. Es sei denn, du möchtest es.«

Oh Gott! Mein Herz setzte aus. Ein Bild meiner Fantasie mit ihm schlich durch meinen Kopf. Diese Vorstellung musste ich sofort verbannen. Es ging hier nur darum, ihm einen Gefallen zu tun. Weiter nichts! Unfähig zu sprechen, nickte ich und sah dabei zu, wie er sich nachdenklich durchs Haar fuhr.

»Okay, vielleicht hast du recht und wir sollten mehr voneinander wissen. … Hast du Hunger? Lass uns hier irgendwo etwas essen gehen.«

***

Wir saßen wieder in dem kleinen Restaurant, direkt am Wasser. Die gleiche Bedienung wie gestern brachte uns unsere Getränke und die Speisekarte. Mein Mund war so trocken, dass ich sogleich einen großen Schluck von meiner Cola nahm. Kaum hatten wir beide unser Essen gewählt, verschwand die Kellnerin. Erwartungsvoll sah mich Jake an. »Also, Schatz, erzähl mir etwas von dir. Wo bist du aufgewachsen?«

Ein Lachen entwich mir. »Ich bin in Richland aufgewachsen. Meine Mutter war Lehrerin und hat mich allein großgezogen.«

»Und was ist mit deinem Vater?«

»Als ich vier Jahre alt war, hat er uns verlassen. Mit 16 erfuhr ich, dass er gestorben ist.«

»Das tut mir leid.«

»Das muss es nicht. Ich kann mich kaum an ihn erinnern. Ich bin dran. Was magst du, wo verbringst du deinen Urlaub?«

»Meinen Urlaub? Tja, mal hier, mal da. Ich habe da nichts Bestimmtes. … Ich liebe schnelle Autos, bin sportlich und mag Kunst. Ich bin 28 Jahre alt und in Dundee aufgewachsen. Vor ein paar Jahren ging ich nach New York. Hm … was noch?« Er überlegte eine Weile. »Ach, zu deiner Frage, wie wir uns kennengelernt haben. Wir haben uns hier im Central Park kennengelernt. Ich habe dich am blauen Engel angesprochen und nach der Uhrzeit gefragt. So kamen wir ins Gespräch. Ich glaube, das ist am einfachsten. Reicht dir das?«

Na ja, viel Persönliches hatte er mir nicht über sich verraten. Aber es war zumindest ein Anfang.

»In Ordnung, aber was ist mit deiner Familie? Hast du Geschwister?«

»Ja, zwei Brüder und eine Schwester. William, Adam und Laura. Adam ist mit Chloe verheiratet und hat zwei Jungs.«

»Wow! Dann bist du ja schon Onkel. Wie heißen deine Neffen?«

Er pustete nachdenklich und schien zu überlegen. »Tja, das weiß ich nicht mehr so genau.«

Jetzt stutzte ich und sah ihn stirnrunzelnd an. »Wieso weißt du das nicht? Das ist doch deine Familie!«

»Es ist kompliziert, Hannah. Ich weiß es deshalb nicht, weil ich aufgehört habe, danach zu fragen und sie schon lange nicht mehr gesehen habe.«

»Und wie lange warst du schon nicht mehr zu Hause?«

»Sechs Jahre«, antwortete er und jetzt spürte ich, dass er nervös war. Es war ihm total unangenehm, das sah ich ihm an. Er sprach nicht gerne über seine Familie und ich vermutete, auch nicht über sich selbst. Aber wenn er wollte, dass ich ihm half, dann musste er mir schon mehr erzählen.

»Und deine Eltern?«

»Mein Vater betreibt mit meinen Brüdern eine Autowerkstatt. Meine Mutter führt mit meiner Schwester Laura und meiner Schwägerin das Restaurant direkt neben der Werkstatt. Es ist sozusagen ein Familienunternehmen.«

Die Kellnerin kam. Mit großem Appetit fingen wir an zu essen. Jake bestellte sich einen weiteren Rotwein. »Du solltest den probieren. Er ist wirklich gut«, sagte er und nahm gleich darauf den letzten Schluck aus seinem Glas.

»Danke, ich bleibe lieber bei der Cola.«

»Warum? Du magst doch Alkohol? An der Vernissage hast du doch auch welchen getrunken.«

»Ich mag ihn schon, aber ich muss ihn vorsichtig genießen. Ich vertrage nicht allzu viel.«

»So? Was passiert denn, wenn du zu viel hast?«

»Das willst du nicht wirklich wissen«, erklärte ich ihm verlegen.

»Jetzt komm schon, verrate es mir, damit ich notfalls richtig reagieren kann.«

»Schon gut. Ich werde davon müde«, sagte ich halbherzig.

Er sah mich schief an und eine Falte erschien auf seiner Stirn.

»Das ist alles? Irgendwie glaube ich dir das nicht.«

Mist! Ich wollte ihm diese Sache nicht verraten. »Glaub es oder lass es.« Ich lachte wieder und verschwieg ihm meine Gedanken.

»Du bist geheimnisvoll.«

»Du auch«, konterte ich grinsend. Mir wurde heiß bei seinem Blick. … »Was ist deine schönste Erinnerung?«

Während er überlegte, nahm ich einen letzten Bissen und schob satt und zufrieden den Teller von mir.

»Ich glaube, als ich meinen Sportwagen kaufte.«

»Was für einen Wagen fährst du?«

»Einen Porsche 911 Carrera S Cabriolet.«

Jetzt verschluckte ich mich fast an der Cola. »Du fährst Porsche? Wow!« Ich fand diese Autos schon immer sehr aufregend. Matt fuhr ausschließlich in dunklen Limousinen. Heimlich sah ich oft den Sportwagen hinterher, wenn sie auf der Straße an mir vorbeischossen. Damit konnte Jake ganz eindeutig bei mir punkten.

»Und was hast du für ein Geheimnis?«, stellte er nun die nächste Frage an mich.

»Ich? Ich weiß nicht?«

»Na, du weißt schon. Jeder hat etwas, was er nicht erzählt und für sich behält. Ich kenne jemanden, der mag den Geruch von Elefantenscheiße.«

Ich lachte laut. »Elefanten ...? Iiieeehhh!«

Abwehrend hielt er seine Hände von sich und lachte mich breit an. »Ich mag diesen Geruch nicht, Hannah!«

Es war schon erstaunlich, in seiner Gegenwart fühlte ich mich plötzlich richtig wohl.

»Also sag schon, was verbirgst du?«

Ich sah auf meine Hände und haderte mit mir. »Also gut. Ich habe eine Schwäche für Poesie, Gedichte und alte Sprachen.«

Zuerst verzog Jake seine Lippen und sah mich ungläubig an. »Das soll dein Geheimnis sein?«

»Ja, wieso nicht?«

»Na, ich glaube, das tun Tausende mit dir. Oder steckt dahinter eine Abartigkeit, die du mir nicht erzählen willst?«

Wieder entlockte er mir ein Lachen. »Nein, es ist einfach, dass niemand in meinem Umfeld dies mit mir teilen kann. Weder Matt noch Lisa können diese Liebe verstehen. Ich wollte mal Literatur studieren, aber meine Mutter hat so lange auf mich eingeredet, bis ich einwilligte, Lehrerin zu werden.«

»Und woher kommt diese Liebe?«

»Von meinem Vater«, sagte ich leiser. »Du kennst doch bestimmt auch ein paar Werke. Schließlich sind sie ein Bestandteil der Lehrpläne.«

Er schüttelte mit dem Kopf.

»Natürlich! Das steht im Lehrplan. Zufällig weiß ich das genau.«

»Kann sein, wahrscheinlich habe ich da gerade gefehlt.«

»Jake! Das ist Stoff, der über mehrere Wochen unterrichtet wird. Das musst du mitbekommen haben. … Mal überlegen, was könntest du schon einmal gehört haben? … Ah, ja! Dieses hier kennst du bestimmt!«

Herz, mein Herz, was soll das geben?
Was bedränget dich so sehr?
Welch ein fremdes, neues Leben!
Ich erkenne dich nicht mehr.
Weg ist alles, was du liebtest,
Weg, warum du dich betrübtest,
Weg dein Fleiß und deine Ruh –
Ach, wie kamst du nur dazu!

Johann Wolfgang von Goethe

Als ich geendet hatte, sagte Jake kein Wort. Bewunderung lag in seinen Augen. Mein Herzschlag beschleunigte sich.

»Das war wunderschön.« Seine Stimme war rau und seine Augen waren jetzt so anders – dunkler – funkelten fast schwarz. Nervös wischte ich meine Hände an meiner Hose ab und schaffte es nicht, seinem Blick standzuhalten.

»Und? Kommt es dir irgendwie bekannt vor?«

»Öh, nein!« Sein Stocken ließ mich vermuten, dass er mir etwas verschwieg.

»Was ist zwischen deiner Familie und dir passiert?«, wollte ich wissen, um von mir wieder etwas abzulenken.

Nervös fuhr er sich durch sein Haar. »Ist das wichtig?«

»Ja, natürlich! Wie kommst du darauf, dass gerade ich sie überzeugen kann?«

»Weil du ...«, er lächelte, »weil du genau die Sorte Frau bist, die sie für mich ausgesucht hätten. Du bist ehrlich, ein wenig schüchtern, aber gradlinig. Das ist mir schon auf der Party aufgefallen. Du lässt dich nicht so leicht beeinflussen und bewahrst dir eine gewisse Distanz, die sehr selten geworden ist.«

So schätzte er mich ein? Wow! Das brachte mich in Verlegenheit, und was noch viel schlimmer war, es gefiel mir sogar, dass er so von mir dachte.

»Du brauchst nichts weiter zu tun, als du selbst zu sein.«

Das war also der Deal! Eigentlich nicht schwer.

»Ich weiß, was du jetzt denkst, aber ... glaub mir, ich kann ihnen die Wahrheit nicht antun. Das würde ...«

»Ich verstehe. … Aber ich weiß nicht, ob ich dafür die Richtige bin. Du magst mich vielleicht für geeignet halten, aber ...« Wenn er wüsste, wie oft ich meine Entscheidung schon geändert hatte. Ich war alles andere als gradlinig. Dieses ewige Hin und Her machte mich noch ganz wahnsinnig.

»Hannah, mit dir an meiner Seite wird meine Großmutter eine schöne Illusion im Kopf haben. Was gibt es Schöneres, als ihr diese Vorstellung zu schenken? … Das bin ich ihr einfach schuldig.« Die Stille, die zwischen uns herrschte, war einerseits merkwürdig und andererseits hatte ich das Gefühl, dass er mir plötzlich nicht mehr so unnahbar vorkam. Irgendwie verlor ich meine anfängliche Nervosität. Er war ein

Mann mit Fehlern und Schwächen, das begriff ich jetzt und genau das machte ihn irgendwie menschlicher.

Bei dem Gedanken lächelte ich ihn an und auch er erwiderte es, was mich mit Wärme erfüllte.

»Okay, Jake! Ich werde dir helfen, aber wenn es nicht klappt, …?«

»Dann haben wir es wenigstens versucht.«

KAPITEL 8

DAS ABENTEUER BEGINNT

HANNAH

Zwei Tage bevor dieses kleine Abenteuer beginnen sollte, saß ich beim Friseur und ging mit Lisa nochmals die Liste durch, die wir zusammen gemacht hatten.

»Für den eigentlichen Geburtstag brauchst du zwei Kleider. Vielleicht ein schönes Kostüm für den Vormittag in der Kirche und für den Abend etwas Elegantes und gleichzeitig Reizendes, das deiner Figur schmeichelt.«

Seit ich mit Matt zusammen war, kaufte ich mir hin und wieder etwas Vorzeigbares, doch nur aus dem Grund, weil wir seine Eltern besuchten. Ansonsten bevorzugte ich Jeans und Blusen, gewöhnliche Kleidung eben nichts Aufregendes. Mir war klar, dass ich dies ändern müsste, wenn ich erst verheiratet wäre.

Bei unserem ersten Treffen gaben die Baldwins ein Gartenfest. Alle waren modern und stilsicher gekleidet. Ich trug eine lockere Leinenhose und ein passendes Shirt, dazu offene Sandalen. Die Blicke der feinen Gesellschaft hatten unangenehm auf mir geruht und ich hatte mich irgendwie deplatziert gefühlt. Von da an achtete ich auf meine Garderobe, wenn ich mit Matt unterwegs war. Seine Familie war sehr reich und hatte einen festen Platz in der Gesellschaft, und wenn ich dazugehören wollte, musste ich mich anpassen.

Genauso würde es meine Pflicht sein, meinen Job als Lehrerin aufzugeben und voll in das Familienunternehmen einzusteigen. Genaugenommen hatte Viktoria es so geplant. Sie brauchte eine Sekretärin. Sie hielt die Fäden der Familie in der Hand. Sie war das reinste Organisationstalent und behielt die Übersicht sowie das Kommando in der Familie wie auch in der Firma. Manchmal entdeckte ich in ihr viel Ähnlichkeit mit meiner Mom. Sie war eine sehr strenge Frau und duldete keine Widerworte. Hin und wieder hatte ich sogar den Eindruck, dass sich niemand in der Familie traute, ihre Entscheidungen anzuzweifeln. Zugegeben, Matts Heiratsantrag hatte nicht nur die Familie sehr überrascht, sondern auch mich. Wir kannten uns gerade ein Jahr und hatten beide gerade unseren Abschluss gemacht, da ging Matt seinen Pflichten als Sohn nach. Er überredete mich, mit nach New York zu ziehen, schließlich konnte ich auch hier als Lehrerin arbeiten. Vor ein paar Monaten kaufte er dann dieses Appartement.

»Hey! Wo bist du wieder mit deinen Gedanken? Wir sollten uns nach dem Friseur noch nach passenden Schuhen umschauen«, sagte Lisa und fuchtelte wild mit ihrer Hand vor meinen Augen.

»Entschuldige. Schuhe? Aber ich kann doch die nehmen, die ich habe. Außerdem willst du mich immer in so hohe Dinger stecken, in denen ich kaum laufen kann.«

»Ja ja! Wir werden sehen. … Wie lange wird es noch dauern?«, fragte sie die Friseurin, die die Spitzen meines schulterlangen Haares schnitt.

»Etwa 30 Minuten«, gab diese ihr zur Antwort.

Als die Friseuse uns kurz allein ließ, beugte ich mich zu Lisa hinüber. »Lisa? Meinst du, ich soll Matt wirklich nichts davon erzählen? Ich meine, er wird mich zwischendurch bestimmt anrufen. Was soll ich ihm sagen, wo ich bin?«

Sie zuckte mit den Achseln. »Erst mal würde ich ihm nichts sagen. Du kannst ihm immer noch davon erzählen, wenn er wieder da ist.«

Vielleicht hatte sie recht. Wir hatten schon genug Diskussionen am Telefon gehabt und außerdem war ich erwachsen genug, um meine Entscheidungen allein zu treffen. Unsere Telefonate beschränkten sich auf ein paar Minuten am Tag. Er fehlte mir. Ich brauchte das Gefühl seiner starken Arme – den Halt in meinem Leben. Bisher war ich noch nie so lange von ihm getrennt gewesen. Ich war zwar gern allein, doch diesmal flüchtete ich mich von einem Termin zum nächsten. Anfangs hatte ich es genossen, doch mittlerweile gab es immer mehr Momente, in denen ich ihn gerne bei mir gehabt hätte. Die Wohnung war so leer ohne ihn. Bilder unserer letzten Liebesnacht schossen mir durch den Kopf. Auch wenn es nicht so stürmisch und leidenschaftlich zwischen uns war, waren wir beide zufrieden. Sex war nicht das Wichtigste, hatte er einmal gesagt und da stimmte ich ihm zu. Wir hatten eine solide Basis für unsere Ehe geschaffen – wir verstanden uns, stritten nie und harmonierten miteinander. Alles war gut geplant und durchdacht – ich brauchte das.

***

Ich war aufgeregt wie ein junges Huhn. Wenn Lisa heute Nacht nicht bei mir schlafen würde, würde ich wahrscheinlich Jakes Nummer wählen und ihm absagen. Matt meldete sich nur per SMS, was mich ein wenig enttäuschte. Aber immerhin gab er ein Lebenszeichen von sich.

So aufgewühlt, wie ich war, schaffte ich es noch nicht mal vernünftig, meinen Koffer für die paar Tage zu packen.

»Wieso bist du so nervös? Beruhige dich und trinke einen Schluck Wein.«

Ich gehorchte und setzte mich auf die Bettkante neben meinen Koffer, schaute Lisa dabei zu, wie sie meine Unterwäsche und die neuen Sachen fein säuberlich im Koffer verschwinden ließ. Ihr Weinglas hatte sie mir in die Hand gedrückt. Ich nippte daran.

»Du wirst sehen, Roger wird sich um alles kümmern und du wirst eine tolle Zeit mit ihm haben. Also mal ehrlich, Hannah, ich kenne mindestens fünfzig Frauen, die gerne mit dir tauschen würden.«

»Du hast leicht reden. Ich gehe da ja nicht zum Spaß hin. Und ich glaube, für ihn ist das auch kein Spaziergang. … Ich will ihm lediglich den Gefallen tun. Wir werden beide die ganze Zeit über angespannt sein. Na, du weißt schon. Er …«

Herrje! Warum fiel es mir so schwer, ihr klarzumachen, dass diese Sache vielleicht auch übel enden könnte?

»Vertrau ihm einfach. Er weiß schon, was er tut. Trotzdem frage ich mich, was genau passiert ist, dass er seine Familie so lange nicht gesehen hat.«

Das stimmte, das fragte ich mich auch. Vielleicht würde ich es ja noch herausfinden.

»Jedenfalls wird es aufregend werden mit ihm.«

Ich verdrehte die Augen.

»Gib es endlich zu, du magst ihn«, sagte sie und klappte den Deckel des Koffers zu.

»Lisa! Ich mag ihn nicht, ich … gebe zu, sein Job ist ...«

»Du meinst, weil er ein Escort-Man ist und mit Frauen gegen Bezahlung schläft?«

Ich schaffte es einfach nicht, diese Worte über meine Lippen zu bringen, und nickte nur.

»Wie konnte er nur so einen Job annehmen? Es gab doch bestimmt andere Möglichkeiten, als ausgerechnet damit sein Geld zu verdienen.«

»Kann sein! Aber vielleicht gefällt ihm sein Job. Tante Nancy sagt, er ist der Beste, den sie je gebucht hat.«

»Wie auch immer. Ich werde ihm helfen und damit hat sich diese Sache dann für mich erledigt.« Ich trank den letzten Schluck aus dem Weinglas.

»Komm, es ist schon spät. Wir sollten ins Bett gehen und versuchen zu schlafen. Du kannst dir keine Augenschatten leisten. Du musst morgen gut aussehen.«

Gemeinsam schlossen wir den Koffer. Mein viel zu teures Abendkleid, das Lisa und ich noch gekauft hatten, war sicher in einem Kleidersack verpackt. Hoffentlich dachte ich morgen daran, es mitzunehmen.

In dieser Nacht schien der Mond sanft durch mein Schlafzimmerfenster. »Lisa? Schläfst du schon?«, fragte ich in die Stille.

»Nein, noch nicht.«

»Hast du schon mal das Gefühl gehabt, das Richtige zu tun, obwohl du genau weißt, dass es eigentlich falsch ist?«

»Wie meinst du das?«

»Also, mein Herz sagt, ich mache das Richtige, aber mein Kopf schreit mich an, ich soll es nicht tun!«

»Ja, das kenne ich. Sogar besser, als du dir vielleicht jetzt vorstellen kannst. Manchmal muss man auch mal etwas tun, was nicht von einem erwartet wird. Weißt du, was ich meine?«

»Ja«, flüsterte ich.

»Und jetzt schlaf. Du wirst sehen, es wird alles gutgehen.«

Meine Mutter hatte mich dazu erzogen, nichts dem Zufall zu überlassen, alles zu planen, alles durchzustrukturieren und niemals vom Plan abzuweichen. Sie brachte mir bei, dass ich durch Kontrolle mein Leben besser im Griff haben würde. Seit ich hier in New York war und mich von meiner Mom ein Stück weit lösen konnte, ertappte ich mich des Öfteren dabei, wie ich immer wieder von genau diesem vorgefertigten und einstudierten Verhalten abwich. Das Gefühl, etwas falsch zu machen, ermahnte mich – der Drang in meinem Herzen nach Freiheit wurde immer stärker.

Meine Mom kannte diese Seite an mir. Sie sagte dann immer, ich wäre meinem Vater so ähnlich. Mit Disziplin und Regeln hatte sie diese Stimme stets zum Schweigen gebracht. Normalerweise führten diese Ausrutscher dazu, dass ich mich in dem Augenblick des Regelverstoßes zwar gut fühlte, mich hinterher jedoch das schlechte Gewissen plagte, und dann gab ich ihr meist recht.

Matt wusste davon nichts. Er hielt meine Mutter nur für sehr streng und ich beließ es dabei. Das Problem zwischen Mom und Matt war ohnehin schon groß genug.

Als Lisa gleichmäßig und ruhig atmete, fiel ich schließlich in einen tiefen, traumlosen Schlaf.

***

Pünktlich um ein Uhr war es dann soweit. So oft hatte ich das Wiedersehen zwischen Jake und mir geprobt. Was ich sagen wollte, wie ich ihm die Hand geben und aussehen würde. Ich wollte unbedingt cool und selbstbewusst wirken. Doch als ich mit dem Trolley in der einen und dem Kleidersack in der anderen Hand das Haus verließ, raubte mir sein Anblick den Atem. Fort waren alle meine schauspielerischen Übungen, die ich Tage vorher noch einstudiert hatte. Mein Auftritt glich dem eines sabbernden Teenies, der seine Rockband anhimmelte. Mein Gott! Wieso schaffte dieser Mann es immer wieder, mich so in seinen Bann zu ziehen?

Lässig lehnte er an seinem Porsche und grinste. Er trug eine dunkle Hose und ein weißes Hemd, dessen Ärmel er leger hochgekrempelt hatte. Dadurch konnte ich ein Stück seines Tattoos erkennen. Seine Muskeln zeichneten sich unter dem Stoff des Hemdes deutlich ab. Er sah unfassbar gut aus – sexy und aufregend zugleich. Jake grinste frech und wie so oft spürte ich, wie mir das Blut in den Kopf schoss.

Er stemmte sich vom Auto ab und lief mir entgegen.

»Hallo Hannah! Du siehst fantastisch aus«, sagte er musternd. Was war an meinem heutigen Outfit fantastisch? Ich trug eine weiße Stoffhose und ein dunkelblaues Shirt. Nichts Spektakuläres.

Er nahm mir den Koffer ab.

»Du hast ja wirklich einen Porsche. Wow!«, sagte ich ehrlich begeistert und um ihn von meiner Unsicherheit abzulenken.

Lachend führte er mich zu seinem Sportwagen und verstaute den Trolley, bevor er mir die Tür aufhielt, damit ich einsteigen konnte. Der schwarze Lack glänzte in der Sonne und ich freute mich, meine erste Fahrt in so einem schicken Auto zu machen.

»Das habe ich dir doch gesagt. Bereit, Schatz?«

Bemüht elegant setzte ich mich. »Ja, aber bitte nenn mich nicht Schatz. Das passt nicht zu mir, okay?«

Während er um den Wagen herumging, bewunderte ich die Innenausstattung. Alles war aus feinstem Leder und sehr edel. Noch nie war ich in einem solch teuren Auto gesessen. Jake drückte einen Knopf und schon öffnete sich automatisch das Dach.

»Was für einen Kosenamen soll ich dir geben? Sweety, Hasi oder Mausi?«, fragte er lachend.

»Nenn mich doch einfach Hannah. Das kann sich jeder merken.«

Er beugte sich zu mir und griff mit einer Hand zu meinem Gurt. Plötzlich hatte ich wieder seinen Duft in der Nase. Am liebsten wäre ich noch näher an seinen Hals gerückt und hätte tief dieses süße und würzige Aroma eingesogen, doch ich konnte mich gerade noch zusammenreißen. Seine plötzliche Nähe ließ mein Herz schneller schlagen und dieses merkwürdige, warme Gefühl breitete sich in mir aus. Sein Blick wanderte von meinem Gesicht zum Ausschnitt der Bluse. Fast wäre ich zusammengezuckt, als ich plötzlich Hitze zwischen meinen Schenkeln spürte. Was war nur los mit mir? Dieses fremde und intensive Gefühl verunsicherte mich.

Er wollte mich anschnallen.

»Danke, … dass ... ähhh ... kann ich auch allein«, flüsterte ich und räusperte mich schnell, als ich ihm den Gurt aus der Hand nahm.

»Gut!« Seine Stimme war rau und tief. Langsam, ohne mich aus den Augen zu lassen, wich er zurück, das gab mir meine alte Sicherheit wieder. Mein Haar hatte Lisa zu einem hübschen Zopf geflochten, jedoch hatten sich einige Strähnen verirrt, die ich mir mit einer Handbewegung hinters Ohr strich.

Der Motor schnurrte wie ein Kätzchen und Jake fädelte sich in den Verkehr ein. Ich war ganz froh, dass er mir Zeit gab, mich wieder zu fangen. Bestimmt hatte er bemerkt, wie schnell mein Herz geschlagen hatte und mein Körper auf seine Nähe reagierte. Peinlicher konnte es nicht werden!

Wir ließen New York hinter uns. Felder und Wiesen zogen in rasanter Geschwindigkeit an uns vorüber.

Irgendwann schielte ich zum Tacho. Achtzig Meilen pro Stunde waren erlaubt, doch die Nadel zeigte hundertfünfzig an.

»Du fährst zu schnell, Jake.«

Er sah auf den Tacho und ging sogleich vom Gas herunter.

»Entschuldige, es fällt mir schwer, mich an die Geschwindigkeitsbegrenzung zu halten.«

Die Nadel fiel langsam wieder, und als sie knapp bei der vorgeschriebenen Geschwindigkeit blieb, entspannte ich mich.

»Wenn es dir schwerfällt, warum kaufst du dir dann so ein Auto?«

»Na, weil ich es liebe. Bei 400 PS wird mein Herz eben schwach.«

»Wie schnell fährt der Wagen denn?«

»Von 0 auf 100 ist er in 4,7 Sekunden. Da ist es schwer, bei den vorgeschriebenen Begrenzungen zu bleiben. … Kennst du das Gefühl, wenn die Pferdestärken dich in den Sitz drücken, und du schneller bist als alle anderen? Das ist wie ein Rausch.« Seine Augen leuchteten vor Begeisterung und das schiefe Grinsen wich jetzt einem breiten Lachen.

Ich schüttelte den Kopf und versuchte, mir vorzustellen, was er meinte. In meinen kühnsten Vorstellungen war es dieses Auto, mit dem ich über den Highway schoss. Doch nie würde ich mir diesen Traum erfüllen können, deshalb genoss ich die Fahrt in vollen Zügen. Das edle Design der Armaturen und das weiche Leder der Sitze – all das hatte schon etwas. Wie es sich wohl anfühlen würde, soviel Kraft durch die Straßen zu lenken?

»Darf ich mal fahren?«

Sofort wich alles, was eben noch fröhlich und begeistert gewesen war, aus seinem Gesicht. Diese Falten mitten auf seiner Stirn erschienen und ich bildete mir sogar ein, dass er bleich wurde. Hatte er etwa Angst?

»Nein! Auf keinen Fall. Du bist doch noch nie mit so einem Auto gefahren, oder?«

»Nein. Aber ich würde es gerne mal versuchen.«

»Ausgeschlossen, Hannah. Das kann ich nicht verantworten.«

»Na, hör mal! Ich habe den Führerschein und kann fahren.«

»Das mag ja sein, aber das hier ist kein normales Auto. Das ist meine einzige große Liebe und niemand außer mir darf jemals damit fahren. Ich mag es noch nicht mal, wenn jemand den Lack berührt.«

»Du übertreibst«, lachte ich.

»Nein, das ist mein voller Ernst. Ich bin der Fahrer dieses Babys und sonst niemand.«

Ungläubig schüttelte ich den Kopf. »Jake! Das ist kindisch!«

Wie ein trotziger, kleiner Junge nahm sein Gesicht harte Züge an und seine Lippen waren nur noch schmale Schlitze.

»Mag sein, aber bei Frauen und bei Autos kenne ich kein Pardon.«

Darauf fiel mir wirklich nichts mehr ein. Ich gab auf. Schmollend schaltete ich das Radio ein. Sofort dröhnte laute Musik aus den Boxen. Ich drehte es etwas leiser.

»Sei nicht böse auf mich, aber ich habe noch nie jemanden fahren lassen.« Er blickte zu mir.

»Entspann dich, Jake. War ja nur eine Frage.«

Eine Weile sprachen wir nicht und ich genoss die Fahrt. Seine Anspannung wich allmählich und ich spürte, wie er immer wieder zu mir rüberlinste.

»Was ist das eigentlich für eine Blume an deinem Armkettchen? Hat sie eine bestimmte Bedeutung?«

Ich hatte gar nicht bemerkt, wie ich mal wieder daran herumspielte. Blöde Angewohnheit!

»Oh, das ist die blaue Blume.«

»Du trägst das Armkettchen immer, nicht wahr? Hat es dir dein Verlobter geschenkt?«

»Oh nein! Das habe ich von meinem Vater geerbt, als ich sechzehn Jahre alt wurde. Und du hast recht, die Blume hat wirklich eine Bedeutung. Die blaue Blume ist in der Dichtkunst das Symbol der Romantik. Sie steht für Natur, Mensch und Geist«, erklärte ich ihm. Ich liebte diese Blume – genau wie mein Vater, der die Romantik liebte. … Wie weit ist es noch bis Dundee?«

»Bei dem Tempo? Noch eine Weile, aber wir haben ja Zeit. Warum? Brauchst du eine Pause?«

»Nein, ich frage nur.«

»Willst du mal dieses Gefühl, von dem ich vorhin gesprochen habe, kennenlernen? Ich fahre auch vorsichtig –

versprochen.« Erwartungsvoll blickte er immer wieder zu mir rüber.

»Du meinst, du willst mir zeigen, wie schnell dein Baby fährt?« Ein Kribbeln lief über meine Haut und mein Herz war plötzlich in Aufruhr.

»Ja, wenn du möchtest. … Ich bin ein guter Fahrer und die Strecke bietet sich gerade an.«

Wir waren allein auf dem Highway, kein Verkehr, der uns gefährlich werden konnte. Die Vorstellung allein brachte mich schon durcheinander.

»Ja, wieso nicht!«

Er freute sich sichtlich und biss sich, aufgeregt wie ein kleiner Junge, auf die Lippen. »Also, halt dich fest, Blue. Es wird dich umhauen«, sagte er.

Blue? Noch bevor ich dazu kam, ihn zu fragen, was er mit Blue meinte, schossen wir schon davon. Die Kraft der PS drückte mich in den Sitz, während mein Blut sich vom Adrenalinstoß anfühlte, als würde es mit einem Elektroquirl steif geschlagen.

»Wahhh!« Jake gab immer noch Gas und noch lange war die Geschwindigkeit, die das Auto fahren konnte, nicht erreicht. Ich hielt mich an der Türhalterung fest, während mir sämtliche Gesichtszüge entglitten. Jake lachte vor Freude.

Mein Körper fühlte sich schwer und bewegungsunfähig an. Ich konnte nicht verhindern, dass ein paar Schreie meiner Kehle entwichen. Es war das unglaublichste Gefühl, das ich je erlebt hatte.

Kurz sah Jake zu mir rüber und sofort ging er vom Gas. Mein Puls raste und ich atmete schneller. Sämtliche Farbe war mir aus dem Gesicht gewichen.

»Geht es dir gut, Hannah? Alles in Ordnung?« Besorgt berührte er mich an meinem Arm. Ich schaffte es nur zu nicken. Jake fuhr in die nächste Parkbucht und hielt an.

»Ist dir schlecht? War das zu viel? Hannah? Sag doch etwas.«

Ich sah ihm in die Augen – sekundenlang. »Das war der absolute Wahnsinn! Ich wünschte, ich hätte auch so ein Auto.«

Seine besorgte Miene verschwand und das für ihn typische freche Grinsen nahm sein ganzes Gesicht ein.

»Ehrlich? Dir hat es gefallen?«

»Wie kann das jemandem nicht gefallen? Das war großartig, wenn auch bestimmt nicht erlaubt. Aber … Jake, ich glaubte wirklich, ich könnte fliegen.«

Jetzt schüttelte er den Kopf und lachte. »Komm, suchen wir uns ein Café.«

***

Keine vier Meilen weiter besorgte Jake mir ein Wasser und einen Kaffee. Wir tranken ihn in der warmen Nachmittagssonne und gingen ein paar Meter spazieren.

»Ich hätte nicht gedacht, dass dir dieser Sprint gefällt.«

»Ehrlich? Ich auch nicht, aber trotzdem ist es gefährlich. Dein Führerschein ist ja permanent gefährdet!« Wir lachten und Jake erklärte mir, worauf es beim Fahren mit solch schnellen Autos ankam. Er war total in seinem Element und schien seine Anspannung völlig vergessen zu haben. Ein warmes Gefühl durchfuhr mich, wenn ich in sein Gesicht sah, wie er strahlte.

»So, wir sollten weiter. Zwei Stunden haben wir noch vor uns«, sagte er und hielt mir die Tür auf. Bevor ich einstieg, hielt ich inne. »Da fällt mir ein, was hast du mit „Blue“ vorhin gemeint?«

»Na, dich! Das ist jetzt dein Kosename.«

Blue? Blau? Mein Kosename? Wie ungewöhnlich, aber er gefiel mir – sehr sogar.

Sachte schloss er die Tür, nachdem ich eingestiegen war, und ging um den Wagen herum. Als er wieder neben mir saß, zögerte er. Sein Blick blieb auf der blauen Blume haften und wanderte schließlich zu meinen Augen. Nur das kräftige Schlagen der Schmetterlinge in meinem Bauch könnte mich verraten. Ich hielt die Luft an.

»Du bist eine erstaunliche Frau, Hannah.«

Kein Grinsen, kein Lachen. Er sah mich völlig ernst an. Dieser Blick und seine Worte gingen mir durch und durch. Ich öffnete meinen Mund, wollte ihm irgendetwas sagen, doch ich war nicht fähig dazu. Was tat dieser Mann nur mit mir?

Der Augenblick war vorbei und er startete den Motor. In einem angenehmen Tempo folgten wir dem Straßenverlauf und schwiegen. Wir hingen beide unseren Gedanken nach.

Mein Handy vibrierte in meiner Handtasche. Ich wusste genau, dass Jake mich aus den Augenwinkeln beobachtete. Zum Glück war es kein Anruf, sondern nur eine Nachricht. Matt schrieb, er würde mich heute Abend anrufen. Ich schrieb ihm zurück:

Hi, bin heute Abend unterwegs.
Rufe mich morgen an. ILD H.

Ich drückte auf ›senden‹ und verdrängte das schlechte Gewissen, das versuchte, sich in mein Herz zu schleichen.

»Alles in Ordnung?«, fragte Jake, sah mich dabei aber nicht an.

»Ja, es war Matt. … Erzähl mir etwas über dich und deine Familie.«

Kaum schnitt ich dieses Thema an, verkrampften sich seine Hände am Lenkrad.

»Du sagtest, du warst sechs Jahre nicht mehr zu Hause. Dann wird deine Familie sich sicher sehr freuen, wenn sie dich zu Gesicht bekommt.«

Er keuchte lachend und sah stur geradeaus. »Ich ging damals im Streit, Hannah. Meine Heimkehr hat nichts mit meiner Familie zu tun. Ich tue das einzig und allein für meine Großmutter.«

Deutlich bemerkte ich die Verbissenheit und den Schmerz in seinem Gesicht. Seine Wangenknochen traten mahlend hervor. Am liebsten hätte ich meine Hand auf seinen Oberarm gelegt, um ihn zu trösten, doch ich traute mich nicht.

»Hast du dir überlegt, was passiert, wenn sie dahinterkommen und wir es nicht schaffen sollten, ihnen das verliebte Paar vorzuspielen?«

»Das wird nicht passieren.« Er beschleunigte wieder das Tempo.

Was war nur vorgefallen in seiner Familie? Fragen konnte ich ihn nicht. Aber vielleicht würde er es mir erzählen. Doch er blieb stumm, schien tief in Gedanken versunken.

Die Stadt Binghamton flog nur so an uns vorbei, bis wir bei Owego über die große Brücke des Susquehanna River fuhren. Ab da verfinsterte sich seine Laune. Was ging nur in ihm vor? Als er seine dunkle Sonnenbrille aufsetzte, spürte ich regelrecht, dass es ihm nicht gutging. Sein linker Arm ruhte zwar auf seinem Schenkel, doch das nervöse Zucken und das leichte Zittern seiner Finger blieben mir nicht verborgen.

Bei Waverly hielt er plötzlich in einer Parkbucht an und stieg aus.

»Jake! Was ist? Alles in Ordnung?«

»Ja, gib mir nur ein paar Minuten. Es geht gleich wieder.« Er lief in langsamen Schritten ein paar Meter. Dabei stemmte er seine Fäuste in die Hüfte und atmete laut hörbar aus.

Ich griff in meiner Handtasche nach der Wasserflasche und folgte ihm.

»Sechs Jahre, sechs verdammte Jahre!«, flüsterte er gequält.

»Hier, trink das!« Wortlos nahm er die Flasche und trank das Wasser in einem Zug aus.

»Ist dir schlecht geworden? Oder … hast du …?«

»Ich kann nicht darüber reden, Hannah. Aber mach dir keine Sorgen, es geht mir gut. … In einer Dreiviertelstunde sind wir da und dann bin ich wieder der Alte.«

Ich wusste instinktiv, dass das alles mit seiner Vergangenheit zu tun haben musste. Nach sechs Jahren zurückzukommen, war bestimmt nicht leicht. Ich konnte ihn gut verstehen.

Nach weiteren Minuten, in denen er mit sich rang, kehrten wir schließlich zurück zum Auto und stiegen ein.

»Erzähl mir etwas von dir«, sagte er, während er den Motor wieder anließ. »Erzähl mir von deiner Hochzeit. Was trägst du für ein Kleid?«

Ich begriff schon, dass ich ihn ablenken sollte, aber war meine Hochzeit dafür das richtige Thema? Die Pädagogin in mir fände es besser, wenn er über seine Probleme sprechen würde, aber mir war auch klar, dass das zu viel verlangt war. Wir kannten uns schließlich kaum.

Ich lachte. »Ich trage ein langes, weißes Kleid mit einer Schleppe und einem langen Schleier. Ich habe es in einer kleinen Boutique entdeckt. Die hauseigene Schneiderin ändert noch ein paar Kleinigkeiten.«

»Wolltest du schon als kleines Mädchen heiraten?«

»Na klar. Welches Mädchen träumt denn nicht davon? Magst du Hochzeiten?«

»Ja, ich wurde schon ein paar mal dafür gebucht. Ich mag die Stimmung, die an solchen Tagen zwischen den Paaren herrscht. Sie sind so voller Glück.«

Wir fielen in einen leichten Plauderton und endlich entspannte sich Jake wieder, wir unterhielten uns über Hochzeiten im Allgemeinen und blieben schließlich bei meiner Tätigkeit als Lehrerin hängen. Keine Spur mehr von Anspannung – Gott sei Dank!

KAPITEL 9

ALTE GEFÜHLE, ALTES LEBEN

JAKE

Mein Magen krampfte mit jedem Meter mehr, den wir uns Dundee näherten. In den letzten zwei Stunden tauchten Bilder aus meiner Vergangenheit auf, die ich schon lange tief vergraben hatte, blassrosa Narben waren auf meiner Seele zurückgeblieben. Mit jedem Meter brachen diese wieder auf. Der tiefe Schmerz von damals brodelte langsam in mir hoch und verursachte ein Gefühl von zunehmender Enge in meiner Brust. Ich hörte die Schreie meiner Mutter und sah die hasserfüllten Blicke meines Vaters direkt vor mir. Gleichzeitig das schrille Lachen … Ich hielt es einfach nicht länger aus. Ich musste stark sein, durfte diese Erinnerungen nicht zulassen, damit der Schmerz und meine Panik mich nicht auffraßen.

Nie hätte ich damit gerechnet, dass mich die Vergangenheit auf dieser Fahrt so schnell einholen würde. Dabei fühlte es sich eher so an, als würde ich ihr hinterherjagen. Meine Lunge zog sich zusammen, und kurz bevor ich glaubte, nicht mehr atmen zu können, fuhr ich rechts ran und stieg aus. Tief atmete ich ein und aus und lief am Straßenrand ein paar Meter. In dem Augenblick war es mir egal, ob Hannah erkannte, wie schwach ich in Wahrheit war. Ich brauchte sie nur ein paar Tage. Dann würde ich zurückkehren nach New York und alles würde wieder wie vorher sein. Roger Roon, der Escort-Man.

Verdammt noch mal, reiß dich zusammen, Jake. Süße Wut spornte mich an. Verzweifelt klammerte ich mich daran fest und trat gegen einen Stein am Boden. Und tatsächlich, der

Horror in meinem Kopf ebbte ab und die schrecklichen Bilder verschwammen. Die Stärke von Roger Roon kehrte zurück. Ich durfte das einfach nicht mehr zulassen. Mit aller Gewalt drängte ich in mir den erfolgreichen Börsenmakler hervor, der frei von Schuld und Angst war. Ein Mann, der es geschafft hatte, ein neues Leben zu beginnen. Mein Herzschlag beruhigte sich und die kleine Panikattacke war vorüber. Erleichterung durchflutete mich.

Hannah reichte mir ihre kleine Flasche Wasser und gleich fühlte ich mich besser. Die Besorgnis in ihrem Gesicht rührte mich, doch machte sie mir auch klar, wie leicht sie mich durchschauen konnte.

Ganz ruhig, alter Junge! Sie durfte auf keinen Fall merken, wie kaputt ich eigentlich war. Außerdem fing sie gerade erst an, mich mit anderen Augen zu sehen. Normalerweise war es so, dass die Frauen Wachs in meinen Händen waren. Sie vertrauten mir und ließen sich fallen. Sie waren dann sie selbst und brauchten sich nicht zu verstellen. Sie wussten genau, dass ich nur Augen für sie hatte und, dass sie keine Konkurrenz befürchten mussten. Für die gekaufte Zeit gehörte ich ganz ihnen. Ich ließ mich auf sie ein und meine Kundinnen gaben mir das Gefühl, der Beste zu sein.

Doch Hannah war anders. Hinter ihrer kratzbürstigen Art versteckte sich ein völlig anderes Wesen. Krampfhaft versuchte sie, ihre Fassade aufrechtzuerhalten, obwohl sie genau spürte, dass etwas aus ihr herausbrechen wollte, doch sie versuchte es, mit allen Mitteln, zurückzuhalten. Ich sah es in ihren blauen Augen. Wild und verräterisch flackerte es in ihnen, als ich sie das erste Mal ansprach. Jetzt war sie für die nächsten Tage meine Verbündete und ich wusste, dass sie ihre Rolle großartig spielen würde.

Ich ließ den Motor wieder an. »Erzähl mir etwas von dir. Erzähl mir von deiner Hochzeit. Was trägst du für ein Kleid?«

Ihre Stimme hatte eine beruhigende Wirkung auf mich. Der Klang war wie Balsam auf meiner Seele – so reinigend!

Ob sie spürte, wie sehr ich es gerade ihr zu verdanken hatte, dass ich nicht völlig durchdrehte?

Unsere Unterhaltung tat mir gut und schneller, als ich dachte, gelang es mir, mich völlig auf Hannah zu konzentrieren. Sie erstaunte mich immer wieder und gleichzeitig hatte ich das Gefühl, sie schon sehr lange zu kennen. Eine merkwürdige Wärme schlich in mir hoch, die ich bisher nicht gekannt hatte. Ein neues Gefühl, das sich süß und zärtlich in meinem Bauch breitmachte.

***

Das Ortsschild von Dundee tauchte vor uns auf. Ich blieb ruhig und gelassen und drosselte die Geschwindigkeit.

»Bist du bereit? Wir sind gleich da.«

Hannah warf mir einen besorgten Blick zu, den ich mit einem sicheren Lächeln quittierte. Ich strich ihr über den Arm. »Wird schon klappen.«

»Ja.«

Sie blickte aus dem Fenster. Nichts hatte sich hier verändert. Eigentlich war Dundee immer noch das verschlafene kleine Örtchen, welches ich vor sechs Jahren verlassen hatte. Die Häuser mit ihren gepflegten Vorgärten waren frisch gestrichen. Meine Heimat war umsäumt von großen Laubbäumen, kleinen Wäldern und grünen Wiesen, in denen ich mit meinen Brüdern früher Räuber und Gendarm gespielt hatte. 1700 Seelen lebten hier – kein Vergleich zu New York, der Millionenmetropole. Wir fuhren durch die Hauptstraße, die uns vorbei an der Ahornbäumen gesäumten Allee führte, zu dem Grundstück meiner Eltern. Schon sah ich das erleuchtete Reklameschild:

Bennet´s Coffee & Car

Ich bog auf den staubigen Schotterweg und fuhr am Gebäude von Bennet´s Coffee Shop vorbei, direkt auf das dahinterliegende Grundstück. Große Eichen schützten unser Haus vor neugierigen Blicken. Wie ich erwartet hatte, war Mom´s Coffee Shop geschlossen. Sie hatte bestimmt alle Hände voll zu tun, die Geburtstagsfeier von Granny vorzubereiten.

Es war ein merkwürdiges Gefühl, wieder hier zu sein. Ich sollte nicht darüber nachdenken.

Auf dem Vorplatz unseres Hauses standen zwei Autos. Ich erkannte den roten, alten Dodge meines Bruders, dessen Motorhaube geöffnet war. Drei Männer in blauen Arbeitshosen bückten sich zum Motor. Ich wusste genau, wer die Männer waren, schluckte und spürte die neugierigen Blicke, als ich vor unserem Haus parkte.

»Jetzt wirst du meine Familie kennenlernen. Aufgeregt?«

»Ein wenig!«, gab sie flüsternd zu, ohne ihren Blick von unserem großen Haus abzuwenden.

Ich zwinkerte ihr noch einmal zu, bevor wir ausstiegen. Noch bevor ich das erste Mal meinem Vater und meinen Brüdern entgegen treten konnte, schrie jemand im Haus auf und rannte uns entgegen.

»Ich werd verrückt! Ein Porsche 911 Carrera S Cabriolet!«, hörte ich einen meiner Brüder sagen, bevor ich von dem Geschrei meiner Schwester abgelenkt wurde.

»Jake! Jake! Ich kann es nicht glauben! Du bist wirklich gekommen!« Laura rannte die Stufen des Hauses hinunter und warf sich mir lachend in die Arme. Ich fing sie auf und drehte mich mit ihr im Kreis. Es war wunderbar, sie endlich wiederzusehen.

»Wow! Jake! Du siehst großartig aus. Sag mal, nimmst du Anabolika? Du hast ja wahnsinnige Muskeln bekommen«, sagte Laura begeistert. Sie drückte bewundernd meinen Bizeps. Ihr dunkles Haar trug sie schon immer kurz und auch ihre Grübchen beim Lachen waren noch immer so süß wie früher. Je älter sie wurde, desto mehr ähnelte sie meiner Mutter.

Von ihrem Geschrei angelockt, verließ meine Mutter das Haus und kam mit Tränen in den Augen auf uns zugelaufen.

»Jake, mein Junge!«, sagte sie und konnte ihre Tränen nicht länger zurückhalten. Laura löste sich von mir, damit ich meine Mom begrüßen konnte.

»Dass du endlich nach Hause kommst!«

»Mom!«

Sie umarmte mich. Der Duft ihres Parfums umwehte mich und stieß tausend Erinnerungen wach. Wie sehr hatte ich diesen Duft vermisst. Es war ein seltsames Gefühl, mit vielen Bildern und Erinnerungen, die jetzt auf mich einströmten.

»Mom, bitte weine nicht! Sieh mal, ich habe jemanden mitgebracht.« Vorsichtig löste ich ihre Arme und zog Hannah zu mir.

»Darf ich euch meine Freundin Hannah vorstellen? Hannah, das sind meine Mom und meine Schwester Laura.«

Wie erwartet war Hannah schüchtern, doch sie streckte meiner Mutter ihre Hand entgegen und lächelte freundlich. »Ich freue mich sehr, Sie kennenzulernen, Mrs. Bennet. Jake hat mir schon viel von Ihnen erzählt.«

»Ich freue mich auch sehr. Aber lass doch das alberne Sie. Ich bin Pat.« Meine Mutter sah zu mir. »Wie hübsch sie ist!«

»Mensch, Jake, da hast du aber einen hübschen Fisch an der Angel«, lachte Laura.

»Hi, ich bin Laura, Jakes schlaue Schwester. Das hat er dir bestimmt nicht erzählt«, lachte sie und umarmte Hannah herzlich.

Wir wurden von dem Gemurmel der drei Männer, die noch immer um den alten Dodge standen, abgelenkt. Jetzt liefen sie endlich auf uns zu. Es waren meine beiden Brüder und mein Vater. Ich hatte schon damit gerechnet, dass unser Wiedersehen nicht in übermäßiger Freude ausfallen würde, aber ich fühlte die Kälte in ihren Blicken.

»Dass du dich hier auch mal wieder blicken lässt?« Das war mein Vater Carl. Er, William und Adam musterten neugierig Hannah und mich, wobei Adams Interesse mehr meinem Auto galt.

Mein alter Herr war grau geworden. In seinem Gesicht hatten sich tiefe Falten gebildet und auch sein Bauch war deutlich größer geworden. Sein Blick war streng und kalt.

»Hallo Vater.« Meinen Brüdern nickte ich nur zu. Die Mauer, die sie damals zwischen uns gezogen hatten, war noch immer deutlich spürbar.

Mein Vater ließ mich nicht aus den Augen. Seine Haltung mir gegenüber hatte sich nicht geändert. Im Gegensatz zu meiner Mom und Laura schien er nicht gerade erfreut zu sein, mich zu sehen.

»Ich bin wegen Granny und Mom hier. Am Montag werden Hannah und ich wieder abreisen.«

Er nickte, ohne eine Gesichtsregung zu zeigen. Für Hannah war diese Szene bestimmt merkwürdig. Die Anspannung, die zwischen meinem Vater und mir herrschte, war allen bewusst.

»Hallo, ich bin Hannah.« Auch ihm streckte sie ihre Hand entgegen. Er wischte seine schmutzigen Finger an seiner Hose ab, bevor er sie ihr reichte.

»Willkommen in Dundee.«

Wenigstens hatte er so viel Anstand, sie willkommen zu heißen, jedoch brachte er kein Lächeln über seine Lippen, was Hannah bestimmt einschüchterte.

»Ist das dein Wagen?«, fragte Adam und ging begeistert um den Porsche herum. Er war vier Jahre älter als ich und ein absoluter Autonarr. Schon als Kind war uns allen klar gewesen, dass Adam einmal in der Werkstatt mitarbeiten würde. William, mein ältester Bruder, warf ihm einen grimmigen Blick zu, und bevor ich etwas sagen konnte, wurde unsere Aufmerksamkeit zum Haus gelenkt.

Es polterte und jemand fluchte. »Jake! Verfluchter Rollstuhl! Jake Bennet!« Alle Augen richteten sich auf die Eingangstür. Granny in ihrem Rollstuhl kam an die Stufen des Hauses. Sie trug ihren alten Strohhut und paffte an einer Zigarre.

»Granny!«, rief ich erfreut. Schon wollte ich zu ihr laufen, doch sie drehte den Rollstuhl zur Rampe, die meine Brüder nachträglich am Haus angebaut hatten. Sie warf die Zigarre in den Staub und gab dem Rollstuhl einen Schups. Schnell nahm der Stuhl Fahrt auf und sauste, schneller, als mir lieb war, die Rampe hinunter.

»Granny!« Scharf sog meine Mom die Luft ein und Laura entfuhr ein kleiner Schrei. Erschrocken rannte ich ihr entgegen und wollte die drohende Gefahr des Sturzes abfangen, doch sie lachte. »Yiephiehhh!«

Geschickter, als ich vermutet hatte, gelang ihr eine Drehung und beim Bremsen wirbelte sie gehörig Staub auf. Sie liebte es wohl noch immer, uns alle zu schocken.

»Na? Wie war ich?« Ein rauchiges Lachen entfuhr ihrer Kehle, als der Stuhl zum Stehen kam und sie ihre Hände in die Luft warf. Im Hintergrund hörte ich, wie meine Mom erleichtert aufatmete.

Kopfschüttelnd lief ich zu ihr. »Wie immer großartig, aber zu risikofreudig für meinen Geschmack.«

Granny erhob sich vorsichtig aus ihrem Rollstuhl und ließ sich von mir fest in die Arme nehmen. Wie lange hatte ich auf dieses Wiedersehen gewartet. Erst jetzt wurde mir bewusst, wie sehr sie mir gefehlt hatte.

»Risikofreudig? Rede keinen Unfug! Entweder man kann es oder eben nicht. … Mein Junge, lass dich ansehen! Endlich bist du wieder zu Hause!«

Sie schaute mich an und nach so langer Zeit konnte ich wieder in ihre gütigen Augen sehen, die mich schon immer verstanden hatten.

»Heiliger Bimbam, Junge! Du bist der pure Sex!« Anerkennend klopfte sie mir auf den Hintern.

»Mutter!«, ermahnte Pat sie.

Ich schmunzelte, weil Granny immer noch aussprach, was ihr in den Sinn kam. Niemand ahnte, wie nah sie mit ihrer Feststellung an der Wahrheit lag.

»Was denn? Er sieht großartig aus und das werde ich ihm wohl noch sagen dürfen.«

»Du hast mir so gefehlt«, sagte ich lachend und umarmte sie noch einmal. Ich liebte diese Frau!

»Da bist du selbst schuld. Ich habe immer gesagt, du machst einen Fehler, wenn du gehst, … aber lassen wir das.«

»Wie geht es dir?«

»Na ja, wie soll es einer alten Frau gehen, die an manchen Tagen an so ein Ding gefesselt ist?«, meinte sie und gab dem Rollstuhl einen Tritt. Sie hatte sich nicht verändert. Sie war noch genauso bissig und direkt, wie immer.

Wie oft hatte es in unserer Familie deswegen Streit gegeben, aber ich liebte sie gerade deshalb. Ihr Hannah als meine feste Freundin zu verkaufen, würde keine leichte Aufgabe sein. Sie hatte mir schon immer angesehen, wenn ich log. Aber diese sechs Jahre hatten auch sie verändert. Ihr Körper alterte.

»Und wer ist das?« Sie zeigte auf Hannah, die sofort zu uns kam.

»Das ist meine Überraschung«, lachte ich. »Hannah Parker, meine Freundin.«

Die beiden Frauen reichten sich die Hände. Granny ließ es sich nicht nehmen und musterte Hannah genau.

»Ich freue mich, an Ihrem achtzigsten Geburtstag dabei sein zu dürfen, Mrs. Bennet.«

»Papperlapapp, Kindchen, ich bin Granny und ehrlich gesagt hab ich keinen blassen Schimmer, warum so ein Aufstand deswegen veranstaltet wird.« Sie behielt Hannahs Hand in ihrer und musterte sie weiter. »Eine wirkliche Schönheit hast du dir da ausgesucht. Bist du sicher, dass du solch ein Juwel verdient hast, Jake?«

Hannah errötete, was sie wirklich süß aussehen ließ.

»Ja, ich bin mir ganz sicher. Sie ist das Beste, was mir in New York passieren konnte.« Stolz legte ich meinen Arm um ihre Schulter und Hannah ließ es geschehen.

Zufrieden setzte sich Granny wieder in den Rollstuhl. »Nachdem wir uns alle begrüßt haben, können wir jetzt endlich essen? Ich verhungere gleich. William, schieb mich wieder hoch ins Haus, los!«

»Nein! Das werde ich übernehmen«, mischte ich mich ein.

Meine Mutter und Laura stiegen schon die Stufen zum Haus hinauf. »Carl, also wirklich! Unser Sohn kehrt heim und du bist noch immer nicht gewaschen und umgezogen!«, schimpfte meine Mutter mit ihm. »Los, los! Beeilt euch, Hannah und Jake werden hungrig sein und das Essen ist gleich fertig. Chloe kommt gleich mit den Kindern. Bis dahin solltest du fertig sein.«

Knurrend verzog er das Gesicht, dennoch nickte er meinen Brüdern zu. »Ihr habt gehört, was eure Mutter gesagt hat.«

Wie damals reichten wenige Worte meines Vaters aus und William und Adam gehorchten sofort. Er warf mir noch einen langen Blick zu, bevor er schließlich ins Haus ging. Es war wie eine unausgesprochene Warnung. Ich schluckte hart und wusste, die kommenden Tage würden nicht leicht werden.

Ich schob den Rollstuhl meiner Großmutter hinauf. Oben angekommen, bremste sie ab. »Holt euer Gepäck! Hannah wird sich vor dem Essen noch ein wenig frischmachen wollen. Ab hier kann ich es wieder allein.« Granny rollte ohne weitere Worte ins Haus.

Hannah sah mich lächelnd an. »Deine Familie scheint sehr nett zu sein.«

Ich erwiderte nichts darauf, wollte ihr die Illusion noch nicht nehmen. Ich war mir sicher, dass mein Vater und meine Brüder mir den Aufenthalt nicht einfach machen würden. Je länger Hannah davon nichts mitbekam, desto besser.

***

»Ich hab euch das Gästezimmer hergerichtet, Jake. Sei doch so gut und zeige es Hannah«, rief meine Mutter aus der Küche, als wir das Haus mit unserem Gepäck betraten.

Erstaunt blieb ich direkt in dem offenen Wohnzimmer stehen. Nichts erinnerte mehr an das Alte von damals. Die Möbel waren durch neue ausgetauscht worden. Ein cremefarbener Anstrich erhellte den großen Raum. Nur die Bilder und die Teetassensammlung meiner Mutter waren geblieben. »Habt ihr renoviert?«, rief ich, während ich mich umsah. »Na ja, irgendwann konnten wir auf dem alten Sofa nicht mehr sitzen und brauchten ein Neues. Dabei haben wir uns auch gleich von den alten Sachen getrennt. Gefällt es dir?« Laura kam uns aus der Küche entgegen.

»Ja, es sieht nett aus. Aber ungewohnt.« Ich führte Hannah in den ersten Stock. Das Gästezimmer befand sich am Ende des langen Flures. Es war ein großer Raum und ehrlich gesagt wunderte es mich, dass Mom uns dieses Zimmer gab. Was hatten sie mit meinem alten Zimmer gemacht?

Ich öffnete die Tür und ließ Hannah eintreten. Ihre vorherige Nervosität war wieder da und ich konnte mir schon denken, woher diese rührte.

Ein großes Doppelbett stand im Zentrum des Raumes. Hier gab es noch die alte Blümchentapete, die ich von früher aus dem Wohnzimmer kannte. Lediglich die Einrichtung war eine andere.

Hannah sah mich verwundert an. »Wir schlafen in einem Bett«, stellte sie fest.

Ich schmunzelte über ihren überraschten Gesichtsausdruck. »Ist das ein Problem für dich? … Meine Familie wird sich wundern, wenn ich getrennte Schlafzimmer haben will. Meinst du nicht?«

Kurz schien sie verunsichert. »Nein, ich … hatte nur einfach nicht daran gedacht, dass ...«

»Schon gut, Hannah. Ich werde ein braver Junge sein. Schließlich bist du verlobt.« Der kleine, silberne Ring an ihrer Hand funkelte mich an. Er war schlicht und einfach. Sofort schoss mir ein Gedanke durch den Kopf. Ich hätte ihr wohl eher einen Ring mit einem blauen Topas geschenkt, einen Stein, der so blau war wie ihre Augen. Der würde besser zu ihr passen.

Ich legte unser Gepäck auf das Bett und fing an, meine Tasche auszupacken. »Wenn du dich frischmachen willst, dort ist das Badezimmer.« Ich nickte zur Verbindungstür im Zimmer.

Sie öffnete ihren Koffer, nahm eine kleine Tasche mit und schloss die Tür.

Ich setzte mich auf das Bett und musste erstmal meine Gedanken ordnen. Mit der Reaktion meines Vaters hatte ich gerechnet und ich hoffte, dass er sich die kommenden Tage im Zaum halten würde.

Erinnerungen strömten auf mich ein, seit ich hier war, und es verlangte viel Disziplin von mir, die alten Gefühle nicht wieder aufleben zu lassen. Die vielen kleinen Veränderungen im Haus halfen mir dabei. In diesen sechs Jahren war auch das Leben meiner Familie weitergegangen. Was hatte ich erwartet? Ich hatte damals das Haus verlassen, in dem Schuldzuweisungen, Hass und Streit an der Tagesordnung gewesen waren. Meine Eltern hatten nie viel Geld. Mit der Autowerkstatt und dem Café nahmen sie nie so viel ein, dass wir uns etwas hätten leisten können. Es reichte gerade, um die Kosten zu decken und die Hypotheken zu zahlen. Als ich damals den Entschluss fasste, Dundee den Rücken zu kehren, tat ich es auch, weil ich es satt hatte, dieses Leben zu führen. Es gab für mich keine Alternativen, wenn ich nicht wie meine Brüder im Familienunternehmen mitarbeiten wollte. Das war auch ein Teil des Konfliktes zwischen meinem Vater und mir. Als Jugendlicher stand mir nicht der Sinn nach diesem soliden Leben.

»Geht es dir gut?« Ich hatte Hannah nicht bemerkt, wie sie wieder ins Zimmer kam. Sie legte ihre Hand auf meine Schulter. Ihre Wärme drang durch mein Shirt. Selbst, als sie ihre Hand wieder wegnahm, blieb dieses Gefühl zurück.

»Ja, alles bestens.« Irgendwie lag mir auf der Zunge, ihr das alles zu erklären. Doch was würde sie dann von mir denken? Sie sah mich an und ich hatte den Eindruck, dass sie in mich hineinsehen konnte. Sofort unterbrach ich den Blick, aus Angst, sie könnte zu tief in meine Seele sehen.

»Wohnen deine Brüder auch hier im Haus?«

»Nein, nur Laura. Sie haben beide ihr eigenes Haus in Dundee.« Ich stand vom Bett auf. »Du wirst sie alle gleich kennenlernen. Wir sollten gehen, es wird Zeit. Bist du bereit?«, fragte ich und bot ihr meine Hand an.

Erst zögerte sie, doch dann flocht sie schüchtern ihre Finger in meine. Irgendwie fühlte es sich jetzt leichter an, so, als würde sie einen Teil meiner Last tragen wollen.

Ich starrte auf ihre Finger – wie fein und zart diese waren, zwar kalt vor Aufregung, doch ihr Blick sagte so viel mehr. Sie war bereit und würde mir beistehen.

Kapitel 10

Unerwünscht

Hannah

Jake und ich begannen mit unserem Schauspiel. Zu meiner Verwunderung fiel es mir gar nicht so schwer. Im Gegenteil, es war leichter, als ich es vermutet hatte. Ich ertappte mich dabei, wie er es schaffte, meine Unsicherheit zu zerstreuen und ein selbstbewusstes Gefühl in mir aufkeimen zu lassen.

Gemeinsam verließen wir das Zimmer und liefen *Hand in Hand* in den Flur zur Treppe. Seine Finger hielten meine umschlossen. Es war ein schönes Gefühl, obwohl ich wusste, dass das nur ein Spiel war, kribbelte es in meinem Bauch und ich nahm diese Berührung sehr intensiv wahr. Sein Daumen strich über meinen Finger, er ließ mich erst los, als wir das Esszimmer betraten und er mich dort zum großen Tisch führte.

»Da seid ihr ja endlich! Jake, Hannah, setzt euch zu mir«, befahl Granny, die am Tischende saß. Seine Mutter kam mit einer weiteren Frau herein. Sie lächelte Jake an.

»Hallo Jake, nett, dich mal wiederzusehen«, sagte die blonde Schönheit. Sie hielt zwei Jungs an ihren Händen, die Jake und mich neugierig musterten. Sie umarmte ihn kurz und wandte sich an mich. »Du musst Hannah sein. Ich bin Chloe, Adams Frau, und das sind meine Kinder.« Die kleinen Jungs waren ihr wie aus dem Gesicht geschnitten.

»Und wie heißt ihr?«, fragte ich die Kinder und beugte mich zu ihnen hinunter.

»Ich bin Jordan und das ist mein Bruder Simon. Wir gehen beide schon in den Kindergarten.«

»Wie süß!«

»Aber erst seit ein paar Wochen«, ergänzte ihre Mutter und führte die Kinder an den Tisch.

»Reizend«, gab ich lächelnd von mir.

»Jetzt setzt euch endlich. Ich habe Hunger. Ihr könnt euch ja später noch darüber unterhalten, wer ihr seid«, schimpfte Jakes Großmutter. Sie schien hier das Sagen zu haben. Alle gehorchten und setzten sich. Jake hielt mir ganz gentlemanlike den Stuhl hin und nahm anschließend zwischen seiner Großmutter und mir Platz.

Pat kam mit der letzten Schüssel und fing sogleich an, das Essen auf die vielen Teller aufzuteilen.

Mir lief das Wasser im Mund zusammen. Ofenkartoffeln, Steaks, Bohnen und Karotten. Erst jetzt wurde mir klar, wie groß mein Appetit war.

Jakes Vater betrat mit seinen Söhnen das Esszimmer. Er war frisch geduscht und das wenige Haar, das er noch besaß, war noch ganz feucht. Er vermied es, Jake oder mich anzusehen. Beim Vorbeilaufen strich er liebevoll über die Köpfe der Kinder. Der Jüngste, Simon, klapperte ungeduldig mit dem Löffel auf dem Teller und Jordan beobachtete Jake, der ihm zuzwinkerte.

Granny, wie alle sie nannten, war eine sehr interessante Frau – witzig und bissig. Ihr Auftritt, draußen auf der Rampe, hatte allen einen Schrecken eingejagt. Aber ich musste lachen, als ich ihren Jubelschrei beim Runterrollen gehört hatte. Meine Mutter würde sie für verrückt erklären, wenn sie dies gesehen hätte. Vorhin hatte sie mich mit ihrer Aktion ganz schön überrascht. Eigentlich habe ich mit einer liebenswerten, älteren Dame gerechnet, die vielleicht in ihrer Jugend viele verrückte Dinge getan hatte - aber nicht in diesem Alter. Sie trug ihr Herz auf der Zunge und sagte, was sie dachte. Das gefiel mir, auch wenn es für manche ein Verhalten war, das man mit dem eines lebhaften und trotzigen Kindes vergleichen konnte. Nach und nach begriff ich, warum Jake sie so sehr liebte. Diese Dame hatte sich ein Stück ihrer Jugend bewahrt und sprühte nur so vor Leben. Ganz im Gegensatz zu Jakes Vater.

Carl Bennet schien weder belustigt von der Aktion seiner Schwiegermutter, noch von dem Besuch seines Sohnes. Und wieder fragte ich mich, was in der Familie vorgefallen war, dass sogar Jakes Brüder ihn mit verachtenden Blicken straften.

So langsam wurde mir, auch ohne die genauen Umstände zu kennen, bewusst, wie schwer diese Tage für Jake sein mussten. Mit Ausnahme von Granny, Laura, seiner Mutter und vielleicht noch Chloe, schien es dem Rest der Familie egal zu sein, dass Jake gekommen war. Aber von den männlichen Familienmitgliedern wurde ihm nur Gleichgültigkeit entgegengebracht.

Jake spielte seine Rolle sehr gut. Er war der vollendete Kavalier. Um nichts brauchte ich mich zu kümmern.

»Weiß- oder Rotwein?«, fragte er mich, als wir am Tisch Platz genommen hatten.

»Weder noch. Wasser bitte für mich.«

Jake goss mir und sich das Wasser ein, das Laura in einem Glaskrug auf den Tisch gestellt hatte.

»Hannah? Ich darf doch Hannah sagen, oder?«, fragte Granny und blickte zu mir.

»Natürlich!« Eine unangenehme Stille breitete sich aus und ich wusste, dass ich jetzt Rede und Antwort stehen musste. Hoffentlich verplapperte ich mich nicht.

»Was machst du beruflich? Bist du auch an der Börse tätig wie Jake?«

»Oh nein! Ich bin Lehrerin an einer High School in New York.« Man hörte nur das Klirren des Bestecks auf dem Geschirr.

»So? Lehrerin!« Erstaunt zog sie ihre nachgemalten Brauen hoch. »Und was unterrichtest du?«

»Geschichte und Sprachen.«

»Geschichte und Sprachen«, wiederholte sie nachdenklich meine Worte. Ein zufriedenes Lächeln erschien auf ihrem Gesicht.

»Das stelle ich mir in der heutigen Zeit sehr anstrengend vor. Ich meine, die Kids heutzutage sind bestimmt nicht leicht zu bändigen.«

»Oh, das würde ich nicht unbedingt sagen. Natürlich gibt es in jeder Klasse Situationen, in denen es nicht immer leicht ist, aber bisher hatte ich Glück.«

»Hannah ist auch eine sehr beliebte Lehrerin, nicht wahr, Liebling?«, mischte sich Jake ein. Es war so ungewohnt, von ihm so genannt zu werden. Matt tat das manchmal. Ich warf ihm einen Blick zu.

»Äh, na ja. Ich liebe es, mit Kindern zu arbeiten. Man muss eben wissen, wie man ihr Interesse wecken kann.«

»Und wie machst du das?«, wollte Chloe wissen.

»Indem ich sie zum Beispiel für die amerikanische Geschichte begeistere. Ich kombiniere die heutige Zeit mit Vergangenem, indem ich sie die amerikanische Verfassung in einem Rap umkomponieren lasse. Das wurde bei einem Schulfest aufgeführt. Die Kids haben Spaß daran und lernen dabei. Bisher klappt das ganz gut und sie mögen den Unterricht.«

»Das nenne ich mal einen coolen Unterricht!« Chloe war begeistert. »Ich halte nichts von den alten Methoden. Die sind schon längst überholt.«

So langsam lockerte sich die Atmosphäre und wir unterhielten uns über das Schulsystem. Nur Mr. Bennet und William hielten sich aus dem Gespräch heraus. Stur sahen sie auf ihre Teller und schwiegen. Wie ähnlich sie sich dabei waren.

Doch dann warf William seinem Bruder einen Blick zu. »Und du, Jake? Wie läuft es an der Börse? Oder hast du mittlerweile so viel Geld gescheffelt, dass du nicht mehr arbeiten musst?« Bisher hatte William seinem Bruder kaum Beachtung geschenkt. Der leicht bissige Ton in seiner Frage blieb niemandem am Tisch verborgen. Die Unterhaltungen stellten sich ein und plötzlich herrschte Stille.

Jakes Wangenknochen mahlten und sämtliche Wärme, die eben noch in seinem Gesicht gewesen war, verschwand. Seine Miene wurde eisig.

»Ich kann mich nicht beklagen und muss mir dabei nicht die Finger schmutzig machen.«

Mir wurde heiß. Alle hörten auf zu essen und die anfänglich noch so lockere Stimmung war dahin.

»Solange du nachts schlafen kannst!«, sagte William und lehnte sich provozierend zurück.

***

Die beiden Brüder ließen sich nicht aus den Augen. Jake rang mit sich. Er ballte seine Hand unter dem Tisch und ich sah seine Knöchel weiß hervortreten. Er war wütend.

»Noch jemand Bohnen?«, versuchte Pat unsicher, vom Gespräch abzulenken, doch niemand ging darauf ein.

Jake haderte mit sich. Würde es jetzt gleich einen Streit geben? Was konnte ich tun?

Ich legte meine Hand auf seine und gab ihm mit leichtem Druck zu verstehen, dass ich ihm beistand.

»William, halt den Mund. Wir haben einen Gast und ich möchte nicht, dass du das deiner Mutter versaust«, sagte Mr. Bennet schließlich.

Wut und Unverständnis lagen in Williams Blick, als er zu seinem Vater sah. »Tut mir leid, aber ich kann das nicht.« Damit ließ er laut das Besteck auf den Teller fallen, stand auf und verließ ohne ein weiteres Wort das Esszimmer.

Schweigen herrschte am Tisch, nur Granny ließ sich von der Spannung nicht ablenken und aß gemütlich weiter.

»Mommy, wo geht denn Onkel Will hin?«, fragte Jordan, der seinem Onkel hinterher sah.

»Er kommt bestimmt gleich wieder. Er braucht nur etwas frische Luft.« Chloe presste ihre Lippen aufeinander. »Jetzt iss schön auf!« Sie streichelte ihrem Sohn über das Haar.

»Hey! Ich hab euch noch gar nicht erzählt, dass wir uns morgen alle im Singer´s treffen.« Laura versuchte, die Stimmung zu retten. »Dort ist morgen Abend Karaoke. Das wird bestimmt lustig.«

Jake atmete tief durch. »Karaoke? … Das ist nicht mein Ding, sorry!« Er lehnte sich zurück und ließ meine Hand wieder los.

»Ed und Morin werden da sein. Du hast sie schon lange nicht mehr gesehen.«

»Ed?« Jetzt war Jakes Aufmerksamkeit geweckt. »Ed Hennor?«

»Ja. Er und Morin haben vor zwei Jahren geheiratet. Es kommen noch ein paar Freunde. Chloe und ich freuen uns schon sehr auf diesen Abend. Komm schon, Jake, das wird Spaß machen.«

»Noch ein paar Freunde? … Ich habe keine Freunde in Dundee. Das weißt du.« Finster blickte er seine Schwester an. Sie ließ sich jedoch nicht davon entmutigen. »Rede keinen Unsinn! Es gibt eine Menge Leute, die sich freuen, dich mal wiederzusehen.«

»Du wirst hingehen, Jake. Und jetzt Schluss mit dem Gezicke und iss endlich«, sagte Granny in einem ruhigen Ton.

Sie sah noch nicht einmal auf, als sie das sagte. Jake zögerte noch einen Augenblick, dann aß er schweigend weiter.

Die Stimmung war endgültig auf dem Nullpunkt angekommen. Nur Granny schien guter Dinge und ließ sich von den grimmigen Gesichtern von Carl und Jake nicht weiter stören.

Ich half beim Tisch abräumen und brachte die Teller und Schüsseln in die Küche.

»Es tut mir leid, dass das Essen nicht so harmonisch verlaufen ist, wie wir uns das gewünscht haben. William ist stur, genau wie sein Vater. Ich hoffe, du fühlst dich hier bei uns trotzdem wohl.«

»Mach dir keine Gedanken. Mir geht es gut. Das Essen war wirklich sehr lecker«, versuchte ich, Pat zu beruhigen. Sie säuberte die Schüsseln, während ich die Teller in den Geschirrspüler stellte.

»Danke. Eigentlich sind wir nicht so. Nach sechs langen Jahren kommt endlich unser Jüngster nach Hause. Ich habe wirklich geglaubt, meine Söhne könnten ihre Differenzen für die paar Tage beiseiteschieben. Doch da habe ich mich wohl getäuscht.« Ihre Stimme war von Tränen erstickt.

Chloe kam in die Küche und sah ihre Schwiegermutter weinen. Ich fühlte mich wie ein Eindringling in dieser Familie. Es war schwer, Jakes Mutter weinen zu sehen. Ein mächtiger Kloß bildete sich in meinem Hals. Was konnte ich ihr sagen? Ich wusste ja noch nicht einmal, worum es überhaupt ging.

Chloe nahm Pat in ihre Arme. »Mach dir keine Sorgen. Ich werde Adam sagen, er soll mit William sprechen.In Ordnung?«

»Danke, das ist lieb von dir. Vielleicht kann wenigstens Granny zuliebe Friede herrschen.«

***

Laura führte mich nach dem Essen in den Garten, während Jake etwas mit Granny zu besprechen hatte. Vom Wohnzimmer aus führte eine Glastür direkt auf eine mit Fliesen ausgelegte Terrasse. Sie war gemütlich eingerichtet mit einem großen Tisch, mehreren Stühlen und einigen Laternen. Fünf Stufen weiter unten, erstreckte sich eine große Wiese mit einem kleinen angelegten Spielplatz für die Kinder.

Es war eine laue Sommernacht. Die Sterne leuchteten hell und der Mond ging gerade auf.

»Komm, setz dich. Was möchtest du trinken? Einen Cocktail oder lieber etwas Alkoholfreies?«

»Lieber einen Saft, danke!«

Laura verschwand und ließ mich allein. Das Haus war wirklich groß und auch der Garten war ein kleines Paradies für Kinder. Dieser Ort war einfach schön, nur Jake hatte es hier wohl nicht lange ausgehalten.

Ich zog mein Handy aus der Hosentasche und schrieb Matt endlich eine Nachricht. Seit meiner letzten SMS hatte ich nichts mehr von ihm gehört. Ich schrieb ihm, dass ich unterwegs sei und er sich keine Sorgen zu machen brauche. Mit einem lieben Gruß und einem Kuss drückte ich auf Senden.

Ich ging die Stufen hinunter. Es war völlig ruhig hier, man hörte die Grillen ihr abendliches Lied singen. Ich zog meine Schuhe aus und lief barfuß über die Wiese. Das Haus war hell erleuchtet. In fast jedem Zimmer brannte Licht. In dem kleinen Sandkasten lagen Spielsachen, mit denen die Kinder wohl zuletzt gespielt hatten.

Ich setzte mich auf eine der Schaukeln und hörte den Grillen eine Weile zu, bis ich an der Terrasse den Schatten von Jake ausmachen konnte. Er suchte nach mir, und als er mich auf der Schaukel entdeckte, kam er auf mich zu.

»Hey! Alles in Ordnung?«, fragte er und setzte sich auf die freie Schaukel neben mir.

»Ja, bei mir schon. Und bei dir?«

Er antwortete erst nicht. »Du fragst wegen William? … Nein. Adam und Chloe sind mit den Kindern nach Hause. Ich soll dich aber lieb von ihr grüßen.«

»Darf ich dich etwas fragen, Jake?«

»Natürlich!«

»Was ist passiert? Warum ist dein Bruder so böse auf dich?«

Durch das Mondlicht konnte ich erkennen, wie er die Augen zusammenkniff. Er konnte schon wirklich böse schauen.

»Das ist eine lange Geschichte und … eigentlich will ich nicht darüber reden.«

Na super! Wieso erzählte er es mir nicht einfach? Dadurch könnte ich ihn viel besser verstehen.

»Ich glaube, das solltest du aber. Ich sehe doch, wie sehr dich das Ganze mitnimmt.«

»Ich habe gelernt, damit zu leben. Mein Vater und meine Brüder sind eben anders als ich. Sie leben für ihre Arbeit. Ihnen steht nicht der Sinn danach, ihren Horizont zu erweitern. Sie leben das eintönige und langweilige Leben, das man von ihnen erwartet. Ich war nicht bereit in diese Fußstapfen zu treten. Das stand schon immer zwischen uns.

»Bist du deshalb von Dundee fort?«

»Ja. … Hast du nicht auch manchmal das Gefühl gehabt, du würdest gerne aus deinem Leben aussteigen? Nicht die Dinge tun, die man sich für dich ausgedacht hat?«

Ich und ein anderes Leben? … »Ich werde Matt in knapp drei Monaten heiraten, in der Firma arbeiten und irgendwann Kinder bekommen. Das wünsche ich mir«, sagte ich leise, damit uns niemand hören konnte. Außerdem machte mich seine Frage nervös, weil mein perfektes Bild ein paar kleine

Kratzer bekommen hatte, die ich unbedingt klären musste, wenn Matt wieder in der Stadt war.

»Du und Matt, ihr seid schon lange zusammen, oder?«

»Fast zwei Jahre. Warum?«

Er stand von der Schaukel auf. »Was hattest du für Träume als junges Mädchen? Was hast du dir damals gewünscht?«

So etwas hatte mich noch nie jemand gefragt und ich wunderte mich. Es gab wirklich einige Träume, die ich aufgegeben hatte. »Ich wollte Philosophie studieren. Stattdessen bin ich Lehrerin geworden.«

Sein schiefes Grinsen lag ihm wieder auf den Lippen. »Siehst du! Und hast du vor, dir deinen Traum irgendwann zu erfüllen?«

Mehr brauchte er nicht zu sagen. Trotzdem formte sich eine Frage in meinem Kopf, die ich kaum auszusprechen wagte. »Und du bist fortgegangen, weil … es dein Traum war … ein Escort-Man zu werden?«

Jetzt lachte er laut auf und legte seinen Kopf in den Nacken.

»Nein, wie kommst du denn darauf?«

Ich war froh, dass es dunkel war. So sah er die Röte in meinem Gesicht nicht. Ich stand von der Schaukel auf und lief ein paar Meter zu dem Kirschbaum, der in der Nähe stand.

Er folgte mir schlendernd. »Als ich Dundee verließ, war ich gerade 21 Jahre alt. Ich war noch viel zu jung um zu wissen, was ich wollte. Nur eines war ganz sicher, ich wollte auf keinen Fall in der Werkstatt meines Vaters arbeiten oder überhaupt etwas tun, was mein Vater tat. Ich wollte erst mal reisen, sehen, was die Welt noch zu bieten hat.«

Ich blieb stehen und sah ihn an. »Wie ist es dann dazu gekommen, dass du …«

Er zuckte mit den Achseln. »Das hat sich einfach so ergeben.«

»Jetzt komm, hör auf. So was ergibt sich nicht einfach.«

»Wieso ist diese Vorstellung für dich so schrecklich, Hannah?«

»Weil … du …«

»Weil ich gerne Sex habe?«

Mir wurde heiß und ich schluckte. Er sah mir direkt in die Augen und ich hatte das Gefühl, er könne meine Gedanken lesen.

»Sex wird überbewertet, Jake. Und ich kann nicht verstehen, wie man dafür auch noch Geld ausgibt!«

Jetzt lachte er breit und sah mich mit großen Augen an. »Sex wird überbewertet? Dann muss ich dich allerdings fragen, ob du überhaupt jemals guten Sex gehabt hast.«

»Was soll diese Frage? Das hat doch nichts damit zu tun! Außerdem geht dich das wirklich nichts an!«, gab ich schnippisch von mir und wandte ihm den Rücken zu. Selbst in der Dunkelheit würde er sehen können, wie peinlich mir das Thema war. Außerdem war ich selbst schuld. Mit dieser Meinung musste er ja glauben, dass ich nicht so erfahren war oder zumindest Matt nicht … gut war.

»Hannah? Bist du so richtig verliebt in Matt? Verzehrst du dich vor Sehnsucht nach ihm? Wenn du an den Sex mit ihm denkst, wird es da feucht in deinem Höschen?«

Ich schnaufte aufgebracht. »Bist du immer so direkt? So etwas fragt man eine Frau doch nicht und außerdem geht dich das überhaupt nichts an!«, fauchte ich. Das durfte doch wohl nicht wahr sein! Wieso hinterfragte er meine Beziehung zu Matt? Nur weil wir nicht so oft Sex hatten oder ich die berühmten Schmetterlinge in meinem Bauch nicht so fühlte, wie das oft viel zu übertrieben dargestellt wurde?

»Zu deiner Information. Matt und ich haben eine solide und auf Vertrauen basierende Beziehung. Wir können uns aufeinander verlassen und wir wissen beide, wie tief unsere Gefühle gehen. Wir lieben und verstehen uns eben. Da spielt Sex nicht die ganz große Rolle. Und deshalb werden wir eine glückliche Ehe führen. Verstanden?« Ich musste mich beherrschen, nicht lauter zu werden.

Ein paar Augenblicke vergingen. »Soll ich dir sagen, wie man das nennt, Hannah? … Freundschaft. Aber Liebe ist etwas anderes.« Damit drehte er sich um und ließ mich einfach stehen.

In meinem Bauch zuckte es heiß vor Wut. Und am liebsten hätte ich ihm die passenden Worte hinterhergeschrien, doch mir fiel nichts ein, womit ich ihm hätte Kontra geben können. Außerdem, woher wollte er das wissen? Er kannte mich und Matt überhaupt nicht. Pah, Freundschaft! Er hatte keine Ahnung und wahrscheinlich wäre er froh, wenn er dieses Gefühl von Freundschaft überhaupt kennen würde. Er hörte sich schon wie Lisa an. Steckten die beiden etwa unter einer Decke?

Ich setzte mich unter den Kirschbaum und lehnte mich an den Stamm. Immer noch hörte ich mein Herz schlagen und es dauerte eine ganze Weile, bis mein Ärger verraucht war.

Matt war ein sehr zurückhaltender Liebhaber und trotzdem hatte ich es immer genießen können. Aber seine Arbeit und auch die Tatsache, dass er oft fort war, ließen im Schlafzimmer einfach nicht mehr zu. Und weiter wollte ich auch nicht darüber nachdenken. Nur kurz blitzte das Echo von Jakes Worten in mir auf, „das nennt man Freundschaft“.

Ich nahm mein Handy aus der Hosentasche. Noch immer keine Nachricht von Matt. Enttäuschung machte sich in mir breit. Irgendwie hatte ich mehr von ihm erwartet. Seit er fort war, hatten wir sehr wenig Kontakt miteinander. Schade, bestimmt würde er mich morgen anrufen. Ich steckte das Handy wieder in die Hosentasche und lief quer über die Wiese, zurück zum Haus.

Im Wohnzimmer brannte zwar Licht, aber niemand war zu sehen. Aus der Küche hörte ich dumpfe Stimmen. Ich wollte jetzt niemanden sehen. Die Gefahr, dass die Familienmitglieder vielleicht doch mitbekommen könnten, dass Jake und ich nicht so verliebt waren, war zu groß. Deshalb blieb ich kurz im Türrahmen stehen. »Gute Nacht und vielen Dank für alles.«

Pat und Laura standen in der Küche und unterbrachen ihre Unterhaltung.

»Oh, nichts zu danken. Wir freuen uns, dass ihr hier seid«, sagte Pat. »Gute Nacht.«

Sie schenkten mir noch ein freundliches Lächeln und schon schlich ich mich leise in den ersten Stock. Hoffentlich war Jake nicht im Zimmer. Ich war müde und wollte allein sein.

Kapitel 11

Ein Escort-Man und Model

Hannah

Er mit seinem Gerede! Es ärgerte mich, dass seine Worte mich zum Nachdenken brachten. Und am meisten ärgerte mich, dass er geschickt von unserem eigentlichen Thema abgelenkt hatte. Schöner Mist!

Bevor ich die Tür zu unserem Zimmer öffnete, lauschte ich. Nichts war zu hören. Ich ging hinein und jetzt vernahm ich eindeutig Wasserrauschen im Badezimmer. Bloß nicht daran denken, wie er jetzt splitternackt unter der Dusche stand, wie das Wasser auf seinem Körper ... Verdammter Mist! Ich musste mich ablenken.

Mein Blick fiel auf seine Reisetasche. Sie war offen. Sollte ich …? Normalerweise war es überhaupt nicht meine Art, aber ich war einfach zu neugierig, was Jake Bennet für Geheimnisse mit sich trug.

Unsicher blickte ich zur Badezimmertür. Jetzt hörte ich ihn sogar singen. Er sang?

Schnell durchstöberte ich seine Reisetasche. Zwischen Kleidung und Unterwäsche ertastete ich seitlich etwas, das meine Aufmerksamkeit auf sich zog. Vorsichtig schob ich die Wäsche beiseite, bis ich ein viereckiges Kästchen fühlen konnte. Ich nahm es heraus. Es war eine große, in schwarzen Samt gekleidete Schatulle. In goldener Schnörkelschrift stand „R.R." darauf. Ein kleines Schloss auf der Vorderseite ließ sich nicht öffnen. Es lag schwer in meiner Hand. Kurz schüttelte ich es. Nichts flog klappernd umher. Was war das nur? Sofort dachte ich an seinen schmutzigen Job.

Die Dusche brauste nicht mehr und sein schiefer Gesang hatte auch aufgehört. Eilig steckte ich das Kästchen wieder zurück, strich seine Kleidung glatt und schlich schnell zu meiner Bettseite. Puh, das war knapp! Nicht auszudenken, wenn mich Jake an seiner Tasche erwischt hätte.

Aus meinem Koffer suchte ich meine Schlafsachen, die Lisa für mich eingepackt hatte. Irgendwo mussten doch mein T-Shirt und die lange Hose sein? Genervt wühlte ich tiefer im Koffer, bis schließlich alle Kleidungsstücke auf dem Bett verstreut lagen.

Endlich fand ich etwas, was ich zwar aus meinem Kleiderschrank kannte, das ich jedoch erstens nie mitgenommen hätte und zweitens in Jakes Gegenwart niemals anziehen würde. Ich zerrte das hauchdünne Trägerkleidchen zwischen den Klamotten hervor und starrte ungläubig auf dieses sexy Teil. Verdammt, Lisa! Ich konnte nicht glauben, dass sie ausgerechnet dieses Ding mir untergejubelt hatte. Fassungslos setzte ich mich auf das Bett. Was sollte ich jetzt zum Schlafen anziehen? In meinem Koffer waren hauptsächlich festliche Kleidungsstücke, die ich an der Geburtstagsfeier tragen wollte.

Mit beiden Händen hielt ich den schwarzen Fummel vor mich und begutachtete ihn. Viel zu dünn und viel zu viel durchsichtige Spitze. Lisa konnte was erleben, wenn ich wieder zu Hause war!

Sie hatte mich damals dazu überredet, es zu kaufen, um Matt zu überraschen, als er das erste Mal, seit wir in New York zusammen wohnten, von einer Geschäftsreise zurückkam. Doch ich hatte es kein einziges Mal getragen, weil es einfach viel zu viel nackte Haut zeigte und ich in dem Ding frieren würde, wie ein Schlosshund. Matt hatte außerdem noch nie erwähnt, dass er auf solch aufreizende Wäsche stand.

»Hübsches Teil!«

Erschrocken fuhr ich herum. Er stand im Türrahmen und hatte mich beobachtet. Mir stockte der Atem und ich konnte nicht anders, als ihn von oben bis unten zu mustern. Seine Haare wirkten durch die Nässe noch dunkler und auf seinen Lippen lag schon wieder dieses sexy Lächeln. An seinem Oberkörper perlten noch ein paar Wassertropfen.

Unwillkürlich leckte ich über meine Lippen. Deutlich waren seine Muskeln zu sehen. Ein dünner Haarstrich verschwand direkt in das kleine Handtuch, das er sich locker um die Hüften gebunden hatte. Er war wirklich gut trainiert. Es war das erste Mal, dass ich ihn so spärlich bekleidet sah, und zum x-ten Mal beschleunigte sich mein Puls. Ich schluckte und sah schnell wieder weg.

Aus dem Koffer nahm ich rasch einen Slip. Ich traute mich nicht, diesen so genau anzusehen, aus Angst, Lisa könnte einen der Stringtangas eingepackt haben. Ohne weitere Worte ging ich an Jake vorbei und schloss die Badezimmertür hinter mir ab.

An der Tür angelehnt, brauchte ich erst mal einen Moment, bis ich mich wieder gefangen hatte. Wieso reagierte ich immer so auf ihn? Matt hatte ich doch auch schon nackt gesehen. Verdammter Mist!

***

Ich duschte kalt, damit ich das Bild von dem halbnackten Jake wieder aus dem Kopf bekam. Nachdem ich mich gründlich eingeseift und gewaschen hatte, zog ich widerwillig den dünnen Fummel an, föhnte mir die Haare und putzte mir die Zähne. Wenn ich Glück hatte, war Jake schon eingeschlafen, wenn ich aus dem Badezimmer kam. So vertrödelte ich die Zeit und cremte mich von Kopf bis Fuß ein, räumte alles penibel auf. Als ich wirklich alles erledigt hatte, blieb mir nichts anderes übrig, als zu hoffen, dass er schon tief und fest schlief und ich nur noch ins Bett zu huschen brauchte.

Ich öffnete die Tür einen Spalt und spähte ins Zimmer. Die beiden kleinen Lichter brannten immer noch, aber das Bett war leer. Ich trat ins Zimmer. Jake war nicht da. Auch gut.

Meine Kleider, die ich auf der Suche nach meinen Schlafsachen achtlos auf das Bett geworfen hatte, hingen sauber und ordentlich auf einem Bügel. Ich staunte. Hatte er die Sachen aufgehängt? Wahrscheinlich.

Ich legte mich ins Bett, schaltete mein Nachtlicht aus und drehte mich mit dem Rücken zu seiner Seite. Ich schloss die Augen und versuchte zu schlafen. Es verging keine Minute, da tauchte Jake wieder auf.

»Ich habe uns eine Wasserflasche geholt und zwei Gläser, falls du Durst bekommst heute Nacht«, sagte er und stellte alles auf dem kleinen Tisch ab, der sich gegenüber dem Bett befand.

Ich antwortete nicht, stellte mich schlafend. Leise schlich er ums Bett und legte sich zu mir. Der Duft seines Duschgels, gemischt mit einer undefinierbaren Note, stieg mir in die Nase. Es war der gleiche Duft wie heute Mittag in seinem Auto. Herb und gleichzeitig süß, fast lecker.

»Ich weiß, dass du noch nicht schläfst, Hannah!« Ich hörte das Lachen in seiner Stimme. »Hannah? Bist du sauer auf mich?«

Ich knipste das Licht wieder an. Ja, natürlich war ich sauer auf ihn. Die Dinge, die er mir an den Kopf geworfen hatte, waren keine zwei Stunden her. Wie hätte ich also nicht auf ihn sauer sein sollen?

»Hör zu, es tut mir leid. Ich bin zu weit gegangen.«

»Das bist du allerdings«, antwortete ich schnippisch und richtete mich auf, um ihn dabei anzusehen.

Er war mir so nah und ich fühlte mich fast nackt. Seine Augen wanderten von meinem Gesicht zu meinem Dekolleté und stoppten schließlich bei meinen Brüsten. Schnell und hochrot im Gesicht zog ich die Decke über meine nackten Schultern.

»Du bist eine wunderschöne Frau, Hannah. Du brauchst dich nicht vor mir zu verstecken.«

Ich schluckte und war nicht fähig, etwas zu sagen.

»Es tut mir leid wegen vorhin. Deine Beziehung zu deinem Verlobten, egal wie sie auch sein mag, geht mich nichts an. Okay?«

Mit seinem warmen und bittenden Blick sah er aus wie ein kleiner Welpe, dem man nicht lange böse sein konnte.

Stolz reckte ich ihm mein Kinn entgegen und nickte schließlich. »In Ordnung. … Danke, dass du meine Sachen aufgehängt hast.«

»Gern geschehen. Freunde?«, fragte er und bot mir seine Hand an.

»Unter einer Bedingung.«

»Und die wäre?« Schon war das schelmische Grinsen wieder in seinem Gesicht.

»Du erzählst mir, wie und warum du ein Escort-Man geworden bist.«

***

Wir lagen beide im Bett und sahen uns an. Für ihn war es nichts Ungewöhnliches mit einer fremden Frau im Bett zu liegen, für mich war es völlig neu. Aber ich gewöhnte mich schnell daran, bis ich mich sogar dabei ertappte, dass ich es genoss.

Er war mir so nah wie sonst nur Matt. Ruhig lagen seine warmen, braunen Augen auf meinem Gesicht.

»Das ist neu für mich und auch … fremd. Ich spreche eigentlich nicht gerne über mich. Meistens reden meine Kundinnen.« Er sprach sehr leise, es war fast ein Flüstern.

»Ich bin aber keine Kundin und ich möchte deine Geschichte hören.«

»Na gut, … aber wenn wir wieder zurück sind, dann …«

»Du kannst mir vertrauen, ich bin keine Klatschbase, Jake. So etwas würde ich niemals tun.«

Er schluckte und nickte. »In Ordnung. … Ich konnte es damals nicht erwarten, bis ich endlich 21 Jahre alt wurde – volljährig und in der Lage, meine eigenen Entscheidungen zu treffen. Ich war voller Träume und die wollte ich mir in New York erfüllen.«

»Was genau waren deine Träume?«

»Na ja, du kennst doch die Träume, dass man vom Tellerwäscher zum Millionär wird. So ungefähr hatte ich mir das vorgestellt.«

Ich lachte. »Der Klassiker.«

»Ja. Also, ich ging nach New York und anfangs jobbte ich mich so durch. Von meinen Ersparnissen konnte ich ein kleines Appartement mieten und ich genoss das Leben. Im Central Park verbrachte ich viel Zeit, lernte Leute und auch einige Künstler kennen. Ich mochte das Flair und die Stimmung der Menschen dort. Eines Tages wurde ich von einer Frau angesprochen, ob ich einen Job bräuchte. Sie würde für eine Modelagentur arbeiten und mich gerne zu einem Casting einladen. Ich war total aus dem Häuschen und sagte natürlich sofort zu. Es folgten ein Vertrag bei der Agentur und einige Aufträge. Von da an ging es mir eigentlich gut. Ich verdiente viel mehr Geld und konnte mir ein paar kleine Träume erfüllen.

Irgendwann ließen die Aufträge wieder nach und das Geld, das ich verdient hatte, war auch schneller weg, als mir lieb war.

Jeden Tag ging ich zu meiner Agentur, in der Hoffnung, sie würden einen Job für mich haben. Nach ein paar Monaten gab es dann tatsächlich einen für mich. Doch der beinhaltete eine ganz andere Arbeit. Ich sollte eine Geschäftsfrau zu einem Dinner begleiten.«

»Aber du hast doch gewusst, dass es bei dem Job um mehr ging als nur Begleitung, oder?«

»Ja, das wusste ich.«

»Und das hat dir nichts ausgemacht?«

»Nein, ich war sehr neugierig und hatte sogar Spaß daran.«

Ich konnte nur mit dem Kopf schütteln. »Das verstehe ich nicht. Hattest du nicht auch Freundinnen oder Beziehungen?«

»Nein, eine feste Freundin hatte ich weder in New York, noch in Dundee.«

Niemals! Wenn ich sah, wie die Damen auf Nancys Vernissage ihn angeschmachtet hatten, dann war das unmöglich bei seinem Aussehen. Es gab sicher junge Frauen, die gerne mehr von ihm gehabt hätten. »Das glaube ich dir nicht.«

»Ich bin nicht der Typ für feste Beziehungen, Hannah. Ich habe schon immer meine Freiheit geliebt und ich brauche Unabhängigkeit. Deshalb ist es für mich kein Problem, mit verschiedenen Frauen Sex zu haben.«

»Also, ich könnte das nicht«, sagte ich nachdenklich.

Er lachte. »Nein, du mit deiner Moral bist alles andere als geschaffen dafür.«

»Und wie war das erste Mal für dich?«

Er überlegte. »Es war … gut. Die Dame wurde eine Stammkundin und buchte mich von da an immer, wenn sie in der Stadt war. Von ihr lernte ich viel über den weiblichen Körper. Auch, wie Frauen denken und fühlen. Es war, als würde sich mir eine ganz neue Welt eröffnen. Ich verstand plötzlich, warum ihr Frauen seelig beim Einkaufen seid, warum ihr so viel Zeit im Badezimmer verbringt und vor allem was euch glücklich oder unglücklich macht.

Mit der Zeit war ich sehr gefragt. Ich hatte so viel Geld wie nie zuvor in meinem Leben. Irgendwann trennte ich mich von der Agentur und machte mich selbstständig. Mein Ruf eilte mir voraus und plötzlich spielte ich in der oberen Liga mit.«

Schweigend beobachtete ich ihn. Sex, ohne für jemanden Gefühle zu haben, konnte ich mir nicht vorstellen. Ohne Frage war er sehr attraktiv und bestimmt genossen die Frauen seine Zärtlichkeiten, aber dachte er wirklich nie an sich selbst? Fühlte er sich niemals einsam? Er erzählte mir zwar von den Frauen und welchen Spaß er mit ihnen hatte, aber von seinen Gefühlen sagte er kein Wort.

»An was denkst du jetzt?«

»An nichts!«

»Lügnerin«, grinste er. »Immer, wenn du nachdenkst, bildet sich genau hier eine kleine Falte.« Er strich sanft mit dem Finger über eine Stelle direkt zwischen meinen Augenbrauen. Wärme breitete sich dort aus.

»Jetzt sag schon!«

Ich senkte meinen Blick. »Es ist mir aber peinlich.«

»Dir muss nichts peinlich sein, Blue. Du kannst mir alles sagen.« Er schenkte mir ein charmantes Lächeln.

Ich seufzte. »Na ja, ich … frage mich, wie dein erstes Mal gewesen ist.«

»Warum willst du das wissen?«

Ich schluckte. »Weil ich mir Sex ohne Liebe einfach nicht vorstellen kann. Das ist nicht das Gleiche.«

Wir sahen uns eine Weile an, aber er erwiderte nichts darauf. Seine Augen veränderten sich. Es flackerte etwas in ihnen auf. Und bevor ich erkennen konnte, was in ihm vorging, drehte er sich auf den Rücken und starrte zur Decke. »Wenn ich mit einer Frau schlafe, liebe ich sie in dem Augenblick. Verstehst du? Es gibt dann nur sie für mich.«

»So meine ich das aber nicht! Ich will wissen, ob du jemals verliebt warst in ein Mädchen oder später in eine Frau.«

»Das ist lange vorbei und nicht mehr der Rede wert.«

Klang Verbitterung mit in seiner Stimme? Hatte es tatsächlich mal eine Frau in seinem Leben gegeben, die ihn so sehr enttäuscht hatte? So gern hätte ich ihn danach gefragt, aber ich spürte deutlich, dass ich damit eine Grenze überschreiten würde.

»Es gibt die Liebe zwischen zwei Menschen, Hannah. Ganz bestimmt sogar. Aber nicht für mich. Ich bin nicht gut in solchen Dingen. Ich fühle in dem Moment auch etwas, aber keine Liebe – und das ist auch gut so. Liebe hat in meinem Job nichts verloren. Und ich brauche das auch nicht.«

Also war er der harte, einsame Kerl? Glaubte er das wirklich? Es mochte ja sein, dass das eine gesunde Grundlage war in seinem Job, aber menschlich hielt ich seine Aussage für bedenklich.

»Du irrst dich. Jeder braucht einen Menschen, mit dem er etwas teilen kann.« Ich kuschelte mich wieder ins Kissen zurück und zog meine Decke über die Schulter.

»Wie war denn dein erstes Mal?« Er drehte sich zu mir und stützte seinen Kopf mit einer Hand ab.

Kurz war ich von dem Themawechsel überrumpelt.

»Es war … schön!«

»Ganz ehrlich? … Hattest du dabei einen Orgasmus?«

Du lieber Himmel! Was stellte er mir für Fragen? Ruckartig richtete ich mich auf, knipste das Licht aus, bevor er zum wiederholten Mal in mein rotes Gesicht sehen konnte. »Warum willst du das so genau wissen?«

»Ich wette, du hattest noch nie einen, stimmt´s?«

»Jake! … Wir sollten jetzt schlafen.«

Er lachte laut. »Du kleiner Feigling. Natürlich hattest du noch nie einen. … Das ist sehr schade. Ich wette, du bist eine sehr leidenschaftliche Geliebte.«

»Gute Nacht, Jake«, unterbrach ich schnell das Gespräch.

Er lachte und legte sich auf den Rücken.

»Gute Nacht, Blue.«

Kapitel 12

Grannys Überraschung

Hannah

Schon seit Langem hatte ich nicht mehr so gut geschlafen. Es war so gemütlich im Bett, dass ich noch eine Weile meine Augen geschlossen hielt und einfach vor mich hindöste und dem fremden Herzen neben mir beim Schlagen zuhörte. Ich lag warm und gemütlich in …

Moment! Schneller, als mir lieb war, fing mein Hirn an zu arbeiten. Ich war in Dundee, mit Jake, zusammen mit ihm in einem Bett! Oh Gott! Mein Kopf lag weich und warm. Lag ich etwa …?

Vorsichtig blinzelte ich mit einem Auge und begriff, dass ich an seiner Brust lag. Ein Schauer durchfuhr mich und mein Herz rutschte in die Hose. Meine Hand ruhte auf seiner Haut. Sofort schrillten alle Alarmglocken in mir! Was tat ich da? Jetzt konnte ich nur hoffen, dass er noch schlief. Dann könnte ich mich einfach davonschleichen, ohne dass er jemals davon erfahren würde.

Vorsichtig blickte ich auf und ziemlich wache braune Augen sahen mich belustigt an.

»Guten Morgen, Blue. Hast du gut geschlafen?« Sein freches, breites Grinsen nahm sein ganzes Gesicht ein. Er wusste genau, in welcher Situation ich mich befand, und schämte sich nicht, mir das zu zeigen.

»Bequem liegt man schon, oder?«

Entsetzt über mich und böse auf ihn richtete ich mich auf und zog sofort die Decke über meine Schultern.

»Morgen«, brummte ich und warf ihm einen giftigen Blick zu. »Wieso lag ich auf dir?«

»Das fragst du mich?« Er hob seine Brauen und machte unschuldige Augen. »Es hat mich nicht gestört. Im Gegenteil, es war … sehr aufschlussreich.«

Aufschlussreich? Wovon sprach dieser Kerl eigentlich?

»Wie lange …?«

»Oh, eine Weile«, nickte er. »Ich wollte dich nicht stören und habe dir beim Schlafen zugesehen. Außerdem hast du geredet.«

Mir wurde heiß und kalt. Schon am frühen Morgen mit diesen Emotionen, die mein Körper neuerdings produzierte, klarzukommen, war ohne Kaffee einfach nicht möglich.

»Rede nicht solchen Unsinn!« Ich wickelte die Decke um mich und stand vom Bett auf.

Oh bitte, lass das nicht wahr sein! Matt hatte ein paarmal davon erzählt, dass ich manchmal im Schlaf sprechen würde, aber bisher hatte ich ihm nicht geglaubt.

»Es war wirklich … süß, Blue!«

Ich war so froh, ihm den Rücken zuzukehren, um meine Kleiderwahl für den heutigen Tag zu treffen.

»Willst du nicht wissen, was du gesagt hast?«

Natürlich wollte ich diese Oberpeinlichkeit wissen, aber ich war mir nicht sicher, ob ich das jetzt schon verkraftete. »Nein, das will ich nicht!« Mit dem weißen Rock und einer leichten Bluse ging ich ins Badezimmer, ohne ihn eines Blickes zu würdigen. Ich wollte einfach nicht darüber nachdenken. Seine Augen und sein Körper brachten mich schon genug durcheinander.

Mit einem dezenten Make-up und hochgesteckten Haaren fühlte ich mich stark genug, ihm wieder entgegenzutreten. Ich schloss die Badezimmertür und legte die Decke auf unser Bett zurück. Jake stand gebeugt und nur in Boxershorts, vor seinem

Koffer und sah über die Schulter zu mir. Er richtete sich auf und musterte mich. Mir wurde heiß.

»Wow! Du siehst wunderschön aus, Blue.«

»Danke!« Das Kompliment löste eine Gänsehaut auf meiner Haut aus. Verlegen strich ich eine Haarsträhne, die ich absichtlich aus meiner Frisur gezogen hatte, hinter mein Ohr. Um nicht nur einfach dazustehen, fing ich an, unsere Kissen aufzuschütteln. Ich sollte es mir endlich eingestehen: er gefiel mir – sogar sehr!

»Was steht denn heute auf dem Programm?«, versuchte ich, ihn und mich auf ein anderes Thema zu lenken.

»Wir brauchen noch ein Geschenk für Granny und heute Nachmittag würde ich dir gerne Dundee zeigen. Natürlich nur, wenn du Lust hast. … ach, da fällt mir noch etwas ein, Hannah.«

Ich blickte zu ihm und unterbrach meine Arbeit mit dem Bett.

»… Ab jetzt wäre es gut, wenn du … meine Nähe suchst und dich schwer verliebt gibst. Auch wenn niemand meiner Familie dabeisein sollte.«

Mit einem leisen Lachen verließ er den Raum und schloss die Tür hinter sich. Er wusste genau, wie nervös mich seine Worte machten. Schon allein der Gedanke, ihn ständig in meiner Nähe zu wissen, löste ein süßes Zucken in meinem Bauch aus.

***

Hand in Hand betraten wir die Küche. Frischer Kaffeeduft stieg mir in die Nase – genau den brauchte ich jetzt, um meine Nerven zu beruhigen. Der Tisch war reich gedeckt mit allem, was ein gutes Frühstück ausmachte. Pat und Granny saßen am Tisch und unterbrachen ihre Unterhaltung, als wir eintraten.

»Guten Morgen, ihr zwei, habt ihr gut geschlafen?«, fragte Jakes Mutter, die sich gerade eine Tasse Kaffee einschenkte. Sie deutete auf den Platz direkt neben Granny.

»Guten Morgen.«

»Morgen, Mom«, grüßte Jake seine Mutter, ließ mich los und gab ihr einen Kuss auf die Wange. Das Gleiche tat er bei seiner Großmutter, bevor er sich zu mir setzte.

»Also, ich hab sehr gut geschlafen. Wo ist der Rest?«, fragte Jake.

»Oh, deine Brüder kamen schon ganz früh heute Morgen. Sie wollen heute noch den Dodge zum Laufen bringen. Dein Vater ist mit ihnen in der Werkstatt und Laura schläft noch.«

»Und, Granny? Wie fühlst du dich? Morgen ist dein großer Tag. Bist du aufgeregt?«, fragte Jake, während er in seinem Kaffee rührte.

»Pah! Ich bin froh, wenn der ganze Spuk vorbei ist«, gab sie mürrisch zur Antwort. Sie trug übergroße Ohrringe, die bei jeder Bewegung klimperten. An ihren Händen steckte fast an jedem Finger ein Ring, nur eine Kette trug sie nicht, als würde sie es als übertrieben empfinden. Fast hätte ich mich an meinem Kaffee verschluckt und konnte mir ein Schmunzeln nicht verkneifen. Wie ungewöhnlich diese Frau doch war. Jede andere Dame in ihrem Alter würde sich auf solch einen Tag freuen. Erst recht, wenn der ganze Ort das Ereignis mitfeierte.

»Dieser Tag morgen erinnert mich nur daran, dass ich alt werde und nicht mehr alle Dinge tun kann, die ich gerne machen würde.«

»Was würden Sie denn gerne machen?«, fragte ich in der Hoffnung, vielleicht einen kleinen Wunsch heraushören zu können. Ein kleines, schiefes Grinsen erschien auf ihren Lippen und es erinnerte mich sehr an Jake. »Ha, ich würde gerne das tun, was ihr heute Nacht nicht getan habt.«

»Mutter!«, brach es aus Pat vorwurfsvoll heraus. Jake grinste und senkte seinen Blick und ich spürte, wie mir die Röte ins Gesicht schoss.

»Was ist? Hannah hat gefragt und ich habe geantwortet. Außerdem braucht ihr nicht zu denken, dass alles im Alter einschläft, nur weil man gebrechlicher wird. Ich bin immer noch eine Frau. Und im Übrigen täte es dir und deiner Ehe auch mal wieder gut, Patricia.«

Pat schnaufte verächtlich und konnte nur den Kopf schütteln. »Ich glaub das einfach nicht!«

»Beruhige dich, Liebes. Du weißt, ich bin nur ehrlich ...«

»Sieh das doch nicht so negativ. Es hat auch Vorteile, alt zu werden«, sagte Jake.

»Ach, und die wären?«

»Na ja, du hast Lebenserfahrung und deine Mitmenschen haben Respekt vor dir.«

Ein kehliges Lachen entfuhr ihr. »Dass ich nicht lache, mein lieber Enkel, Respekt haben sie alle nur, weil ich die mit dem Geld bin, und was bringt die ganze Lebenserfahrung, wenn hier keiner auf mich hört und jeder das tut, was er will?«

Jetzt konnte Jake sich nicht mehr halten und prustete vor Lachen. »Wo sie recht hat, hat sie recht, Mom!«

Auch Pat schmunzelte inzwischen. »Trotzdem, man sollte diesen Tag angemessen feiern.« Kopfnickend pflichtete ich Jakes Mutter bei und war froh, dass das Thema Sex wieder erledigt war.

Gleich nach dem Frühstück machten Jake und ich uns auf den Weg. Jake öffnete das Verdeck seines Cabriolets, startete den Motor und legte den Rückwärtsgang ein, gerade, als sein Vater aus der Werkstatt kam. Er lief an uns vorbei, grüßte uns nickend und murmelte ein leises „Morgen“.

Mein Gott! Wie konnte man nur so ein schlecht gelaunter Mensch sein? Konnte er seinem Sohn wirklich nicht verzeihen, dass er sich ein anderes Leben als seins gewünscht hatte? Aber ich hielt meine Gedanken zurück und genoss die Fahrt neben Jake. Keine zehn Minuten später parkte er in der Straße, die wohl die Innenstadt von Dundee repräsentierte.

»Hast du schon eine Idee? Worüber würde sich deine Großmutter freuen?«, fragte ich ihn beim Aussteigen. Sanft gab ich der Tür einen Stoß.

Jake sah sich um. Es war einiges los auf den Straßen. Er ging um den Wagen herum und legte seinen Arm um mich. Sofort stieg mir wieder sein Duft in die Nase.

»Granny ist ein schwerer Fall. Ich dachte, wir laufen einfach mal durch die Geschäfte, vielleicht springt uns etwas an. Außerdem habe ich schon ein Geschenk, aber ich dachte, wir sollten ihr noch etwas Persönliches aussuchen.«

»Du hast schon ein Geschenk? Und was?«

»Das ist eine Überraschung und verrate ich noch nicht«, sagte er und lief mit mir über die Straße.

Jake schleppte mich in einen Souvenirladen. Außer völlig überteuerten, unnützen Dingen gab es dort aber nichts, was es in eine engere Wahl geschafft hätte. Der kleine Laden an der Ecke der Hauptstraße war vollgestopft mit Mitbringseln und Kuriositäten. Ein älterer Mann in einem karierten Hemd saß hinter der Kasse und beobachtete uns, als wir das Geschäft betraten. Wir nickten ihm grüßend zu und beachteten ihn nicht weiter. Niemand außer uns befand sich im Laden.

»Sieh mal, was hältst du hiervon?« Er öffnete einen bunten Regenschirm und drehte ihn zwischen seinen Fingern. Er war groß und eigentlich ganz hübsch.

»Na ja, geht sie im Regen spazieren?«

»Du hast recht.« Er schloss ihn und steckte ihn in die Vorrichtung zurück.

An einer Wand hingen verschiedene Hüte, in allen Farben und Formen. Hatte sie nicht gestern einen Strohhut aufgehabt? Ich nahm einen knallig rosafarbenen Hut und setzte ihn auf. Rote und weiße Kunstblumen mit einem ebenso farbigen Band, das vom Rand des Hutes herunterragte, ein schreckliches Teil! Dazu fand ich an einem weiteren Drehständer genauso ungewöhnliche Sonnenbrillen. Die Kurioseste probierte ich auf.

»Und das?« Ich wandte mich Jake zu und posierte wie ein Filmstar.

»Uh, heiß!«, entfuhr es ihm und er kam auf mich zu. »Also, so würde ich dich noch nicht mal als Kundin nehmen.«

»Egal, wie viel ich dir bezahlen würde?«, fragte ich leise.

Er grinste. »Für kein Geld der Welt.«

Ich nahm den Hut und die Brille wieder ab und schlenderte zu einer kleinen Nische, als mein Handy in meiner Handtasche klingelte. Das war bestimmt Matt und ein Teil von mir hätte am liebsten das Gespräch weggedrückt. Das brachte ich nicht übers Herz.

»Hallo?«

»Hi Liebling, ich habe gerade ein paar Minuten und dachte, ich rufe dich mal an.«

»Oh, wie schön …!« Unsicher sah ich zu Jake. Unsere Blicke trafen sich und irgendwie fühlte ich mich plötzlich schlecht. Was tust du Matt an? Der Hall dieser Frage in meinem Kopf wurde immer lauter, bis ich es nicht mehr aushielt. Jake beobachtete mich und würde jedes Wort mit mitanhören.

»Ich bin gleich wieder da.« Das Handy mit leichtem Druck an meinen Körper gepresst, öffnete ich die Tür und trat auf die Straße. Dort fühlte ich mich schon besser und konnte mich auf Matt konzentrieren.

»So, jetzt!«, sagte ich lächelnd und hoffte, er würde nicht merken, wie unruhig ich war.

»Wo bist du denn, Liebling?«

»Oh, ich bin in einem Souvenirladen. Und du? Wie läuft der Auftrag?«

»Eigentlich ganz gut, aber sag mal, wieso bist du gestern Nacht nicht ans Telefon gegangen? Ich hab mehrmals versucht, dich zu erreichen!«

Mein Magen krampfte und eine heiße Welle der Übelkeit fegte über mich hinweg. Was sollte ich ihm jetzt sagen? Ihn anlügen? Nein, das konnte ich ihm nicht antun. Oder doch?

»Ich … bin nicht zu Hause«, begann ich vorsichtig.

»Ach so? Und wo bist du?«

»Ich … bin für ein paar Tage in Dundee!«

»Wo bist du? Dundee …? Was zur Hölle treibst du da? Ist das wieder so eine verrückte Idee von Lisa?« Er lachte noch, bevor ihm klar wurde, wie angespannt ich wirkte. Mein Gott! Wieso fiel es mir nur so schwer?

»Nein, ich … bin mit einem Freund hier. Aber am Montag fahre ich wieder zurück.«

»Was für ein Freund? … Hannah? Was ist denn los? Du hörst dich so merkwürdig an.«

Ich schloss die Augen und wusste, Matt würde das nicht verstehen können. Aber die ganze Wahrheit konnte ich ihm auch nicht sagen.

»Kein Grund zur Beunruhigung. Jake ist ein Freund von Lisas Tante. Ich helfe ihm nur bei einer Sache mit seiner Familie. … Wie ist dein Aufenthalt?«

Ich hatte es vermasselt! Matt war hellhörig geworden und ich bemerkte die Sorge in seiner Stimme. Meine Frage überging er einfach. »Hannah! Was für ein Freund? Und bei was musst du ihm helfen?«

»Ich kenne ihn seit ein paar Tagen. Wir lernten uns auf einer Vernissage von Nancy kennen. Er bat mich, ihn hierher zu seiner Familie zu begleiten. Den Rest erzähle ich dir, wenn ich zu Hause bin. In Ordnung? Das ist eine lange Geschichte.«

Eine Weile sagte er kein Wort. »Ich bin doch noch gar nicht so lange weg, dass es eine so lange Geschichte sein kann. Wieso hast du mir nicht gesagt, dass du wegfährst? Und wer ist dieser Kerl genau?«

Oh, ohhh! Jetzt wurde es schwierig. »Matt! Ich muss Schluss machen. Am Montag bin ich wieder in New York, dann erkläre ich dir alles in Ruhe. Okay?« Meine Ausrede war lahm, das wusste ich. Egal, was ich ihm erklären würde, er würde es nicht verstehen.

Wieder schwieg er eine Weile. »Also, ich weiß nicht, was ich davon halten soll. Ehrlich gesagt, finde ich deine Geheimniskrämerei schon sehr merkwürdig! Du kennst den Kerl gerade mal eine Woche und reist mit ihm ins Niemandsland? Du kennst den Typ doch gar nicht, Hannah! Und was hast du mit seiner Familie zu tun? Findest du nicht, dass du mir eine Erklärung schuldig bist?«

»Bitte, Matt! Ich kann dir das jetzt nicht sagen. Das Ganze ist wirklich kompliziert.«

»Das wird ja immer besser!«

Er war im Recht. Diese ganze Sache war sehr untypisch für mich. Hinzu kam, dass ich ihm keinen reinen Wein eingeschenkt hatte. Und jetzt stand ich da und fertigte ihn mit ein paar billigen Erklärungen ab. Mein schlechtes Gewissen konnte nicht größer sein. Trotz allem stieg Wut in mir hoch und blieb mir fast im Hals stecken. Wie oft ließ er mich allein, ohne dass ich wusste, wo er genau war! Hatte er mich gefragt, ob ich einverstanden war, dass er sich tagelang in einer Luxusvilla aufhielt? Als Matt mich das letzte Mal angerufen hatte, waren im Hintergrund mehrere weibliche Stimmen zu hören gewesen. Da war er im Begriff, mit ihnen und seinem Kunden auf dieses Anwesen zu fliegen. Also hatte er trotz seiner Arbeit auch seinen Spaß, und das ohne mich. Wenn er tagelang mit seinen Kumpels Segeln ging, vertraute ich ihm schließlich auch. Keine Sekunde hatte er darüber nachgedacht, wie es mir dabei ging.

Ich straffte meine Schultern.

»Hör zu, Matt. Ich kann das im Augenblick nicht erklären und ich will jetzt nicht mit dir darüber streiten. Wir klären das, wenn ich zurück bin, in Ordnung? Ich muss los und melde mich später bei dir. Bis dann.«

Ich beendete das Gespräch mit einem schlechten Gefühl im Bauch. Einerseits tat er mir leid und andererseits verlangte Matt von mir, dass ich ihm blind vertrauen sollte, während er alles infrage stellte. Nachdenklich und verärgert lief ich am Schaufenster hin und her. Ich hatte ihn zumindest nicht belogen. Alle Dinge, die ich ihm gesagt hatte, entsprachen der Wahrheit. Auch wenn er die Details nicht kannte. Aber was hätten die daran geändert? Wahrscheinlich würde er dann total ausflippen. Wenn ich an gestern Nacht dachte, wie Jake und ich in einem Bett zusammen lagen oder wie nahe er mir schon gekommen war, dann fühlte ich mich wie eine Betrügerin. Nicht zu vergessen, wie mein Körper auf ihn reagierte und welche Intimitäten wir austauschten. Matt würde selbst dieses Spiel niemals gutheißen und das konnte ich verstehen. Zweifel überkamen mich. War es richtig, was ich da tat? Setzte ich meine Beziehung zu Matt aufs Spiel?

KAPITEL 13

AUGENBLICKE

HANNAH

»Alles in Ordnung mit dir?« Jake stand an der Eingangstür des Ladens und riss mich aus meinen Gedanken. Ich hatte ihn gar nicht bemerkt. Wie viel hatte er von dem Gespräch mitbekommen?

»Hast du mich belauscht?« Ich warf ihm einen finsteren Blick zu.

»War das dein Verlobter?« Er kam die zwei Stufen zu mir herunter auf die Straße. »Und du hast ihm erzählt, dass du mit mir hier bist, stimmt´s? So, wie du aussiehst, war er nicht gerade begeistert.«

Gedankenverloren blickte ich auf den Asphalt.

»Ist das ein Wunder? Ich würde wahrscheinlich genauso reagieren. Ich meine, er ist auf Geschäftsreise und plötzlich muss er erfahren, dass ich nicht zu Hause, sondern mit einem völlig fremden Mann unterwegs bin. Ich habe ihm nicht gesagt, warum ich mit dir nach Dundee gefahren bin, das hätte nur dazu geführt, dass er noch misstrauischer geworden wäre.«

Jake stand jetzt direkt vor mir und sah mich an. Das Braun seiner Augen leuchtete warm und verständnisvoll.

»Sei mir nicht böse, ich habe gehört, was du zu ihm gesagt hast, und ich finde, er sollte dir schon mehr vertrauen. Schließlich ist zwischen uns nichts passiert.«

Gerade wollte ich ihm etwas entgegnen, doch ich hielt inne. Nichts passiert? Wirklich? Empfand er das so? Enttäuschung drang in meine Brust, obwohl ich versuchte, diese und all die anderen Emotionen zu unterdrücken, die hemmungslos auf mich einstürmten, wenn er in meiner Nähe war. Ich fühlte mich schrecklich und Jake sah mir das an.

»Dein Verlobter weiß ja nicht, was du hier für mich tust. Ist er ein sehr eifersüchtiger Typ?«

Matt? Eifersüchtig? Ich schüttelte traurig den Kopf.

»Eigentlich nicht. Aber das hier ist eine neue Situation. Er weiß ganz genau, dass ich nie allein fortgehe und schon gar nicht mit einem Fremden, den ich kaum kenne.«

Wieso rechtfertigte ich Matts Verhalten?

»Mach dir keine Sorgen, Hannah. Er wird es verstehen, wenn du es ihm erklärst.«

Eine Träne kitzelte mich, die sich einen Weg hinunter suchte.

»Hey, Blue! Nicht weinen, er ist ein Dummkopf, dass er dich nicht mitgenommen hat. So eine Frau wie dich sollte man nicht aus den Augen lassen.«

Ich zog die Nase hoch und konnte ein kurzes Lachen nicht verhindern.

»Das allein ist es nicht. Ich …«

»Du hast ein schlechtes Gewissen, richtig?«

Nickend senkte ich meinen Blick.

Mit einem Finger hob er behutsam mein Gesicht an und zwang mich so, ihn anzusehen. Ich verlor mich in den Tiefen seiner Augen.

»Das brauchst du nicht, Blue. Er hat es schließlich auch nicht, wenn er geht, oder? Sei du selbst und entscheide so, wie du es für richtig hältst. Oder informiert er dich immer, wo und mit wem er unterwegs ist?«

Kopfschüttelnd musste ich ihm recht geben. Matt beschloss eigentlich alles allein. Es war selten, dass er mich mit einbezog. Letztlich stimmte ich in allem zu, weil seine Entscheidungen meist richtig waren und er mir eine klare Linie vorgab - so wie es mir schon immer anerzogen wurde. Und hier mit Jake war alles anders. Er forderte diese komplizierte Seite in mir. Ganz bewusst gab er mir das Gefühl, dass ich einfach so sein konnte, wie ich wirklich war. Bei ihm musste ich mich nicht zügeln, konnte frei sagen, was ich dachte, und Dinge tun, die ich mir immer verboten hatte.

»Komm her, Blue. Du wirst sehen, es wird alles gut werden.«

Damit zog er mich in seine Arme. Zuerst versteifte ich mich, weil ich damit nicht gerechnet hatte, doch als ich seine Wärme spürte, sog ich seinen Duft ein und erlaubte mir, mich zu entspannen.

Wir standen einfach nur so da und umarmten uns. Er verstand mich. Auch wenn wir uns noch nicht so lange kannten, wusste er, wie ich mit mir kämpfte. Er schien mich zu mögen, so wie ich war. Aber warum? Ich hatte so viele Fragen an ihn, doch alle Worte auf meiner Zunge lösten sich in Luft auf. Nichts war in diesem Moment wichtig. Ich konnte mich fallen lassen.

»Warte einfach, bis er anruft. Lass ihn zappeln. Er soll wissen, dass du auch deine eigenen Entscheidungen treffen kannst.« Er löste sich ein wenig von mir und lächelte. »Komm, lass uns wieder hineingehen.«

Einverstanden nickte ich, wischte mir die Tränen aus dem Gesicht und lief mit Jake an der Hand wieder hinein. Tief durchatmend ging ich wieder zu der Nische, in der ich vorher gestanden hatte. Der handgearbeitete Schmuck, der von vielen kleinen Spots angestrahlt wurde, funkelte und glitzerte mir entgegen.

»Sieh mal, das wäre doch eine schöne Idee. Deine Großmutter mag doch Schmuck, oder?«, fragte ich Jake. Interessiert folgte er mir.

»Oh ja, manchmal trägt sie sogar zu viel davon. Dann sieht sie aus wie ein behängter Weihnachtsbaum. So war sie schon immer. Nur glaube ich, sie hat genug von dem Kram.« Er nahm eine Halskette und betrachtete die fein gearbeiteten Perlen genauer.

Ich verbot mir, jetzt an Matt zu denken. Ich wollte mich auf meine Aufgabe konzentrieren. Für Erklärungen hatte ich später noch genug Zeit.

Ich schlenderte an den Tassen mit witzigen Sprüchen und Namen vorbei, weiter an den verrücktesten Staubfängern, als ich auf einem hinteren Glasregal wunderschöne und silberne Bilderrahmen entdeckte.

»Das fände ich toll. Sieh mal!« Jake trat hinter mich und betrachtete den silbernen Rahmen in meiner Hand.

»Du könntest ein schönes Bild oder sogar mehrere von dir da reintun.«

Er nahm mir den Rahmen aus der Hand und drehte ihn um.

»Ja, das ist wirklich eine schöne Idee. Aber wir machen da nicht ein Bild von mir, sondern von uns beiden hinein. Was sagst du?«

»Ob das wirklich eine gute Idee ist? Schließlich sind wir ja nicht wirklich ein Paar.«

»Natürlich sind wir das nicht, aber für meine Granny schon. … Mach dir keine Sorgen, diese Bilder werden Dundee nicht verlassen. Niemand in New York wird jemals diese Fotos zu Gesicht bekommen.«

»Und wo willst du so schnell noch ein Foto von uns machen lassen?«

»Das ist kein Problem. Wir knipsen einfach ein paar Fotos mit meinem Handy und lassen diese ausdrucken.«

»Einverstanden!«

Jake bezahlte den Rahmen. Als er dem Kassierer das Geld geben wollte, sah dieser ihn grübelnd an. Der Mann kniff die Augen zusammen und eine tiefe Falte erschien auf seiner Stirn.

»Dich kenne ich doch!«
Jake sah auf.
»Bist du nicht der junge Bennet, der damals abgehauen ist?«

***

Jake musterte den Mann hinter der Registrierkasse. Augenblicklich verschwand seine lockere Haltung und er verspannte sich sichtlich. Selbst seine Wangenknochen rieben aufeinander und um seine Augen lag plötzlich ein eiskalter Zug. »Jetzt erkenne ich Sie. Sie sind Mr. Collins, der Hausmeister von der Highschool.«

»Richtig! Aber den Hausmeisterjob habe ich vor einigen Jahren an den Nagel gehängt und mich selbständig gemacht. … Aber du, du bist hier wegen deiner Großmutter, nicht wahr? … Dass du dich überhaupt wieder hertraust, das hätte ich nicht gedacht.«

Jake ignorierte ihn einfach. »Was schulde ich Ihnen?«, wollte er tonlos von ihm wissen.

Mr. Collins grinste und ein verächtlicher Ausdruck lag in seinem Gesicht. Freundlichkeit war wirklich etwas anderes. Abwechselnd sah ich von einem zum anderen.

Mr. Collins nannte Jake schließlich den Betrag und verpackte den Bilderrahmen.

»Und Sie? Sind Sie mit ihm hier?«, sprach er mich plötzlich an.

»Hören Sie, Mr. Collins, die Sache ist schon ein paar Jahre her und sie hat nichts damit zu tun. Außerdem geht Sie das nichts an. Wir möchten einfach nur bezahlen und gehen.«

»Bist groß rausgekommen, was?« Mr. Collins nickte Richtung Straße, wo Jakes Porsche stand.

»Auf Wiedersehen, Mr. Collins«, sagte er, griff nach der Tüte und lief schnurstracks hinaus. Ich folgte ihm, vergaß jedoch, mich von dem Verkäufer zu verabschieden.

Was genau war damals geschehen? Offenbar wusste der ehemalige Hausmeister genau, was passiert war. An der Straße hatte ich Jake eingeholt. Er blickte finster auf die andere Seite.

»Jake, was ist denn los?«

»Ach, vergiss die Sache einfach. Komm, lass uns die Kamera kaufen, wir haben noch einiges vor heute.« Damit nahm er mich wieder an die Hand und lief die Straße hinunter.

Was hatte er eigentlich für ein Problem und wieso sagte er nicht einfach, was mit ihm los war?

Als wir das kleine Fotogeschäft betraten, lächelte er schon wieder. Ich fand es zwar nicht fair von ihm, dass er sich mir in keinster Weise erklärte, aber schließlich ging es mich auch nichts an.

An der Theke unterhielten sich zwei Damen. Ich schätzte sie beide auf über fünfzig. Die Angestellte verabschiedete sich von der Kundin, während wir uns ein wenig im Laden umsahen. Erwartungsvoll blickte die Verkäuferin zu uns, als wir uns der Verkaufstheke näherten. Ihr Lächeln fror ein und sie verlor ihre Gesichtsfarbe. Bleich wie ein Gespenst wich sie sogar im ersten Augenblick einen Schritt zurück. Und auch diesmal ging Jake nicht darauf ein, sondern ignorierte die Reaktion, die er hervorrief.

Auf seine Frage, wie schnell man die Fotos ausdrucken könnte, gab die Verkäuferin ihm zwar eine Antwort, doch man merkte ihr an, wie befangen sie war.

Mehr und mehr Fragen tauchten in meinem Kopf auf, auf die ich gerne eine Antwort bekommen hätte. Ich glaubte nicht mehr daran, dass es sich nur um einen Familienstreit handelte. Die Reaktion der Verkäuferin bestätigte dies.

»So, ich habe mir überlegt, wir machen ein paar Schnappschüsse. Die sind natürlicher und vielleicht fangen wir ein paar schöne Momente ein.« Jake ließ sich weiter nichts anmerken, aber er spürte deutlich, dass er mich nicht für dumm verkaufen konnte.

Schweigend liefen wir zurück zum Wagen.

»Jake? Alles in Ordnung? Was ist denn los?«, begann ich vorsichtig. Mein Herz klopfte, als er abrupt stehenblieb und mich grimmig ansah.

»Du weißt alles, was du wissen musst.« Er lief weiter.

»Aber …«

Auf der anderen Straßenseite entdeckte ich die Kundin aus dem Fotoladen, wie sie mit einer weiteren Person zu uns herüberstarrte. Es war ganz deutlich, dass die beiden tuschelten.

»Jake, warte!« Ich schloss zu ihm auf. Auch er warf einen kurzen Blick zu den Damen und starrte dann wieder auf den Asphalt. Ich lief neben ihm her, suchte nach den richtigen Worten. Es war ganz offensichtlich, dass es ihm nicht gut ging. Er griff nach meiner Hand und eilig liefen wir über die Straße.

Ein paar Jugendliche standen neugierig um seinen Porsche.

»Hey, was habt ihr an meinem Wagen zu suchen?« Sofort wichen sie zurück und fingen an zu flüstern. Wir stiegen ein und Jake startete den Motor. Er war wütend und gab so viel Gas, dass es mich fest in den Sitz drückte.

»Jake! Was ist denn los?«

Er antwortete nicht, er sah stur geradeaus. Oder hatte er mich nicht gehört? »Verdammt, Jake! Halt sofort an!«, schrie ich. Jetzt reagierte er endlich und warf mir einen kurzen Blick zu. Wir fuhren zwar immer noch zu schnell, aber er drosselte die Geschwindigkeit, sodass der Motor nicht mehr aufheulte.

***

In kürzester Zeit verließen wir die Hauptstraße und fuhren auf einen Feldweg. Vor einem beginnenden Wald hielt Jake endlich an.

Beide Hände hatte er am Lenkrad und ließ seinen Kopf hängen. Sein Griff war so fest, dass seine Knöchel weiß hervortraten, und seine Augen waren geschlossen.

»Jake! Bitte rede mit mir.«

»Ich kann nicht«, presste er hervor. »Bitte, Hannah, es ist nicht leicht für mich und ich bin es nicht gewohnt, permanent mit meiner Vergangenheit konfrontiert zu werden.«

»Aber ich verstehe es nicht! Lass mich dir doch helfen!«

Er presste seine Lippen aufeinander und schüttelte leicht den Kopf. »Mir kann keiner helfen, nicht einmal ich mir selbst.«

Was war nur geschehen? Was hatte diesen Mann so sehr gebrochen? Ich würde einiges geben, um ihm helfen zu können. Alle, bis auf ein paar wenige Ausnahmen, schienen gegen ihn zu sein. Ich sah mich um. Wir waren allein. Es war so friedlich und still hier, nur die Vögel zwitscherten. Eine leichte Brise ließ die Blätter rascheln.

Jake entkrampfte sich langsam. Locker lagen seine Hände jetzt auf seinen Schenkeln und er lehnte mit geschlossenen Augen gegen die Kopfstütze.

»Ich habe damals Dundee verlassen, weil ich es nicht mehr ausgehalten habe. Ich kann dir nicht sagen, was passiert ist, aber meine Familie und ganz Dundee hassen mich. Bitte, Hannah, dräng mich nicht weiter. Das alles ist schon schwer genug für mich.« Seine Stimme klang gequält und gleichzeitig so leise, dass ich nicht anders konnte, als nur stumm zu nicken. Ich fühlte mit ihm. Auch wenn meine Neugier unglaublich groß war, wollte ich seine Bitte akzeptieren.

Vorsichtig legte ich meine Hand auf seine Schulter. »Weißt du, ich kenne ein Gedicht, dass mir oft geholfen hat, wenn ich mich schrecklich gefühlt habe. Danach konnte ich wieder frei atmen.«

Er sah auf meine Hand, die immer noch auf seiner Schulter ruhte, nahm sie und umschloss sie mit seiner. »Erzähl mir davon, wie geht dieses Gedicht?«

Kurz war ich durch seine warmen Hände abgelenkt. Ein angenehmer Schauer lief mir den Rücken hinunter. Doch dann begann ich, die Zeilen aus dem Notizbuch meines Vaters auswendig aufzusagen:

"Wenn alles vor mir und hinter mir versinkt -
die Vergangenheit im traurigen Einerlei wie ein Reich der Versteinerung hinter mir liegt -
wenn die Zukunft mir nichts bietet -
wenn ich meines Daseins ganzen Kreis im schmalen Raume der Gegenwart beschlossen sehe -
wer verargt es mir, dass ich dieses magre Geschenk der Zeit, feurig und unersättlich wie einen Freund, den ich zum letzten Male sehe, in meine Arme schließe?"

Schiller

Es sah mir in die Augen. Er verstand jedes Wort und ich fühlte mich seltsam leicht, fast beschwingt. Es war so einfach, ihm das Gedicht und dessen Bedeutung zu sagen, ohne dass ich mir albern oder kindlich vorkam. Wir schwiegen einen Moment. »Lass uns spazieren gehen!«, sagte er, ließ meine Hand los und stieg aus.

Kapitel 14

Gefährliche Momente

Jake

Ihre wunderschönen Worte gingen mir unter die Haut. Sie waren anmutig, spürbar leicht und hörten sich doch so kompliziert an, wenn sie ihre Lippen verließen. Sie lösten Gefühle in mir aus, die ich schon lange vergessen hatte. Hannah berührte mich tief und beinahe glaubte ich, mich in dem Blau ihrer Augen zu verlieren. Für einen kurzen Moment konnte ich tatsächlich den alten Schmerz vergessen.

Verdammt! Was tat ich da? Gefühle zu haben, konnte ich mir nicht leisten. Und doch musste ich mir eingestehen, dass Hannah mich schon längst auf eine magische und unkomplizierte Weise faszinierte.

Den Wald vor uns kannte ich aus meiner Kindheit. Meine Geschwister und ich hatten oft dort gespielt. Die Laubbäume standen dicht beieinander, ließen genug Tageslicht zwischen den Ästen und Blättern hindurch. Noch immer lagen größere bemooste Gesteinsbrocken an der gleichen Stelle wie damals. Unzählige Male war ich als Jugendlicher darauf gesessen, berauscht von dem Dope, im künstlichen Frieden zwischen mir und der Welt. Erinnerungen wallten auf. Ich fühlte den Schmerz und die Trauer von damals.

Hannah lief neben mir her. Sie war still, sprach kein Wort und gab mir diesen Augenblick, den ich allein für mich brauchte.

Eigentlich dachte ich, dass ich darüber hinweg wäre – über meine Vergangenheit und meine Schuld. Ein neues Leben in New York anzufangen, war die richtige Entscheidung gewesen, aber wieder hierher zurückzugehen, war vielleicht falsch.

Ich setzte mich auf den Gesteinsbrocken, sah in die Bäume und sog tief die klare Luft ein.

Ein Klicken riss mich aus meinen Gedanken. Ich blickte zu Hannah. »Was tust du?«

»Na, ich fotografiere dich. Du bist wirklich sehr fotogen«, sagte sie und knipste ein weiteres Bild von mir. Ich hatte nicht bemerkt, wie sie ihr Handy aus ihrer Handtasche genommen hatte.

»Du hast ein tolles Profil.« Ihr Lächeln war ehrlich. Ihre blauen Augen funkelten und ich fragte mich, was sie in mir sah? Den erfolgreichen Escort-Man, der mit seiner Familie nicht klarkam, aber sonst ein schickes und luxuriöses Leben in New York führte?

»Als Jugendlicher kam ich oft hierher. Ich nahm damals Drogen, Hannah.« Ihr Lächeln verschwand, während sie mich entgeistert ansah und das Handy in ihrer Hand langsam sinken ließ.

»Ich bin nicht der tolle Typ, für den du mich hältst. Ich habe eine Menge Mist in meinem Leben gebaut. Und da ist es nicht ungewöhnlich, dass Dundee mich nicht mag.«

Ich konnte ihren entgeisterten Ausdruck nicht länger ertragen und schaute in die Ferne. »Mein Vater hat William und Adam schon immer vorgezogen, weil … ich nicht sein leiblicher Sohn war. Meine Mutter hatte damals eine Affäre. … Es war mein Glück, dass er meine Mutter wirklich liebte und mich deshalb akzeptierte. Er ließ es mich aber immer spüren, dass ich anders war als meine Brüder. Nur Granny nahm mich vor ihm in Schutz. Ihr habe ich es zu verdanken, dass er mich nicht verprügelt hat, als ich mit 14 Jahren das erste Auto klaute.« Bilder meines Vaters, wie er wütend auf mich zukam, drängten sich vor mein Auge. Leuchtend rot war er im Gesicht und an seinem Hals bildeten sich seine Adern deutlich hervor. Flehend und weinend hielten ihn damals meine Mutter und Granny zurück.

»Ich war wütend auf ihn, aber da war noch etwas anderes in mir. Das Leben, so wie wir es geführt hatten, war ich satt. Ich war genervt von dem ewigen Trott, niemals etwas Schönes zu haben oder dem Alltag entfliehen zu können, verstehst du? … Ich habe angefangen, mich zu betäuben, weil ich es nicht aushielt und keine andere Möglichkeit sah.

William und Adam waren keine Verbündeten, sie hielten zu meinem Vater und schikanierten mich, wo sie nur konnten. Ich wurde ganz schnell der Außenseiter der Stadt.«

Hannah setzte sich schweigend neben mich. Es tat gut, es ihr zu erzählen, auch wenn ich sie nicht in die ganze Wahrheit einweihte.

»Ich habe in meiner Jugend viel Mist gebaut. Ich war kriminell, nahm Drogen. Trotzdem schaffte ich es, dass man mir nie etwas nachweisen konnte. Ich bin nicht stolz darauf.«

Sie legte ihre Hand auf meine Schulter. Wärme durchfuhr mich.

»Das tut mir wirklich leid.«

»Das muss es nicht. Ich bin selbst schuld daran gewesen. Ich habe viel daraus gelernt und bin froh, nicht mehr hier leben zu müssen.« Sie nickte und gab mir damit zu verstehen, dass sie das nachvollziehen konnte. Wir schwiegen.

»Jetzt kennst du ein wenig meinen Hintergrund. Lass uns mit den Fotos beginnen«, sagte ich mit einem Lächeln.

Sie nickte, und als ich näher an sie heranrutschte, spürte ich ihre Aufregung. Ich legte meinen rechten Arm um sie und hielt mit dem ausgestreckten linken das Handy von mir gestreckt. Sanft zog ich sie noch näher an mich, sodass sich unsere Schläfen berührten. Sofort stieg mir ihre Süße in die Nase. Sie roch so gut und am liebsten hätte ich sie noch fester in meine Arme gezogen. Warum auch immer ich diese Lust spürte – vermutlich weil ich seit Tagen keinen Sex mehr gehabt hatte. Sie reizte mich mit ihren blauen Augen, ihrem Duft und der frechen Art, die sie mir gegenüber oft an den Tag legte.

»Setz dich auf meinen Schoß.«

Mit ihren bezaubernden und geröteten Wangen tat sie, was ich von ihr verlangte. Scheu lehnte sie sich an mich. Ihre Muskeln waren verspannt und sie unterdrückte ihren Atem. Ob sie spürte, wie sehr sie meine Lust antrieb? Grinsend hoffte ich, dass sie nicht bemerkte, wie steif meine Härte gegen ihren Po drückte.

Diesmal zögerte ich das Knipsen hinaus, weil sie sich so gut anfühlte. Unglaublich, wie schnell sich mein Körper nach mehr sehnte. Ihr Kopf ruhte immer noch an meiner Schulter und durch meinen Arm konnte ich spüren, wie heftig ihr Herz pochte. Ohne sie anzusehen, wusste ich, dass auch sie so empfand. Doch da gab es diese Mauer zwischen uns. Diese unsichtbare Barriere, die sie nicht überschreiten würde – Matt.

Ich räusperte mich. »Lass mich noch ein paar Bilder von dir schießen.«

Sie löste sich von mir und sofort vermisste ich diese Wärme, die ihr Körper ausstrahlte. Sie spürte es genauso wie ich. Verlegen konnte sie mir nicht in die Augen sehen. Genau damit verriet sie sich. Oder bildete ich mir das nur ein?

Es war nur ein Schritt, bis ich ihr direkt gegenüberstand. Mit ihren unglaublichen Augen, in denen ich mich verlieren konnte, sah sie mich aufgeregt an. Ihre Lippen öffneten sich und ihre Brust hob und senkte sich schnell. Sie war erregt!

»Du spürst es auch, nicht wahr, Blue?«, flüsterte ich und griff nach ihrer Hand. Ihre Lippen hielten meinen Blick gefangen und sie erschien mir wie eine verbotene Frucht, von der ich nicht kosten durfte.

Das Zittern in ihrem Atem zeigte mir deutlich, wie aufgewühlt sie war. Ich war der Grund dafür und es schmeichelte mir.

Wie würde sie schmecken? Sollte ich sie küssen? Würde sie es mir erlauben?

»Wir … sollten …«

Schnell legte ich einen Finger auf ihre Lippen. »Schsch...« Sie schloss ihre Augen bei der Berührung. Eine Welle der Lust durchfuhr mich dabei.

Verdammt! Was tat ich da? Sie war verlobt! Mein Körper und meine Lust wollten diese Tatsache nicht hören. Sie war genauso in Versuchung wie ich.

Langsam senkte ich mich zu ihr herab, während meine Hände sich wie in Zeitlupe um ihre Taille legten. Vorsichtig zog ich sie an mich. Uns trennten nur noch wenige Zentimeter. Schon stieß mir ihre Süße ungehemmt in die Nase und entlockte mir ein leises Stöhnen. Es berauschte mich so sehr, dass ich mich beherrschen musste, meine Lippen nicht fest auf ihre zu pressen. Es kostete mich alle Kraft, noch zu warten, ob sie es wirklich zulassen würde.

Zart und sinnlich erwartete sie, dass ich sie küsste. Sie bot mir ihren Mund an. Jetzt! Ich konnte nicht länger warten und war im Begriff, mich zu vergessen. Der Drang, von dieser Frau kosten zu können, die so anders war als alle Frauen, die ich bisher kannte, war übermächtig.

Ein Piepsen hielt mich zurück. Was zum Teufel …?

Irritiert öffnete sie die Augen und blinzelte ein paarmal, bis sie begriff, was sie gerade tun wollte. Das Piepsen wurde aufdringlicher, sodass sie sich aus meinem Griff löste und eifrig in ihrer Handtasche wühlte. Sofort war der Moment verflogen.

Verzweifelt zog sie ihr Handy aus ihrer Tasche heraus und keuchte ein nervöses „Ja“ hinein, dann drehte sie sich um und entfernte sich mit unsicheren Schritten von mir.

***

Schweigend fuhren wir zurück. Es war ihr deutlich anzumerken, dass sie richtig froh war, dass ich den gefährlichen Moment nicht ansprach. Obwohl ich es gern getan hätte, nur um zu sehen, wie verlegen sie geworden wäre. Was ging durch ihren hübschen Kopf? Bereute sie es? Oder fühlte sie sich schlecht?

»Alles in Ordnung?«, fragte ich und riss sie damit aus ihren Gedanken.

»Ja, alles okay.« Das war eine Lüge und das wusste sie genau.

»Hannah, mach dir keine Gedanken. Es ist nichts passiert.«

Sie schnaubte verächtlich. »Nichts passiert?« Sie sah mich ungläubig an. »Wieso tust du das? Wieso bringst du mich absichtlich in solche Situationen?«

»Ich? Ich glaube, dazu gehören schon zwei, mein Schatz.«

Beleidigt schwieg sie. Sie wusste genau, dass sie es ebenfalls gewollt hatte, so wie ich.

Sie starrte aus dem Fenster, bis wir auf das Grundstück meiner Eltern fuhren. Mein Vater und William befanden sich auf der Veranda.

Hannah löste den Gurt und wollte aussteigen.

»Denk an deine Rolle, Blue. Wir haben Zuschauer.« So sauer, wie sie war, musste ich sie daran erinnern. Sie stieg aus und schlug die Autotür ein wenig zu fest zu.

»Schatz! Ich fahr noch mal zurück. Ich hab noch etwas zu erledigen und bin bald wieder da«, rief ich in der Erwartung, sie würde mir genauso liebevoll eine Antwort geben.

»Ist gut! Bis später!« Ohne mich dabei anzusehen, ging sie um den Wagen und wollte gerade die Stufen zum Haus hinauf.

»Hey! Was ist mit einem Kuss?«, forderte ich sie heraus. Ich konnte es nicht lassen, ihr ganzer Körper war in Aufruhr und es gefiel mir – sehr sogar.

Gespannt erwartete ich jetzt, dass sie zurücklaufen und mich vor den Augen meines Vaters und William küssen würde. Sie drehte sich zu mir um, legte ein sexy und gleichzeitig schüchternes Grinsen auf. »Du bist wirklich nicht satt zu kriegen, Liebling. Gib mir mal eine Pause, ja?« William lachte laut auf und Hannah betrat das Haus. Sie ließ mich völlig perplex zurück. Damit hatte ich nicht gerechnet.

Grinsend startete ich den Wagen und fuhr den Weg zurück zum Fotoladen. Dort gab ich der nervösen Verkäuferin die Speicherkarte. In einem Café wartete ich darauf, bis ich die Bilder abholen konnte. Während ich meinen Cappuccino trank, organisierte ich noch eine Überraschung für Granny und hörte meinen Anrufbeantworter ab. Die Zeit verging schnell und ich freute mich schon sehr auf die Gesichter, wenn ihnen allen klar werden würde, was die Überraschung war.

KAPITEL 15

SCHÖNE EX

HANNAH

Ich war so froh, dass ich ungesehen in unser Zimmer entkommen konnte. Außer Jakes Vater und seinem Bruder William, die unten auf der Veranda saßen, war niemand zu sehen.

Wütend stieß ich die Tür auf, warf meine Handtasche auf das Bett und lief aufgebracht im Zimmer auf und ab.

So ein Mist! Wieso hatte ich das zugelassen?

Natürlich war Matt sauer, obwohl er mir eigentlich vertrauen sollte. Und bei diesem Gedanken schluckte ich, weil ich Jakes Gesicht wieder so nahe vor mir sah. Fast hätte er mich geküsst. Ich war wütend. Weniger auf ihn, mehr auf mich selbst. Es gab dafür keine logische Erklärung. Aber dieses Gefühl, das über mich gekommen war, als er mich berührte, war wie Seide und gleichzeitig die reinste Folter. Eine Gänsehaut breitete sich allein bei dem Gedanken daran aus. Nicht auszudenken, wenn es zu einem Kuss gekommen wäre. Gott sei Dank war Lisas Anruf dazwischen gekommen. Aber was hatte das zu bedeuten? Wieso reagierte ich so auf Jake? Wieso hatte dieser Mann so viel Macht über mich? Viel hätte nicht gefehlt und ich …

Sollte ich Matt anrufen? Bestimmt war er in einer Besprechung. Egal! Mein schlechtes Gewissen trieb mich zu meinem Handy und schon wählte ich seine Nummer. Es dauerte eine Weile, bis endlich jemand abnahm. Zuerst war nur Gekicher zu hören. Und dann vernahm ich eine weitere Frauenstimme. Ich nahm das Handy vom Ohr und starrte verwirrt auf das Display. Hatte ich versehentlich eine falsche Nummer gewählt?

»Hallo?«

»Äh, hallo. Ist Matt da?«

Wieder drang ein Lachen an mein Ohr. »Oh, Matt! Hihi, der ist … gerade unpässlich. Er ruft zurück«, säuselte eine weibliche Stimme.

Unpässlich? Was hatte das zu bedeuten? »Wer sind Sie?«, wollte ich wissen und spürte schon, wie sich in mir alles zusammenzog.

»Oh, ich bin … und wer sind Sie?«

Ich schluckte meine Wut hinunter. »Ich bin Matts Verlobte. Sagen Sie ihm, er soll mich anrufen, wenn ...« Weiter konnte ich nicht sprechen, sie legte einfach auf.

Fassungslos starrte ich das Handy an. So ein Mistkerl! Das verstand er unter einem Meeting? Ha! Wütend und geschockt setzte ich mich auf das Bett.

Betrog er mich? Im Geiste ging ich die vielen Telefonate durch. Nie wäre ich auf den Gedanken gekommen, er würde mich hintergehen. Wer steckte hinter dieser Frauenstimme? Vielleicht tat ich ihm unrecht und es gab eine harmlose Erklärung dafür.

Es klopfte an der Tür. Noch bevor ich etwas sagen konnte, öffnete sie sich einen Spalt und Laura streckte den Kopf hindurch. »Hi, kann ich reinkommen?«

Sofort lächelte ich. »Natürlich!«

Sie schloss die Tür und setzte sich auf das Bett neben mich.

»Ich war ein bisschen enttäuscht, als ich hörte, dass ihr heute Morgen schon los seid. Ich hatte gehofft, ich könnte den Vormittag mit euch verbringen.«

Unsicher stand ich vom Bett auf, zwang mich aber, mir nichts anmerken zu lassen.

»Jake wollte noch ein Geschenk für Granny kaufen, deshalb sind wir gleich nach dem Frühstück los.«

»Und seid ihr fündig geworden?«

»Ja, wir haben diesen Bilderrahmen gefunden.« Gerade wickelte ich ihn aus der Verpackung, als Laura ihn mir begeistert aus den Händen riss. »Oh, der ist ja toll. Und was für eine tolle Idee.« Sie strich mit ihren Fingern über den Rahmen und sah mich dann lachend an. »Also wirklich! Jake hat sich so sehr verändert. Ich glaube, ich muss dir sehr dankbar sein.«

»Mir? Aber warum?«, begann ich vorsichtig.

»Na ja, ich hätte nicht gedacht, dass er so sentimental werden kann. Zumindest war er früher nicht so.«

»So? Wie war er denn?« Ich setzte mich interessiert neben sie. Sie wirkte etwas verunsichert und presste ihre Lippen aufeinander. Sie wusste nicht, ob ich seine Vergangenheit kannte, und noch weniger, ob ich es wissen durfte.

Sie schluckte. »Er war hart, hart zu sich selbst und zu seinen Mitmenschen. … Diese Sache damals hat aus ihm einen anderen Menschen gemacht.«

Redete sie davon, wie Jake erfuhr, dass er einen anderen Vater als seine Geschwister hatte? Oder gab es da noch etwas Schlimmeres?

Wieder presste sie ihre Lippen aufeinander und sah mich forschend an. »Er hat dir nichts von seiner Vergangenheit erzählt, stimmt´s?« Ihre Augen musterten mich eindringlich. Verlegen strich ich eine Haarsträhne hinter mein Ohr. »Er hat mir erzählt, dass das Verhältnis zu seiner Familie schwierig ist und dies auch der Grund ist, warum er damals Dundee verließ.« Plötzlich bekam ich das ungute Gefühl, sie auszuhorchen, als sie nicht weitersprach. »Ist schon in Ordnung, Laura. Jake wird es mir erzählen, wenn er so weit ist.« Ich lachte sie breit an in der Hoffnung, sie dadurch wieder aus ihrem Dilemma zu befreien. Und es funktionierte. Ihr Strahlen kehrte zurück. »Egal, was damals gewesen ist. Ich bin jedenfalls sehr glücklich, dass ihr beide hier seid. Meiner Mutter und auch Granny bedeutet es sehr viel. Vielleicht werden wir ja eines Tages Schwägerinnen.«

Sie war überschwänglich und umarmte mich. Ich war nur froh, dass sie mein Gesicht dabei nicht sah. Mit meinen hochroten Wangen und weit aufgerissenen Augen hätte sie das wahrscheinlich falsch verstanden.

»Hast du Lust, Granny und mir Gesellschaft zu leisten? Sie ist bestimmt schrecklich nervös wegen morgen.«

»Gern.« Gemeinsam verließen wir das Zimmer und machten uns auf den Weg in den Garten.

»Das ganze Städtchen ist auf den Beinen, um ihr zu gratulieren und zu feiern. Es ist das Ereignis des Jahres.«

»Deine Großmutter muss eine ganz besondere Persönlichkeit sein.«

Wir erreichten die Terrassentür. »Das ist sie, etwas eigenwillig, aber ein Juwel. Wenn du sie näher kennenlernst, wirst du merken, warum.«

Das hatte ich schon bei unserer ersten Begegnung gespürt. Sie war wirklich eine Rarität.

»Da seid ihr ja! Kommt, Mädchen, setzt euch zu mir. Sonst sterbe ich noch vor Langeweile.« Jakes Großmutter legte ihre Zeitung beiseite und winkte uns zu sich. Sie saß mit einem Glas Wasser im Schatten der Pergola.

»Hallo Granny«, begrüßte ich die ältere Dame.

»Sei so lieb, Laura, und hole Hannah und dir auch etwas zu trinken.« Nickend verschwand ihre Enkelin.

»Wie ist es in der Stadt gelaufen?«, begann sie, als Laura uns allein gelassen hatte.

»Ganz gut!«, gab ich zurück, vermied es aber, sie anzusehen. Spielte sie etwa auf die Reaktion der Leute an?

»Und wo ist Jake?«

Ich lächelte. »Oh, er muss noch etwas für Ihren morgigen Geburtstag erledigen.«

»So so! Und … verraten wirst du es mir nicht, oder?«

Kopfschüttelnd lachte ich sie an, während sie tief seufzte.

»Nun gut. Bis morgen werde ich mich noch gedulden müssen. … Wie gefällt dir unser kleines Städtchen?«

»Eigentlich ganz gut, viel habe ich ja noch nicht gesehen.«

»Was heißt eigentlich?« Ihre großen Ohrringe klimperten und jetzt war ich froh, dass Jake sich gegen neue Klunker entschieden hatte.

Ich wusste nicht, was ich sagen sollte, und stotterte. »Es war … gut.«

»Heraus mit der Sprache. Wer von den Leuten hat etwas zu Jake gesagt?«, wollte sie gebieterisch wissen.

Wieso nur konnten so viele Leute in meinem Gesicht lesen? »Niemand, … ich …« Ich schluckte.

»Das muss dir nicht unangenehm sein. Wir alle wissen, dass er – sagen wir – Probleme hatte, bevor er von hier fortging.«

Ich senkte meinen Blick und sah auf meine Hände.

»Eigentlich war es gar nicht tragisch. Der Verkäufer in dem Souvenirladen und eine weitere Verkäuferin haben ihn wiedererkannt. Aber es war nicht so schlimm. Nur Jake wurde etwas …«

»Es wühlt ihn auf, nicht wahr?«

Ich sah in ihre braunen Augen. »Ja.«

Nickend wandte sie ihr Gesicht von mir ab und blickte in den Garten. »Spricht er mit dir darüber?«

Oh Gott! Was sollte ich jetzt sagen? Mir wurde heiß und kalt dabei. »Manchmal«, wich ich ihr aus.

»Das ist gut. Das ist wirklich gut. … Früher war er sehr verschlossen, weißt du. Und ich glaube, er braucht jemanden, dem er wirklich vertrauen kann und der nicht über ihn urteilt.«

Irgendwie beschlich mich das Gefühl, dass viel mehr dahintersteckte, als nur diese Familiensache. Das alles war wirklich sehr merkwürdig. Viele Jugendliche taten in ihrer Jugend Dinge, auf die sie nicht stolz waren. Spätestens dann, wenn sie erwachsen waren, sich ein Leben aufgebaut hatten, war darüber doch niemand mehr böse oder nachtragend. Einmal mehr fragte ich mich, was damals noch geschehen war. Ich stammte selbst aus einer kleinen Gemeinde und viele hatten einen dunklen Fleck in ihrer Vergangenheit.

»Er hat sich verändert«, versuchte ich, die Unterhaltung in eine positive Richtung zu lenken. »Er arbeitet hart und erntet dadurch viel Erfolg. In seinem Umfeld haben die Leute großen Respekt vor ihm und ich denke, es geht ihm gut.«

»Glaubst du das wirklich, Kind?«

Röte schoss mir ins Gesicht. War sie nicht überzeugt genug?

»Machen Sie sich keine Sorgen. Er ist glücklich in New York«, sagte ich so selbstsicher wie möglich.

Granny kräuselte ihre Stirn und sah mich fragend an. »Er hat es dir nicht gesagt! … Du kennst nicht die ganze Wahrheit!«

Was wusste ich nicht? Stand auf meiner Stirn etwa „Hannah hat von nichts einen Plan oder so?“ »Wovon sprechen Sie?«

Genau in dem Augenblick wurde die Terrassentür aufgestoßen und Laura erschien mit den Getränken. »So, da bin ich wieder.« Sie stellte die Gläser auf den Tisch und setzte sich gleich neben mich. Granny schwieg nun, während Laura munter drauflosplapperte. Sie war ganz aufgeregt wegen des kommenden Ereignisses.

»Du wirst sehen, es wird dir gefallen. Aber erst werden wir heute Abend Jakes Heimkehr feiern. Und morgen wird der Tag mit einem Gottesdienst beginnen.«

Granny rollte mit den Augen. »Auf diesen Teil könnte ich gut verzichten«, motzte sie.

»Ach komm, Pater Davis freut sich und so schlimm sind seine Predigten nicht«, versuchte Laura, ihre Großmutter zu besänftigen.

»Ich bin mir sicher, das Fest wird ganz wunderbar werden.« Was sollte ich sonst sagen? Ich war schon sehr gespannt darauf, denn wiederum fühlte ich, dass es für Jake nicht leicht werden würde.

»Weißt du schon, was du heute Abend anziehen wirst?«, fragte Laura.

Darüber hatte ich mir noch keine Gedanken gemacht. Außerdem hatte ich nichts dabei, was für eine Kneipenparty passend wäre.

»Ich weiß nicht. Ich war nicht vorbereitet auf so eine Party.«

»Oh, dann komm. Ich habe bestimmt etwas für dich in meinem Schrank.« Schon nahm sie mich bei der Hand und zog mich in ihr Zimmer.

***

Jake betrat unser Zimmer, als ich frisch geduscht und mit einem Handtuchturban auf dem Kopf mein Handy nach einer Nachricht von Matt überprüfte.

»Hast du die Bilder bekommen?«, fragte ich.

»Ja, wir müssen sie nur noch in den Rahmen platzieren.« Er nahm aus einer kleinen Plastiktüte den Umschlag und reichte ihn mir. Ich öffnete ihn und sah mir die Bilder an.

Wow! Ich war überrascht, wie toll die Fotos geworden sind. Wir wirkten wie ein echtes Liebespaar. Meine Haut fing an zu kribbeln, als ich an den Augenblick dachte, in dem das Foto entstanden war, und mich daran erinnerte, wie gut es sich angefühlt hatte.

Schnell rief ich mich zur Ordnung, legte die Bilder beiseite und ging ins Badezimmer. Ich wollte nicht, dass Jake mitbekam, wie sich eine Gänsehaut auf meinem Körper ausbreitete.

»Wir haben noch Zeit, Blue. Kannst du die Fotos in den Rahmen setzen? Ich will meiner Mutter helfen, die Punkte auf ihrer Liste durchzugehen.«

»Kein Problem«, rief ich knapp zurück. Ich rubbelte mein Haar trocken und begann, es zu kämmen, während ich hörte, wie Jake das Zimmer wieder verließ.

Kaum fiel die Tür hinter ihm ins Schloss, ging ich zurück und setzte mich auf das Bett. Buntes Geschenkpapier und Schleifen hatte er auch besorgt.

Wir sahen gut zusammen aus. Ich hätte nicht gedacht, dass ich so verliebt wirken konnte. Obwohl ich es überhaupt nicht mochte, mich selbst auf Fotos zu sehen. Ich fand immer, dass ich komisch und unvorteilhaft aussah. Doch auf den Bildern, die Jake geschossen hatte, wirkte ich irgendwie anders – so fremd und …

Schnell verwarf ich diese Gedanken. Sie brachten mich durcheinander und außerdem ärgerte es mich, dass Matt sich immer noch nicht gemeldet hatte. Tat er das mit Absicht? Wollte er mich damit ärgern?

Wieder erinnerte ich mich an die Frauenstimme, die sich an Matts Handy gemeldet hatte. Doch diesmal schäumte Wut in mir hoch, die ich unterdrückte. Vielleicht gab es eine logische Erklärung für all das?

Es war fast achtzehn Uhr, als ich das Zimmer verließ. Laura hatte mir eine Jeans und ein rückenfreies, türkisfarbenes Top ausgeliehen, zusammen mit den hohen Pumps sah ich annehmbar aus. Ich hoffte, ich würde den Abend heil überstehen. Das Oberteil von Laura hatte ein schönes Muster und lag etwas zu eng an meinen Hüften. Aber es war immer noch besser als das Kostüm oder das blaue Abendkleid, welches Lisa für mich eingepackt und für den Geburtstag geplant hatte. Alles in allem war mein Outfit für den Abend cool genug. Ich war sehr gespannt, was mich erwarten würde.

»Da bist du ja endlich. Jake wollte dich gerade holen«, sagte Laura, die mich aus dem Esszimmer rief.

»Wow! Du siehst toll aus und das Oberteil steht dir ausgezeichnet. Viel besser als mir.«

Jakes Eltern, Granny, seine Brüder und Chloe saßen am Esstisch. Jake grinste mir entgegen, er stand vom Tisch auf und wartete, bis ich mich auf den Stuhl setzte, den er mir zurechtgerückt hatte. Ich trug mein Haar offen und strich mir verlegen eine Haarsträhne aus dem Gesicht. Alle sahen mich an, was mir sehr unangenehm war.

Jake begrüßte mich und drückte mir sanft einen Kuss auf die Wange. »Du siehst heiß aus, Blue. Ganz anders als sonst«, flüsterte er mir ins Ohr.

»Wie schön, jetzt können wir endlich essen.« Pat fing an, das Essen zu schöpfen, während William und Granny mich fixierten. Ich war froh, dass Chloe und Laura ganz aufgeregt durcheinander schnatterten, so war die Stimmung am Tisch diesmal recht locker und eigentlich fast fröhlich. Natürlich war der bevorstehende Abend das Thema.

»Singst du auch Karaoke, Hannah?«, fragte Chloe, die sich ein Stück Fleisch in den Mund steckte und, auf meine Antwort wartend, darauf herumkaute.

»Ich? … Nein! Gott bewahre, meinen Gesang will keiner hören.«

Sie lachten alle. »Es kommt doch gar nicht darauf an, ob man singen kann, sondern auf den Spaß, den man dabei hat.«

»Ich glaube kaum, dass irgendjemand daran Spaß haben wird. Sie werden sich die Ohren zuhalten und aus dem Lokal flüchten.«

»Na komm, so schlecht singst du ja gar nicht, Schatz.« Jake grinste mich frech an. Ich warf ihm einen warnenden Blick zu. »Das Singen überlasse ich da lieber euch.«

Als Chloe, Adam, William, Laura, Jake und ich vor der Bar ankamen, dröhnte uns Gelächter und Musik entgegen.

Adam nahm seine Frau Chloe an die Hand und lief mit ihr voraus. Jake tat es seinem Bruder gleich und legte seinen Arm um meine Schultern. Gemeinsam betraten wir das Singers.

Er hielt mir die Tür auf. Die Bude war voll mit Leuten, die sich amüsierten. Eine lange Theke und eine kleine Bühne waren das Herzstück der Kneipe. Zwei Spots strahlten die Bühne an. Überall an der Bar standen Gäste und warteten auf ihre Drinks.

Jake zog seinen Arm von meiner Schulter, nur um mich an die Hand zu nehmen. Einige Köpfe drehten sich in unsere Richtung. Ausdruckslose Mienen starrten uns an, andere flüsterten und wieder andere ließen ihren abschätzenden Blick über mich wandern.

»Hey Leute, Jake Bennet ist wieder da«, rief ein Typ, der auf der Bühne stand, ins Mikrofon. Er hatte die Musik dazu leiser geschaltet. »Der verlorene Sohn kehrt heim. Bitte applaudiert und heißt Jake und seine Familie mit mir heute hier willkommen.«

***

Die Gäste taten, was er sagte, und applaudierten, wenn auch etwas verhalten. William und Adam liefen unbeeindruckt weiter zur Theke. Jake nickte den Leuten zu und folgte seinen Brüdern.

Der Barkeeper begrüßte die Jungs.

»Willkommen Jake. Was darf es sein?«, fragte er freundlich.

»Ein Bier für mich. Und du, Blue?«

»Eine Cola, bitte.«

William und Adam bestellten ebenfalls ihre Drinks. Chloe und Laura begrüßten ein paar Leute und schlossen dann zu uns auf. Ich sah mich um. Es gab so gut wie keine Sitzplätze mehr. Nur ein Tisch, auf dem ein Schild mit „Reserviert“ stand, war noch frei. Chloe zog mich gleich dorthin. »Komm, der ist für uns«, sagte sie. Der Karaokeabend begann und der erste Freiwillige betrat unter Pfiffen und Geklatsche die Bühne.

»Ganz schön mutig. Ich könnte das nicht.«

Jake sah mich an. »Wieso nicht? Wovor hast du Angst? Die Wenigsten können richtig singen.«

»Ich weiß nicht, es ist total peinlich.«

»Das muss dir doch nicht peinlich sein. Hier kennt dich doch niemand.«

»Mich nicht, aber dich.«

»Du machst dir Sorgen um meinen Ruf?« Jake lachte lauthals und warf seinen Kopf in den Nacken. »Keine Sorge, Schatz, der ist schon längst ruiniert. Nur zu, tob dich auf der Bühne aus. Vielleicht wirst du dann lockerer.«

»Ich? Spinnst du? Ich würde mir vor Angst in die Hose machen. Nie im Leben!«

»Du kleiner Feigling.«

Bevor ich etwas erwidern konnte, dröhnte die Musik von Whitney Houston durch die Boxen und der Typ auf der Bühne fing in den schiefsten Tönen zu singen an. Die Leute lachten über den ernsthaften und total übertriebenen Gesichtsausdruck, den er dabei machte. Selbst ich musste kichern.

Nachdem der Song zu Ende war, traten weitere Leute auf und sangen in den schlimmsten Tonlagen den Text vom Monitor ab. Ich hätte nicht gedacht, dass ich so viel Spaß haben würde.

»Willst du es auch mal versuchen?« Chloe rückte ein Stück näher neben mich.

»Nein! Ich überlass das gerne den Anderen.«

»Ich singe heute auch nicht, aber ich finde es total witzig, wenn andere sich dort oben zum Affen machen.« Sie zwinkerte mir zu.

»Du wirst doch aber nicht den ganzen Abend an deiner Cola nuckeln? Laura und ich wollen nachher mit einem Cocktail auf Granny anstoßen, da wirst du doch nicht kneifen, oder?«

»Ich weiß nicht, ich trinke eigentlich wenig Alkohol.«

»Keine Ausrede, auf Granny kannst du doch wohl mit uns anstoßen.« Gerade wollte ich etwas dagegen einwenden, da wurde die Musik ausgeschaltet und der junge Mann, der uns über das Mikrofon begrüßt hatte, betrat wieder die Bühne.

»Es ist ja nicht so, dass wir nur talentfreie Leute hier hätten. Es gibt auch einige, die hin und wieder mal einen Ton treffen können. Und damit eure Ohren sich erholen und regenerieren können, darf ich heute Abend unsere Bürgermeistertochter Susan auf die Bühne bitten.«

Die Leute fingen an zu pfeifen und applaudierten begeistert. Eine brünette Schönheit in einem sommerlichen Kleid betrat die Bühne. Ich schätzte sie auf mein Alter. Sie war wirklich sehr hübsch. Selbstsicher verbeugte sie sich und wartete, bis die Musik einsetzte. Sie sang eine Ballade, die alle augenblicklich verstummen ließ.

Ihre Stimme füllte den Raum und es klang wirklich wunderschön. Wow!

»Susan wird auch morgen Abend für Granny singen«, flüsterte Chloe mir zu. Jake starrte zur Bühne. Sein Gesichtsausdruck war unergründlich. Seine Wangenknochen mahlten. Irgendwann bemerkte er, dass ich ihn beobachtete.

»Ich kümmere mich mal um die Cocktails«, sagte Chloe, stand auf und bahnte sich einen Weg zur Bar. Jake nahm einen

Schluck aus seiner Bierflasche. Seine Augen wanderten wieder zu der jungen Frau, die gerade unter tosendem Applaus die Bühne verließ und in unsere Richtung lief.

Strahlend kam sie an unseren Tisch. »Hallo Jake! Ich freue mich, dich mal wiederzusehen. Wie geht es dir?« Schüchtern lächelte sie und wartete, bis er ihren Gruß erwiderte.

»Gut, danke!«Sie nickte und sah dann von ihm zu mir. Von nahem war sie noch hübscher als auf der Bühne. Sie hatte volle Lippen, die sie knallrot geschminkt hatte, und wunderschöne, braune Augen. Ihr langes, braunes Haar trug sie offen, es fiel ihr in weichen Wellen über die Schultern.

»Oh, das ist meine Freundin Hannah. Hannah, das ist Susan Blumberg.«

Susan lächelte freundlich und gab mir ihre Hand. »Schön, dich kennenzulernen.«

Ich nickte freundlich zurück und bemerkte die Anspannung, die Jake befiel. Seine Schultern versteiften sich.

Laura und Chloe kamen an unseren Tisch zurück, sie begrüßten Susan jeweils mit einem Küsschen.

»Du hast wunderschön gesungen, Süße«, sagte Laura, als sie die Cocktails abgestellt hatte.

»Danke, diesmal hatte ich nur wenige Patzer, ich denke, den Leuten hat es gefallen. Ich hoffe nur, dass morgen alles gut geht.«

»Bestimmt«, versicherte sie ihr.

Jake ließ Susan nicht aus den Augen. Es versetzte mir einen kleinen Stich. Bestimmt waren sie einmal ein Liebespaar gewesen.

»Ich bin mit Paul hier. Du kennst doch noch Paul Aming?«, sagte sie zu ihm und drehte sich zur Bar, wo William, Adam und noch andere Männer standen. Wer Paul war, wusste ich sofort. Er stand direkt bei William und blickte immer wieder mit einem ausdruckslosen Gesicht zu uns. Er prostete in Jakes Richtung, als er bemerkte, dass von ihm die Rede war.

»Paul und ich haben uns letzten Monat verlobt.«

Jakes Wangenknocken zuckten kurz und es folgte ein langer Blick in ihre Augen. »Herzlichen Glückwunsch, Susan. Das … das ist gut.«

»Danke!« Sie senkte lächelnd ihren Blick.

»Willst du Paul nicht begrüßen? Ihr habt euch schon lange nicht mehr gesehen«, mischte sich Laura ein.

Jake zögerte, blickte zu den Männern an der Theke.

»Nicht weglaufen, Blue. Bin gleich wieder da.« Er küsste mich auf die Stirn und folgte Susan.

***

Was war das denn? Alte Bekannte? Diese Susan war bestimmt mehr als nur eine ehemalige Freundin. Und wieso mischte sich Eifersucht in meine Enttäuschung? Wenn Jake nicht aufpasste, war unser Geheimnis in Gefahr. Seine Familie hatte schließlich Augen im Kopf.

Ich beobachtete Jake. Er begrüßte die Männer an der Bar und sie unterhielt sich mit ihnen. Susan konnte die Augen nicht von ihm lassen, was mich insgeheim ärgerte.

»Jake war einmal unsterblich in sie verliebt gewesen. Also, ich meine, lange vor dir. Sie wären ein schönes Paar geworden, wenn nicht ...«, sagte Chloe.

»Chloe!«, rief Laura entrüstet.

»Was denn? Sie wären doch ein schönes Paar gewesen, damals – das weiß jeder. Aber mit Hannah hat er ja auch einen tollen Fang gemacht.«

Ich seufzte und unterdrückte einen bissigen Kommentar, der mir auf den Lippen lag. Ich konnte Chloe nur zustimmen. Susan und Jake sahen toll zusammen aus. Zwei fast makellose

Menschen, die auf jedem Magazin als Traumpaar abgedruckt worden wären.

»Wie auch immer. Sie wird bald Paul heiraten. Lasst uns darauf anstoßen.« Laura erhob das Glas, in dem ein rosa Schirmchen steckte, und stieß mit Chloe und mir an. Ich nahm einen kleinen Schluck und musste sofort husten.

Laura lachte. »Was ist los? Hast du den Wodka etwa nicht vermischt?«

Meine Kehle brannte wie Feuer und Hitze stieg in mir auf, während ich versuchte, das Brennen unter Kontrolle zu bekommen. Laura nahm meinen Strohhalm und rührte in meinem Cocktailglas.

»So, jetzt! Nimm noch mal einen Schluck. Du wirst sehen, jetzt schmeckt es viel besser.«

Widerwillig versuchte ich es nochmals und tatsächlich, der starke Wodka war nun mit dem Saft und den Früchten vermischt und schmeckte viel sanfter.

»Meine Güte! Ich frage mich, wie manche das pur trinken können?« Mir wurde warm und ich lehnte mich zurück. Jake stand noch immer mit Susan und Paul an der Bar. Nur William blickte schon eine ganze Weile zu unserem Tisch.

Wieder fragte ich mich, was er eigentlich für ein Problem mit Jake hatte. Was war nur damals zwischen den Brüdern vorgefallen?

»Gleich geht es mit Karaoke weiter. Ich glaube, ich werde mich auf die Liste setzen lassen und versuche es mal. Was ist mit euch?«, fragte Laura.

Chloe schüttelte den Kopf. »Heute nicht. Aber ich werde die sein, die am lautesten für dich applaudieren wird, Schwägerin.« Sie lächelte Laura an.

»Na gut, und was ist mit dir?«, wandte sie sich an mich. »Wir könnten ein Duett singen. „Time of my Life“ oder …«

»Ich? Vergiss es, ich würde keinen Ton herausbekommen. Dafür bin ich wirklich viel zu schüchtern«, versuchte ich, mich herauszureden.

»Schade, aber ängstlich musst du wirklich nicht sein. Es macht total Spaß. Einmal wollten Chloe und ich zusammen singen und haben uns stattdessen halb totgelacht. Weißt du noch?«

Ihre Schwägerin nickte grinsend. »Oh ja, das war wirklich ein toller Abend. Ich hatte sogar zwei Tage danach noch Muskelkater vom Lachen.«

Die Musik wurde leise gedreht. »Also, ich rede mal mit George. Vielleicht hat ja er Lust, mit mir zu singen.« Damit stand sie auf und lief zur Bühne.

»Macht sie das wirklich?«, fragte ich Chloe.

»Na klar. Sie ist ein Adrenalinjunkie. Laura liebt es, im Mittelpunkt zu stehen.«

Das konnte ich von mir nicht gerade behaupten. Ich war froh, wenn der Fokus nicht auf mir lag.

Chloe war seit acht Jahren mit Adam verheiratet und, so wie es schien, auch glücklich. Mir fiel auf, wie sie ständig verliebt zur Bar linste, wo Adam mit den Männern stand. Auch er blickte hin und wieder zu unserem Tisch und zwinkerte seiner Frau zu.

»Ist es etwas Ernstes zwischen dir und Jake?«

Ihre Frage überrumpelte mich. »Nun, wir stehen erst noch am Anfang unserer Beziehung«, wich ich ihr aus und vermied es, sie anzusehen.

»Ich weiß genau, was du meinst. Jake ist … kein Kind von Traurigkeit. Aber ich glaube, er hat sich verändert. … Er ist irgendwie nicht mehr so hart wie früher. New York scheint ihm gut zu tun. Lebt ihr zusammen?«

Es war ja klar, dass ich irgendwann solche Fragen gestellt bekommen würde. Aber ich hatte nicht damit gerechnet, dass es mir so leicht fallen würde, die passenden Antworten zu finden. »Nein, wir wollen es langsam angehen lassen.«

Sie nickte verständnisvoll. »Jedenfalls freue ich mich für euch. Du scheinst wirklich sehr nett zu sein. Nur schade, dass Jake uns nicht oft besuchen kommt.« Sie blickte zur Bar, wo Jake sich mit Susan und Paul unterhielt.

»Er arbeitet viel und …«

»Ich weiß, dass sein Verhältnis zu seiner Familie schwierig ist. Laura und ich haben schon oft versucht, irgendwie die Streitigkeiten aus der Welt zu schaffen, aber irgendwann haben wir aufgegeben. Es ist einfach zu viel passiert und keiner will nachgeben«, sagte sie gedankenverloren.

Was konnte ich tun? Eindeutig waren die Bennet-Männer nicht gerade erfreut darüber, Jake hier zu haben. Adam ignorierte ihn und William strafte ihn mit verachtenden Blicken. Sein Vater schien unsere Anwesenheit, nur für den Zeitraum der Feierlichkeiten, zu dulden. Und solange ich ahnungslos war, was die Vergangenheit anbelangte, war es schwer für mich, überhaupt zu begreifen, was sie alle für ein Problem hatten.

Wir schwiegen eine Weile, bis Adam seine Frau zu sich winkte. »Entschuldige bitte, bin gleich wieder da. Mal sehen, was mein Mann von mir möchte.« Sie lächelte mich an, stand auf und lief zu ihm. Ich sah ihr hinterher und fand, dass sie wirklich eine sehr schöne Frau war. Mit ihren blonden, langen Haaren, ihrer schlanken Figur und der Art, sich zu bewegen, erregte sie Aufmerksamkeit.

Kapitel 16

Verkauft!

Hannah

Na toll! Jetzt saß ich ganz allein am Tisch, mitten unter all diesen fremden Leuten. Und wo steckte mein vermeintlicher Freund? Er stand mit seiner Verflossenen an der Bar und amüsierte sich. Zumindest hatte ich ihn dort vermutet. Aber weder ihn noch Susan konnte ich dort ausmachen. Wo waren sie hin? An der Bar stand Paul mit dem Rücken zu mir, genau wie Adam, der seinen Arm um Chloe gelegt hatte und ihr etwas ins Ohr flüsterte. Fast beleidigt nahm ich einen weiteren Schluck von meinem Cocktail. Er schmeckte mir immer besser und allmählich entspannten sich meine Muskeln.

Mein Blick wanderte durch die Kneipe, bis ich bei William hängen blieb. Lässig stand er an der Theke mit einem Schnapsglas in der Hand und grinste mich an. Er kippte das Glas in einem Zug, nahm sein Bier, stieß sich von der Theke ab und lief direkt auf mich zu.

Er und Jake sahen sich überhaupt nicht ähnlich. Obwohl sie die gleiche Mutter hatten, konnte ich in William nur seinen Vater erkennen. Bisher war er mir gegenüber sehr zurückhaltend gewesen. Er war groß, sein Haar war im Nacken länger, streng nach hinten gekämmt. Ich kannte ihn nur in seiner blauen Arbeitshose. Heute Abend trug er eine Jeans, die ihm etwas zu eng auf den Hüften saß, und ein weißes T-Shirt. Den Ansatz eines kleinen Bauches konnte man schon erkennen, na ja attraktiv war etwas anderes. Seine immer noch verschmutzten Hände waren wohl eine Art Berufskrankheit. Mit einem höhnischen Grinsen nahm er mir gegenüber Platz. Es war das erste Mal, dass er mich direkt anlachte.

»Was ist? Hat mein lieber Bruder dich sitzen gelassen?«

»Nein, Jake ist draußen und unterhält sich mit einer alten Bekannten.« Nervös drehte ich am Strohhalm. Ich fühlte mich in seiner Gegenwart unwohl. Irgendwie hatte ich das Gefühl, er würde das Spiel zwischen mir und Jake durchschauen. Bei ihm sollte ich vorsichtig sein.

William lachte auf. »Genau, … eine alte Bekannte …«

Sein Ton gefiel mir nicht und ganz so nüchtern schien er mir auch nicht mehr. Unsicher blickte ich zu Laura, die noch immer an der Bühne stand und sich unterhielt.

»Und? Wie gefällt dir unser Nest?« Er nahm einen Schluck von seinem Bier.

»Ganz gut.« Nervös strich ich mir eine Haarsträhne aus dem Gesicht.

»Für die Meisten hier ist New York ein paar Nummern zu groß. Wir sind einfache Leute und lieben das ländliche Leben.«

»Das kann ich mir vorstellen«, gab ich zu und beruhigte mich, weil unser Gespräch in eine harmlose Richtung verlief.

»Jake hat mir erzählt, dass ihr die beste Reparaturwerkstatt in der Gegend seid. Das macht euch bestimmt sehr stolz.«

»Das kann man wohl sagen. Unser Vater, Adam und ich sind ein eingespieltes Team. Wir haben schon die schrottreifsten Autos wieder zum Laufen gebracht.«

Er nippte ein weiteres Mal an seinem Bier und ich an meinem Cocktail, der schon fast leer war.

»Wir sind ein gutes Team und das wird auch immer so bleiben.« Plötzlich tauchte der Gedanke auf, dass er vielleicht Jake als eine Bedrohung wahrnahm.

»Du magst Jake nicht besonders, oder?« Ups! Hatte ich das wirklich gerade gefragt?

Er kniff die Augen zusammen, sah mich düster an. »Ich frage mich, was so eine hübsche und intelligente Frau wie du von ihm will? Bist du hinter seinem Geld her?«

»Nein, ich ...! Wie kommst du darauf?«

Langsam beugte er sich zu mir über den Tisch. »Wenn ich dir einen guten Rat geben darf, Kleine.« Seinen Augen blitzten gefährlich. »Verschwinde von hier. So eine hübsche Frau wie du sollte sich nicht mit einem Mörder abgeben.« Seine Alkoholfahne schlug mir ins Gesicht. Mir wurde fast schlecht.

»Mörder? Wie meinst du das?«

»Na, so, wie ich es sagte. Was, glaubst du, ist der Grund, warum wir ihn hier nicht haben wollen?« Er sah mir tief in die Augen. Hass spiegelte sich darin.

Ich schluckte. Fassungslos schüttelte ich den Kopf und schnaubte verächtlich. Wut stieg in mir auf und so langsam hatte ich es satt, dass er ständig auf seinem Bruder herumhackte. »Was bist du denn für ein Arsch? Wer gibt dir das Recht, so über ihn zu sprechen? Ich bin schließlich seine Freundin! Und wenn ich eines nicht ausstehen kann, dann sind es neidische und eifersüchtige Menschen, die dem Anderen den Erfolg nicht gönnen.«

Erst klappte sein Mund auf und er schien überrascht zu sein, dann aber formten sich seine Lippen zu einem Grinsen, was mich noch wütender machte. »Meine Güte! Du bist ja total verknallt in ihn! Würde mich interessieren, ob du im Bett auch so eine Furie bist.« Er verschränkte seine Arme und musterte mich.

Ein dicker Kloß bildete sich in meinem Hals und Ekel stieg meine Kehle hinauf, als unwillkürlich Bilder in meinem Kopf auftauchten. »Das wirst du nie herausfinden«, konterte ich angewidert. »Du bist ein neidisches und arrogantes Arschloch und ich werde nicht zulassen, dass du Jake die Zeit hier schwermachst!« Innerlich wunderte ich mich über mich selbst und konnte nicht glauben, dass ich das alles gerade wirklich gesagt hatte.

Sein dämliches Grinsen wurde breiter. »Und was willst du dagegen unternehmen, Schätzchen? Willst du mich etwa schlagen?«

»Ha, es gibt andere Wege, um jemanden zum Schweigen zu bringen, glaub mir.« Wieso konnte ich nicht einfach meine Klappe halten? Jetzt drohte ich ihm sogar!

Feindselig blickte er über den Tisch hinweg zu mir. Gerade wollte er noch etwas erwidern, als Laura ihn unterbrach und sich direkt auf seinen Schoss setzte. »Na, Bruderherz, alles klar? Hast du noch keine Tussi gefunden, die du heute Nacht abschleppen kannst?« Mit ihrer fröhlichen Art vertrieb sie alles Bedrohliche und Finstere in seinem Gesicht.

»Ich muss niemanden aufreißen. Du weißt doch, dass die Weiber bei mir Schlange stehen«, sagte er und kniff seine Schwester in den Oberarm, was Laura lachend aufschreien ließ. Er legte seinen Arm um ihre Taille, hielt mich aber mit seinem Blick gefangen. So verstärkte sich die Auseinandersetzung, ohne dass Laura etwas davon mitbekam. Sie sah fragend von ihm zu mir. »Was ist los? Machst du Hannah etwa mit deinen Schauergeschichten Angst?«

Weil ich es nicht länger ertrug, löste ich mich aus seinem Blick und wandte mich meinem Cocktail zu.

»Nein nein. Alles in Ordnung. Wir haben uns nur unterhalten«, sagte William und winkte der vorbeilaufenden Kellnerin zu. Er bestellte sich ein weiteres Bier und uns Mädels noch eine Runde Cocktails. Obwohl ich abwinkte, überging er meinen Protest.

Was soll´s! Auch wenn ich durch den Alkohol eine vorlaute und viel zu mutige Klappe hatte, nahm ich den Drink dann schließlich an. Außerdem schmeckte mir der Wodka inzwischen. Ich nahm den Pikser und stach die Früchte in meinem Glas auf, wenigstens hatte ich so keinen Grund, ihn weiter anzusehen.

»Ach, Hannah, ich habe dich mit auf die Versteigerungsliste gesetzt. Damit stehen wir nachher zusammen auf der Bühne. Ich bin gespannt, welche der Damen das höchste Gebot bekommt.«

»Liste? Gebot? Wovon sprichst du?« Begriffsstutzig sah ich sie an. »Wir veranstalten heute Abend eine Versteigerung. Der gesamte Erlös geht an Grannys Stiftung. Das wird lustig und ist gute PR«, erklärte sie.

Ein flaues Gefühl machte sich in meinem Magen breit.

»PR? Ich verstehe nicht ganz. Um was genau geht es da? Und was habe ich damit zu tun?«

Laura blieb mir die Antwort schuldig, denn auf der Bühne knackste das Mikrofon und der Moderator des Abends verschaffte sich damit Aufmerksamkeit.

»Jetzt geht es endlich los. Ich darf alle unverheirateten Damen, die auf der Liste eingetragen sind, auf die Bühne bitten.«

Einige Frauen erhoben sich, unter anderem auch Laura. Sie zog mich einfach mit sich, da hatte ich mit meinen Einwänden keine Chance. Erst jetzt, als ich auf den Beinen war, spürte ich, wie schwindelig mir vom Alkohol war. Kurz schnappte ich nach Luft.

»So, meine Herren. Heute Abend haben wir hier zehn umwerfende und kusswütige Damen für euch. Ihr wisst ja, der gesamte Erlös der Versteigerung kommt unserer Stiftung zugute, deren Gründerin morgen ihren achtzigsten Geburtstag feiert. Also seid nicht knausrig und ersteigert den Kuss eurer Herzdame. Ich bin sicher, ihr werdet es nicht bereuen.«

Auf der Bühne angekommen, stellten wir uns der Reihe nach auf. Ich war die Letzte, oder die Erste. So genau war mir das nicht klar. Unsicher blickte ich zu Laura, die direkt neben mir stand. »Was meinte er mit kusswütig?«

Sie grinste. »Mach dir keine Sorgen, alles halb so wild.«

Na toll! Nervös blickte ich in die Menge. Nirgends konnte ich Jake entdecken. Hatte er mich etwa hier vergessen?

»Ich darf nun die erste Dame vorstellen. Es ist Margret. Ihr kennt doch alle unsere Friseuse. Sie ist Mitte dreißig, Single und nach einem Kuss von ihr fühlt ihr euch bestimmt frisch frisiert. Das Anfangsgebot liegt wie immer bei fünf Dollar.«

Eine künstlich blondierte Frau trat zu dem Typen an das Mikrofon. Sie war nicht gerade groß, trug Schuhe mit hohen Absätzen, einen kurzen Rock, sowie ein pinkfarbenes Top. Ihr Lippenstift hatte die gleiche Farbe wie ihr Oberteil. Margret lächelte ins Publikum und wartete auf ihren ersten Bieter. Die Leute murmelten durcheinander und schon rief jemand durch die Menge: »Fünf Dollar!«

»Da geht noch mehr für eine Friseuse mit solch geschickten Fingern. Wer bietet mehr für Margret?«

Die Leute, hauptsächlich die Männer, lachten bei seinen Worten und schon trieben ein paar von ihnen den Preis in die Höhe.

»15 Dollar zum Ersten, zum Zweiten und zum Dritten.« Er knallte mit einem Holzhammer auf den kleinen Tisch. Unter tosendem Applaus und Gegröle führte der Meistbietende Margret von der Bühne.

»Und was muss sie jetzt für das Geld tun?« Meine Gedanken gerieten wirr durcheinander.

»Ihn küssen!«

»Was?« Auf keinen Fall! Oh Gott! Nein! Erschrocken blickte ich von Laura zu Georg, dem Moderator, der schon mitten in der nächsten Versteigerung war.

»Ich kann das nicht«, murmelte ich kopfschüttelnd und völlig abwesend.

»Was ist denn schon dabei? Du musst den Bieter nur auf den Mund küssen, ohne Zunge. Nichts, worum du dir Sorgen machen müsstest. Jake wird das schon verstehen!«

Ich starrte in die Menge. Irgendjemanden küssen? Ich? Nein! Das ging gar nicht! Mein Herz klopfte wild und mir wurde heiß, ich begann zu schwitzen, sodass die Bluse an meiner Haut klebte. Fiebrig überlegte ich, wie ich aus dieser Situation flüchten könnte.

Frau Nummer vier wurde eben erfolgreich für den Preis von 16 Dollar verkauft. Panikartige Wellen schlugen in meinem Bauch durcheinander, und da ich die Letzte sein würde, konnte ich nur hoffen, dass sich für mich niemand mehr interessieren würde. Ja genau! Die Männer kannten die Frauen vom Ort. Wer wollte schon von einer Fremden geküsst werden? In mir glomm ein Hoffnungsschimmer.

»Unsere vorletzte Dame muss ich euch ja nicht vorstellen. Ihr kennt und schätzt sie alle. Laura Bennet. Sie ist …«

»Dreißig Dollar!«, rief jemand, noch bevor Georg seine Anmoderation beenden konnte. Die Leute lachten über die Eile, die der Bieter hatte. Und es dauerte nicht lange, da meldeten sich weitere Männer, die auf einen Kuss von ihr scharf waren.

»Vierzig Dollar!«

»Fünfundvierzig!«

Zwei der Männer überschlugen sich fast, während Laura locker dastand und sich offenbar über jeden Dollar freute.

»… und zum Dritten!«

Laura klatschte in die Hände und lief ihrem Bieter entgegen. Jetzt stand ich ganz allein auf der Bühne und mein Herz klopfte so wild, als würde es gleich zerspringen. Meine Wangen fühlten sich glühend heiß an und ich spürte Angst, um genauer zu sein, totale Panik.

Als die Leute sich wieder beruhigt hatten, warf mir Georg einen vielsagenden Blick zu. Er reichte mir seine Hand und zog mich sachte näher ins Rampenlicht, meine Augen brauchten eine Weile, um sich daran zu gewöhnen.

»So, und unser letztes Angebot ist etwas ganz Besonderes.« Jemand pfiff laut, und falls ich geglaubt hatte, die Männer wären nur auf Frauen scharf, die in ihrem Ort lebten und die sie kannten, musste ich mir eingestehen, dass ich damit auf dem Holzweg gewesen war. Entweder war es jetzt ruhiger als bei den Versteigerungen vorher oder ich bildete mir das nur ein.

»Sie gefällt euch, nicht wahr? Aber seid gewarnt. Eigentlich gehört sie zum Bennet-Clan, genauer gesagt zu Jake. Er hat sie direkt aus New York mitgebracht. … heiß, oder? Wer möchte von diesen Lippen nicht einmal kosten?«

Mir schnürte sich der Hals zu und für einen Moment musste ich das Würgen unterdrücken.

»Das ist Hannah, sie ist Lehrerin und wird auch morgen bei dem Geburtstag von Granny dabei sein. Also, egal, wer sie küssen darf, ich rate demjenigen, sich zu benehmen.« Er grinste anzüglich dabei, als würden sie alle mehr wissen als ich, und das taten sie ja schließlich auch. Einmal mehr verfluchte ich Jake in Gedanken. Mein Mund war so trocken, ich schaffte es noch nicht mal zu schlucken.

»Fünfzig Dollar!«, rief jemand, dessen Stimme mir bekannt vorkam.

»Hey, Fünfzig sind geboten. Wer bietet mehr?«

Ab diesem Gebot ging alles rasend schnell. Gleich sieben Männer feilschten um mich, als wäre ich eine gute Stute auf dem Viehmarkt. William überbot alle und ich wusste nicht, ob ich mich darüber freuen sollte oder nicht. Immerhin kannte ich ihn, aber er war auch Jakes Bruder. Noch dazu mochten die beiden sich nicht.

»Einhundertsiebzig Dollar!«, rief William und freute sich, weil einige der Männer nun verzichteten und sich setzten. Doch der Preis für einen Kuss wurde weiter in die Höhe getrieben.

»Zweihundert Dollar!«, überbot William den letzten Mitbieter.

Ich schluckte. Nein! Niemals könnte ich diesen ungepflegten Arsch küssen. Er grinste breit und wartete darauf, dass George endlich den Hammer auf den Tisch knallen ließ. Niemand sagte mehr etwas und ich musste wohl einsehen, dass William mich ersteigern würde.

George klammerte sich an das Mikro. »Zweihundert Dollar? William, bist du sicher? Für so viel Geld wollen wir aber den Kuss sehen.«

Die Leute klatschten und riefen wild durcheinander.

»Ich habe kein Problem damit. Ihr könnt es gleich auf der Bühne sehen, wie ich ihr meine Zunge in den Hals stecke«, rief er.

Ein Raunen ging durchs Publikum und der Ekel ließ mich erstarren.

»Das ist ja mal eine Ansage! Bist du damit einverstanden, Kleine?«

Nein! Damit war ich überhaupt nicht einverstanden. Mein Blut rauschte in meinen Ohren. Wenn ich es verhindern wollte, dann musste ich etwas unternehmen. Vielleicht erbarmte sich noch jemand und überbot ihn. In meiner Verzweiflung riss ich Georg das Mikrofon aus der Hand. Ich schluckte hart, als ich bemerkte, dass aller Augen auf mich gerichtet waren. Schweiß stand auf meiner Stirn und lief mir bestimmt in kleinen Rinnsalen die Schläfe hinunter. Fest presste ich meine Augen zusammen. »Hallo«, brachte ich krächzend zustande. »Ich … denke, ich bin mehr wert als 200 Dollar. Also … wer bietet mehr als diesen Betrag?«

Gelächter drang an meine Ohren, und als ich meine Augen wieder öffnete, gab ich die Hoffnung auf, nicht mitten in einem Albtraum zu stecken.

»Was bietest du uns denn?«

»Wie wäre es mit einer Nacht?«, rief jemand.

Die Männer johlten, pfiffen und schrien begeistert.

Oh, mein Gott! Was hatte ich nur angerichtet? Ich sah in Williams Gesicht, der amüsiert die Arme verschränkte und geduldig abwartete.

»Also, meine Herren! Diese Dienstleistung steht außer Frage. Ich bin mir sicher, dass Hannah ihre Qualitäten kennt. Der Meistbietende wird bestimmt keinen Grund zur Klage haben. … Das letzte Gebot lautet 200 Dollar. Bietet jemand mehr?«

Ein weiteres Mal wurde der Preis hinaufgetrieben und auch dieses Mal war William derjenige, der am meisten für mich bot. War ihm ein Kuss wirklich 500 Dollar wert?

So ein Mist! Wie konnte ich verhindern, dass ich Jakes Bruder küssen musste? Ich wollte diesen schmutzigen und nach Bier riechenden Kerl nicht küssen.

Trotzdem klangen Gedanken in mir, die sagten, dass Jake selbst Schuld daran hatte. Wäre er nicht fortgegangen, hätte er mich nicht in diese Situation gebracht.

»500 Dollar zum Ersten, zum Zweiten und zum ...« Georg schwang den Holzhammer in die Luft und ich schloss meine Augen, wollte einfach aus diesem Albtraum aufwachen.

KAPITEL 17

MUTIGE BLUE

HANNAH

»5000 Dollar!«

Die Köpfe drehten sich zu dem neuen Bieter und ich öffnete meine Augen. Erleichtert atmete ich aus, als ich erkannte, dass Jake sich einen Weg durch die Menge zu mir bahnte. Kurz blickte ich zu William. Feindselig starrte er seinen Bruder an. Seine Hände hatte er zu Fäusten geballt. Jake erwiderte ausdruckslos seinen Blick. In stummen Vorwürfen wies er seinen Bruder in die Schranken. Es war eine unausgesprochene Warnung an William und alle wussten das. Es war still in der Bar. Eine Stecknadel hätte man fallen hören können.

»5000 verrückte Dollar für einen Kuss? Ist das dein Ernst?«

»5000 Dollar und das ist mein voller Ernst, George!«

Die Leute murmelten alle durcheinander. Ich selbst konnte nicht glauben, wie viel Geld Jake für einen Kuss bot. War er verrückt geworden? Fassungslos starrte ich ihn an. Er erwiderte ruhig und gelassen meinen Blick.

Kurz zuckte ich zusammen, als ich den Holzhammer auf den Tisch aufschlagen hörte. Jake schritt langsam zur Bühne, streckte seine Hand nach mir aus, die ich zittrig ergreifen wollte.

»Moment! Der Deal war ein Kuss hier oben auf der Bühne!«, beschwerte sich Georg und heizte damit die Menge an. Sie wollten es alle sehen.

Ich war mit den Nerven völlig am Ende. So viel Aufregung war ich einfach nicht gewohnt. Und jetzt auch noch ein Kuss in der Öffentlichkeit? Unsicher blickte ich in die Menge. Aber Jake war ein Profi auf diesem Gebiet. Er wusste, wie man Leidenschaft spielte. Und laut Lisa war er sehr gut darin. Und ich? Wahrscheinlich würde ich zusammenbrechen. Zumindest glaubte ich keine Sekunde daran, dass meine Beine mich weiter tragen würden.

»In Ordnung«, sagte Jake, zog seine Jacke aus und warf sie seiner Schwester ins Publikum zu. Dann stieg er leichtfüßig auf die Bühne und kam auf mich zu.

Ich schluckte. Tausend Widersprüche wirbelten durch meinen Kopf, doch ein Teil von mir war in freudiger Erwartung. Weit entfernt hörte ich schrille Alarmglocken läuten. Langsame Musik war zu hören, und während Jake mich sachte an meinen Hüften zu sich zog, pochte mein Herz bis zum Hals. Sein Griff war sanft, aber bestimmt. Jetzt konnte ich seinen warmen Atem auf meinem Gesicht spüren.

Kurz hielt er inne. »Keine Angst, Blue. Lass es einfach geschehen«, flüsterte er mir leise zu. Je näher er mir kam, desto intensiver berauschte mich sein Duft. Meine Hände legten sich ganz automatisch auf seine Brust.

In diesem Augenblick verlor ich mich in seinem Blick, fühlte seine Stärke und wusste, dass ich ihm vertrauen konnte.

Sein Blick ruhte auf meinen Lippen. Uns trennten nur noch wenige Zentimeter und in mir peitschte plötzlich ein unbändiges Verlangen auf. Das war der Moment, in dem ich nicht mehr in der Lage war zu denken. Plötzlich vergaß ich alles um mich herum, nahm nichts mehr wahr, nur noch ihn. Es war, als würde er meine Unsicherheiten und Panik mit einem Wimpernschlag fortwischen. Durch seine Berührung fühlte ich mich plötzlich an einem sicheren Ort – geborgen. Ich wagte kaum zu atmen und hob ihm meinen Mund entgegen. Vorsichtig senkte er seine Lippen auf meine. Sie waren warm und feucht, schmeckten wie eine verbotene

Süßigkeit, die ich noch nie hatte kosten dürfen. Süß, leicht und gleichzeitig so voller … Leben. Ein Kribbeln durchfuhr mich und Wärme breitete sich in meinem Körper aus. Ich verlor die Kraft, stehenzubleiben, und konnte mich nur noch gegen seine Brust lehnen. Seine starken Arme hielten mich noch enger an sich gepresst, sodass sein Kuss jetzt fester und gieriger wurde.

Ich gab mich ihm vollkommen hin. Er eroberte meinen Mund, saugte zart an meinen Lippen, liebkoste sie mit seiner Zunge. Wie ein Blitz durchfuhr mich diese Berührung. In meinem Unterleib pochte es und ein leichter Seufzer entwich mir. Es fühlte sich so gut an. Schließlich wurde sein Kuss drängender, intensiver und fordernder, bis ich glaubte, keine Luft mehr zu bekommen. Ich war so berauscht von dieser neuen Emotion, die meinen ganzen Körper erfasst hatte. Süchtig danach forderte ich ihn, wurde mutiger, was ihm ein leises Stöhnen entlockte. Meine Hände fuhren durch sein Haar und zogen ihn noch dichter an mich. Es war so überwältigend und doch war es nicht genug. Ich wollte mehr – so viel mehr.

Seine Hände lagen jetzt an meinem Gesicht, als er unsere Verbindung trennte. Ich spürte den Verlust wahrhaftig am ganzen Körper. Keine Ahnung, woher ich die Kraft nahm, um meine Lider zu öffnen, aber ich tat es, blickte direkt in das unergründlich braune Tal seiner Augen. Wildheit und Leidenschaft flackerten in ihnen auf – seine Lust. Ein leichtes Grinsen zuckte auf seinen Lippen.

Von weit her hörte ich wieder das Publikum, während Jake mich noch nicht losließ. Ich war nicht fähig, mich zu bewegen, und mein Körper sehnte sich nach mehr.

***

Doch dann wurde mir klar, wie gut Jake das alles spielte, wie sicher er seinen Job gerade ausgeführt hatte. Wie er mich dazu gebracht hatte, dass ich mich vor fremden Menschen so hatte küssen lassen – auf diese neue und sehr intime Weise. Röte schoss mir ins Gesicht.

Ich war völlig durcheinander, als ich mit Jake *Hand in Hand* die Bühne verließ. Ich brauchte unbedingt etwas zu trinken und wahrscheinlich ein frisches Höschen.

Er führte mich unter tosendem Applaus und Pfiffen durch die Menge, zurück an unseren Tisch.

»Wow! Das war wirklich eine filmreife Vorstellung«, kreischte Laura begeistert.

Ich hatte ganz weiche Knie und war dankbar, mich endlich wieder setzen zu können. Allerdings schenkte ich Laura einen vorwurfsvollen Blick und griff sofort nach meinem Cocktail, den ich in einem Zug austrank.

»Wo ist er?«, wollte Jake von seiner Schwester grimmig wissen.

»Na, was glaubst du denn? Nachdem du die Bühne betreten hast, ist er sauer gegangen. … Wo warst du eigentlich so lange? Ist dir nicht klar, dass er dir damit eins auswischen wollte?« Laura hatte recht, sie hatte erkannt, was dieser Kuss zwischen William und mir für die Beziehung der beiden Brüder, bedeutet hätte.

»Tut mir leid. Ich ...«

»Ja! Das würde mich eigentlich auch interessieren! Wo warst du, hicks?« Vorwürfe konnte ich ihm nicht ersparen. Wenn er mich nicht wegen dieser Susan allein gelassen hätte, wäre es erst gar nicht so weit gekommen. »Und du?« Jetzt sah ich Laura vorwurfsvoll an. »Wieso hast du mich auf diese bescheuerte Liste eingetragen? Du weißt doch, dass ich mit deinem Bruder zusammen bin«, zischte ich sie an.

Erstaunt über mich selbst, weil ich noch nie mit jemandem in solch einem Ton gesprochen hatte, hielt ich kurz inne.

»Entschuldige! Aber ich konnte ja nicht wissen, dass William die ganze Sache so ausnutzen würde. Ich dachte, es wäre eine gute Gelegenheit, die Kasse der Stiftung etwas aufzubessern. Außerdem war ich mir sicher, Jake würde bei der Versteigerung mitmachen. Es tut mir leid, Hannah!«

Ich verdrehte die Augen. »Schon gut! … Aber dir verzeihe ich nicht so schnell«, fauchte ich Jake an und tippte ihn mit dem Zeigefinger an.

Er grinste. »Und wieso nicht? Ich war mit Susan vor der Tür. Wir haben uns nur unterhalten. So dicht bei den Boxen war das einfach nicht möglich.«

»So? Was war denn so wichtig, Schatz, hicks, dass du mich hier stundenlang im Stich lassen musstest?«

Seine Wangenknochen mahlten wieder und ich spürte, dass er darüber nicht reden wollte.

»Ich erkläre dir später alles, Liebling. Jetzt lasst uns den restlichen Abend genießen. In Ordnung?«

Pah! Genießen? Ich hatte mich völlig zum Deppen gemacht vor all diesen Leuten. Wie ein Stück Vieh hatte man mich versteigert. Und jetzt? Jetzt war sowieso alles egal. Mein Cocktailglas war leer und ich brauchte dringend Nachschub von dem Zeug.

Ich bestellte mir einen weiteren Cocktail und beschäftigte mich in der Zwischenzeit damit, die Fruchtstücke aus Chloes Glas herauszufischen.

»Ich glaube, Adam will nach Hause. Ich geh mal zu ihm an die Bar«, sagte Laura. Sie spürte meine Verärgerung. Wahrscheinlich wollte sie Jake und mir die Gelegenheit geben, die Dinge zwischen uns zu klären.

»Schon gut. Geh nur!«

Als Laura Jake und mich allein am Tisch zurückließ, konnte ich meinen Kummer an den kleinen Fruchtstücken auslassen, die, sobald ich sie aufgespießt hatte, wieder von meinem Pikser plumpsten.

Jake beobachtete mich. »Du bist sauer, oder?«

Ha! Da fragte er noch? Ich gab ihm keine Antwort, malträtierte lieber die Fruchtstücke und stellte mir kleine Mini-Jakes vor, wie sie sich auf meinem Pikser vor Schmerzen wandten.

»Hannah, es tut mir leid. Ich wollte eigentlich nicht so lange wegbleiben, aber Susan ...«

»Susan! Susan! Was hast du mit der? Ist sie die Frau, die du damals verlaschen hast?«

Er kräuselte seine Stirn. »Bist du etwa eifersüchtig?«

»Eiferschüchtig, hicks? Ich?« Ich lachte laut. Irgendwie hatte ich meinen Sprachfluss nicht mehr ganz unter Kontrolle, aber das war jetzt auch egal. Jake musste wissen, wie ich das Ganze fand, nämlich zum Kotzen.

»Deine Schester hat mich in eine peidlische Situation gebracht und du warst nicht mehr da – einach weg. Die Dundeeleut fanden das komisch.«

Jake verschränkte seine Arme und lehnte sich zurück. »Was ist eigentlich los mit dir? Du bist ja total betrunken!? Oder hat dich unser Kuss etwa so verwirrt, dass du keine zusammenhängenden Sätze mehr hervorbringst?« Er grinste schief. »Aber jetzt mal ganz ruhig! Mit unserer Show haben wir jetzt alle überzeugt. Sie wissen nun, dass wir ein Paar sind.«

»Da hast du wascheinlich recht, jetzt bleibt nur noch der Purztag deiner Oschmutter. Der Kusch ist edenfall nicht schuld – so doll war er auch nich, hicks.«

Ich lachte laut. Natürlich hatte er recht, dass auch der Kuss mich total verwirrte. Aber das brauchte der Blödmann ja nun wirklich nicht zu wissen.

»Wie kommst du denn radauf, hicks? Ich werde oft so von Matt geküscht.«

»So?«

Mist! Hatte er vielleicht bemerkt, wie unerfahren ich mit solchen Küssen war?

»Matt und ich üschen uns ständig so. ... Es war ja nur ein Kusch und auscherdem tu ich noch ganz andere Dinge, hicks.« Was zum Teufel redete ich da?

Amüsiert grinste er breit, was mich nur noch mehr anstachelte, es mit meinen Lügen zu übertreiben.

Die Kellnerin brachte mir meinen bestellten Cocktail, über den ich mich gleich hermachte.

Er schüttelte den Kopf. »Ich glaube dir kein Wort.«

»Hicks, du aubst mir nicht?«

»Nein! Ich habe dich als sehr schüchternes Mädchen kennengelernt. Alles, was nicht die gesellschaftlichen Regeln beinhaltet, ist dir total peinlich.« Er grinste. »Du bist ein kleiner, wenn auch süßer, Feigling!«

Abrupt richtete ich mich auf. »Du denkst, ich bin feigsche?«

»Allerdings!«

In mir brodelte es, ich hätte ihm gerne gesagt, was ich über ihn dachte. Doch wahrscheinlich wären mehr nette Worte als Beleidigungen über meine Lippen gestolpert. Ich musste ihm irgendwie beweisen, dass ich nicht die kleine, graue Maus war, für die er mich hielt.

Stolz hob ich meinen Kopf, leerte meinen Cocktail in einem Zug und schüttete die Früchte in mich hinein. Mit vollem Mund kauend stand ich auf, mir war so schwindelig, dass mir fast das Obstmus aus dem Mund gefallen wäre. Meine Füße wollten mir nicht mehr richtig gehorchen, aber irgendwie schaffte ich es zur Bühne.

»Hannah, was hast du vor?«

Ich ignorierte ihn einfach und schluckte die Obststücke herunter. Die Stufen unter mir wankten, beinahe hätte ich die Bühne mit meinem Gesicht geküsst, hihi!

»Was tust du, Hannah?«

Das wusste ich selbst nicht so genau. Ich nahm dem verdutzt guckenden Georg das Mikrofon aus der Hand und unterbrach ihn. Er sah mich fragend an. Mir war klar, dass ich den Mund viel zu voll genommen hatte, aber jetzt gab es kein Zurück mehr und ich musste mich zusammenreißen.

Ich trat einen Schritt zu George und flüsterte ihm den verruchtesten Titel ins Ohr, der mir gerade einfiel. Ich fühlte mich leicht und lebendig. Ich hatte Lust zu tanzen und fing sofort an, mit den Hüften zu wippen, als der Takt von „Lady Marmalade" aus den Boxen dröhnte. Ich hätte nicht gedacht, dass meine Beine mir noch so gut gehorchen würden.

Einige der Leute schauten interessiert zu mir auf die Bühne. Jake stellte sich direkt unterhalb vor mir auf und grinste wieder einmal frech.

Jetzt hatten die Gäste mitbekommen, dass ich im Begriff war, mich völlig und restlos zum Deppen zu machen. Sie wurden ruhiger und warteten darauf, was ich ihnen jetzt darbieten würde. Mist! Ich hatte meinen gesanglichen Einsatz verpasst, doch schnell folgte ich dem Text auf dem Monitor, obwohl ich den Inhalt schon so oft im Radio gehört hatte und ihn eigentlich auswendig konnte. Ich schloss meine Augen und ließ mich einfach treiben, sang den Text, so gut ich noch konnte mit und tanzte, wie ich es schon oft heimlich vor dem Fernseher getan hatte.

Jake beobachtete mich genau. Seine Mundwinkel zuckten zu einem Lächeln, als ich mich ihm zuwandte. Ich provozierte und sexte ihn regelrecht an. Ich nutzte die Situation schamlos aus. Es war großartig. Es war befreiend und fühlte sich ein kleines Stück nach mir selbst an.

Das Publikum klatschte im Takt und sang mit. Ich sah nur Jake, dem ich zeigen wollte, dass Hannah Parker mehr war als nur eine Marionette. Ich war Hannah Parker, hatte Lust auf Sex und das Leben.

Auf allen Vieren rutschte ich am Bühnenende zu ihm und legte das aufreizendste Gesicht auf, zu dem ich in der Lage war. Er genoss einen tiefen Einblick in mein Dekolleté. Verführerisch und überhitzt kam ich ihm näher. Wenige Zentimeter trennten uns. In seinen Augen lag der gleiche Ausdruck wie vorhin bei unserem Kuss. Spielte er jetzt wieder seine Rolle?

Ich ließ mich nicht beirren und tanzte aufreizend weiter, zog meine Bluse ein wenig hoch und zeigte damit ein Stück nackter Haut. Ich rekelte mich am Boden, während das Publikum mich anfeuerte. Sogar Geldscheine flogen auf die Bühne, die ich aber ignorierte. Laura schrie laut, doch ich verstand kein Wort. Sie lachte und klatschte.

Einzelne Haarsträhnen flogen mir ins Gesicht. Ich spürte das Vibrieren und die Lust, die durch meinen Körper jagte. In meinem Kopf tanzte ich nur für Jake. Ich lockte ihn mit meinem Finger zu mir auf die Bühne und sah ihn dabei verrucht an. Mit meiner Zunge leckte ich über meine Lippen, zeigte ihm, dass ich mich verzehrte vor Lust.

Ihm entglitten alle Gesichtszüge und sein Mund klappte für einen Moment auf. Ich rollte mit dem Kopf und warf ihn schließlich nach hinten, streckte meine Hüfte nach vorn. Atemlos blickte ich wieder zu Jake und beendete völlig erhitzt meine Show. Ich hatte das Gefühl, wieder völlig nüchtern zu sein. Die Leute applaudierten und pfiffen. Einige riefen im Chor nach einer Zugabe. Ich rutschte zu Jake, sodass ich ihm ganz Nahe war, und hielt mich an seinem Hemdkragen fest. Ich befeuchtete meine Lippen und sah ihm tief in die Augen.

»Findest du jetzt immer noch, dass ich ein Feigling bin?«

Jake schluckte. Sein Grinsen wurde breiter. Ich ließ ihn los und wich, ohne ihn aus den Augen zu lassen, zurück.

Georg, der das Mikro wieder an sich genommen hatte, konnte sich einen Kommentar nicht verkneifen. » Mann oh Mann! Was für eine Show! Ich würde sagen, die Kleine ist mehr wert als die 5000 Dollar. Einfach unglaublich!«

Grinsend und mit mir völlig zufrieden, setzte ich mich an den Bühnenrand und ließ meine Beine baumeln.

»Komm, Blue! Ich denke, du hast genug für heute.«

»Ist das alles, was du dazu zu sagen hast? Ist dir klar, dass ich mich nie wieder in Dundee blicken lassen kann, ohne dass die Leute denken, ich wäre eine …«

Er lachte. »... eine Hure?«

Ich mochte das Gefühl, wenn seine Augen auf mir ruhten.

»Japp, wie eine Hure.« Noch nie in meinem Leben hatte ich dieses Wort in den Mund genommen. Genaugenommen hatte ich noch nie so etwas Verrücktes getan.

Er legte seinen Arm um mich und stellte mich wieder auf den Boden. Meine Beine gaben nach und Jake konnte mich gerade noch halten. Mir war ein wenig schwindlig, aber ich fühlte mich großartig.

»Komm, mutige Blue. Setzen wir uns.« Er stützte mich und führte mich an unseren Tisch. Ohne über die Folgen nachzudenken, machte ich mich über einen weiteren Cocktail her.

»Du solltest lieber Wasser trinken«, ermahnte er mich und rief schon nach der Kellnerin.

Der Alkohol tat sofort wieder seine Wirkung, und schlimmer als zuvor kehrte mein betrunkener Zustand zurück. Kichernd wischte ich mir über den Mund.

»Also wirklich, Hannah! Bist du sicher, dass du eine stinknormale Lehrerin bist und nicht vielleicht doch Tanzlehrerin? Das war total abgefahren. … Wow! Ich wünschte, ich könnte auch so tanzen.« Laura setzte sich neben mich.

»Das ischt alles Jakes Suld. Er hat gesagt, ich wäre ein Feischling.«

»Moment! Ich habe aber nicht gesagt, dass du alle total verrückt machen und die Bude hier rocken sollst«, lachte Jake.

Ja, wer hätte je gedacht, dass ich einmal so etwas tun würde.

KAPITEL 18

NEUE SEITEN

JAKE

Was hatte der Alkohol aus der schüchternen, zurückhaltenden jungen Frau gemacht? Ich konnte einfach nicht aufhören, sie anzusehen und plötzlich war mir ihr Geheimnis bewusst. Ich begriff, dass in ihr eine völlig andere Frau schlummerte, als sie mir weismachen wollte. Hannah Parker war nicht die Person, die sie uns in New York allen zeigte. Nein, mir war klar geworden, dass mehr in ihr steckte. Die Wahrheit war, dass sie eine sehr mutige, taffe und außergewöhnliche Frau war, die es verdient hatte, ihre Gefühle leben zu dürfen. Wieso hielt sie ihr wahres Wesen versteckt? Ihre Augen sprachen Bände, während ich sie auf der Bühne beobachtete. Ich sah ihre gefangene Seele. Sie kam mir vor wie ein eingesperrter Vogel. Als ich sie das erste Mal gesehen hatte, war mir nicht gleich klar gewesen, was das Besondere an ihr war.

Es gab nur ein Problem: Sie weckte etwas in mir, was ich mir vor langer Zeit selbst verboten hatte. Wieso schaffte sie es, dass ich ständig den Drang verspürte, in ihrer Nähe sein zu müssen? Keine Frage, ich war scharf auf sie. Der letzte Sex lag schon mehr als eine Woche zurück. Mein Körper war das einfach nicht mehr gewohnt.

Sie lachte und schien glücklich, oder war sie nur betrunken? So gelöst hatte ich sie noch nie erlebt. Ich hatte das Gefühl, dass sie mir dort oben auf der Bühne, ihre wahre Seele gezeigt hatte. Was für eine Frau! »Du solltest jetzt lieber aufhören zu trinken, Blue. Du wirst es morgen sicherlich bereuen.«

Schmollend verzog sie ihren Mund. »Och, komm schon, Jake, hicks! Das ist doch lustisch. Trink mid mia, hicks!«

»Oh oh! Ich glaube, du solltest sie lieber nach Hause bringen«, mischte sich Laura besorgt ein, während Hannah versuchte, ein paar Fruchtstücke aus ihrem Glas aufzupiksen.

»Ja, du hast recht! Es reicht für heute, Fräulein«, sagte ich in einem strengen Ton.

»Ich will aba noch hialeiben. Wenn ich mit Matt unterwegsch bin, kommen wir meistensch mischen in der Nackt heim.«

Ach herrje! Hannah war blau, aber richtig. Sie würde morgen einen gewaltigen Kater haben.

»Matt? Wer ist Matt?«, fragte Laura.

»Du kennst meinen Matt nicht?«, verplapperte sich Hannah.

»Ein Freund von uns«, unterbrach ich Hannah schnell, stand auf und griff ihr unter die Arme. Schwankend und torkelnd trat sie einen Schritt vor den anderen.

»Jake, büdö! Können wir noch bleiben?«

Ich grinste, weil sie ihre Arme um meine Mitte legte und ihren Kopf dabei an meine Brust lehnte. Wie anschmiegsam sie sein konnte.

»Nein, Blue! Es reicht, du bist total betrunken.«

»Ich bin ischt trunken, höchstensch ein klitzekleines bisschen, hicks.«

»Eben, deshalb gehen wir jetzt.«

»Och, wie schade!«

Meine Schwester warf mir einen amüsierten Blick zu. »Ich glaube, da geht heute Nacht nicht mehr viel, Bruderherz. … Schafft ihr den Rest bis zum Auto allein?«

»Natürlich! Wie kommst du nach Hause?«, wollte ich wissen.

»Susan wird mich fahren. Also bis später, ihr zwei.« Sie gab mir und Hannah jeweils einen Kuss auf die Wange und verschwand wieder in die Kneipe.

Kaum waren wir an der frischen Luft, lief Hannah noch langsamer. Die Kühle schien ihren Rausch zu verstärken. Sie lachte und kicherte ohne ersichtlichen Grund, konnte sich dabei kaum auf den Beinen halten. Ich hielt sie fest in meinem Arm, damit sie nicht auf die Straße stolperte.

»Was ist denn so witzig? Du musst aufpassen, wenn du über die Straße läufst.«

»Ja, Herr Poplizischt!«, gab sie lachend zur Antwort.

»Und warum lachst du so?«

»Na, weil du so ein verdatteres Geschicht gemacht hast, als ich getanzt ab, hicks. Damit hast du wohl nischt geäschnet, hä?«

Sie hatte recht. Blöder hätte ich wirklich nicht schauen können. Aber wer hätte schon mit so einer heißen Nummer rechnen können?

Sie stolperte noch ein paar Mal über ihre eigenen Füße, wobei sie ständig bemüht war, das Gleichgewicht zu behalten. Irgendwann zog sie ihre Schuhe aus und torkelte den Rest zum Auto barfuß.

»Hmmm, du riechsch wirklich verammt gut«, sagte sie und schnupperte an mir.

»Äh, Hannah? Was tust du da?«

»Ich riechsche disch. Willst au mal? Wirklich lägger? Hicks!«

Grinsend hielt ich sie einen Augenblick in meinem Arm. Es gefiel mir – sehr sogar. Trotzdem war mir klar, dass die Hannah, die ich kannte, sich mir niemals so nähern würde, geschweige denn, mir sagte, dass ich gut roch. Kurz genoss ich den Moment.

Endlich am Auto angekommen, hielt ich sie weiter im Arm und öffnete die Tür. Vorsichtig setzte ich sie auf den Beifahrersitz.

»Du kotzt mir doch nicht ins Auto, oder?«

»Ich? So was mach ma nur auf der Toschette.«

»Na hoffentlich!« Ich beugte mich zu ihr und schnallte sie an.

»Sag mir einfach rechtzeitig Bescheid, wenn dir schlecht ist.«

»Aye-Aye, Sir«, salutierte sie und kicherte.

Kopfschüttelnd schloss ich die Tür. Mir fiel ein, dass ich noch eine Wasserflasche im Kofferraum hatte. Ich holte sie und reichte sie ihr.

»Trink das, Hannah! Das wird dir helfen.«

Sie sah mich fragend an. »Jetsch weiss ich! Du bisz gar keine Hure, schondern ein Arscht!«

Amüsiert öffnete ich die Flasche und reichte sie ihr.

»Ein Arzt? Trink lieber!« Als ich den Motor startete, kicherte sie wieder. »Des ört sich total geil an.«

»Geil?« Perplex sah ich zu ihr.

»Ja, das sagt man doch, wenn man eschwas total schuper findet, oder? Und isch find das Geräusch vom Motor echt geeiill!«

»Ja, das sagen manche Leute. Nur du nicht – normalerweise.« Ich fuhr aus der Parklücke heraus und gab Gas.

»Fuck!«, entfuhr es ihr.

Fuck! Und das aus Hannahs Mund?!

Ich drosselte die Geschwindigkeit, Hannah atmete merklich durch.

»Duuuuu, Jake! Was machst, wenn du ma ne Kundin, hicks, hast und mit ihr nisch pimpern willst. Musst dann trotschem?«

»Wie kommst du jetzt darauf?«

»Na, das ist dosch todal zum Otzschen, oder?«

»Eigentlich ist mir das noch nie passiert.«

»Ächt? Und warum?«

»Na, weil ich eigentlich immer Lust auf Sex habe …«

Nachdenklich setzte sie die Flasche wieder an. »Das laub ich nischt, hicks. Man hat dosch auch ma keine Lust, alllssooo ich hab ganzsch oft keine Lust. Obwohl Matt ischt ja auch nieeeee da! Un wenn du wirschlisch mal keine Luscht ast?«

»Dann sage ich den Termin ab.«

»Matt schagt nie Termine ab, aber der isch auch keine Ure. … Hure, Hure!« Wieder kicherte sie.

»Wieso betonst du das so? Hast du ein Problem damit?«

»Isch? Nee! Sollt isch? Isch kann mia das eben einfach nischt vorschellen.«

»Ich habe oft Termine, wo nicht alles ›All inclusive‹ ist.«

»All inkluschive? Was das?«

»Da werde ich nicht nur für eine Begleitung gebucht, sondern alles inklusive.«

»Aschooo! Mit Bums …!? … Ups! Hab isch das wirschlich geschagt?«

Entsetzt über die Worte schlug sie die Hand vor den Mund.

»Aber wa um finden disch alle so geil?«

Ich schmunzelte. »Ich werde dir nun ein Geheimnis sagen. Ein guter Gigolo besitzt das Herz eines Heiligen, den Geist eines Philosophen und das Geschick des Teufels. All das macht Frauen glücklich.«

»Häää? Des blick isch nicht. … Und wasch ischt, wenn du eine mal todal oll findescht und du mehr willschst?«

Was für eine Frage! »Ich verliebe mich nicht, dafür bin ich zu professionell.«

»Aber du arscht doch au ma verliebt, in Susan, oder?«

Das Gespräch nahm eine Wendung, die mir nicht gefiel. Wir fuhren gerade von der Straße und bogen auf das Grundstück meiner Eltern. »Wir sind schon da, Hannah.«

»Wiescho schaffst du des immer, mia eine Antwort uldig zu bleiben?«

»Morgen, wenn du wieder nüchtern bist, stehe ich dir Rede und Antwort, versprochen!«

»Isch schnehm disch beim Ort. Des glaub ma!«

Ich parkte, stieg aus und öffnete ihr die Tür. Beim Aussteigen benötigte sie Hilfe.

»Kannst du allein gehen?« Ich nahm ihre Tasche und die Wasserflasche mit, bevor ich leise die Tür schloss.

»Hicks! Das ichsch gar nich so eicht, aber ich werd esch verschuchen.« Schon torkelte sie ein paar Schritte den Stufen entgegen. Ich konnte nur hoffen, dass niemand durch uns aufwachen würde.

Gerade wollte sie sich am Geländer festhalten, als sie dieses verfehlte. Sie strauchelte und rumste an einen Blumentrog. Ich versuchte, sie aufzufangen, doch es war schon zu spät. Sie fiel unsanft und schlug sich ihren Kopf an.

»Aua!«

»Scheiße! Hast du dir wehgetan?« Sofort war ich bei ihr.

Sie hielt ihre Stirn und rieb sich die Stelle.

»Zeig mal.« Ich nahm ihre Hand, um mir ihre Verletzung anzusehen. Das Laternenlicht war zu dunkel, um etwas erkennen zu können.

»Na, komm! Ich trage dich.« Behutsam hob ich sie an. Sofort legte sie einen Arm um meinen Hals und schmiegte sich erschöpft an mich. Sie war leicht wie eine Feder. Es war ein schönes Gefühl, sie so zu umsorgen.

So leise wie möglich stieg ich die Stufen hinauf und schaffte es, die Tür zu öffnen. In New York wäre es undenkbar, die Haustüre nicht abzuschließen. Schon als Kind konnte man zu jeder Tages und Nachtzeit in unser Haus, wenn man wollte. Aber Dundee war eben Dundee und nicht mit New York zu vergleichen.

Leise betrat ich das Haus und knipste das Licht zur Treppe an. Stufe für Stufe schritt ich hinauf, öffnete die Tür zu unserem Zimmer und legte Hannah behutsam auf unser Bett.

»Hier, trink weiter. Ich bin gleich wieder da.«

Im Badezimmer suchte ich nach einem Waschtuch, befeuchtete es mit kaltem Wasser und ging wieder zu ihr. Ich setzte mich an den Bettrand und wischte ihr mit dem Tuch über die Stirn, dabei begutachtete ich ihre Verletzung.

»Das wird eine kleine Beule geben. Am besten, du kühlst es.«

»Sach ma, wie hast misch gefunden, hicks, da oschen auf der Bühne?«, fragte sie und musterte mich mit ihren blauen Augen.

»Du willst wissen, wie ich deinen Tanz fand?« Ich betupfte ihre Beule. »Also, um ehrlich zu sein, kannst du einen Mann schon verrückt machen.«

Sie lachte. »Findest du dasch wirschlisch? Isch wollt scho lang ma wissn, wie dasch is, hicks.«

»Absolut! Du hast einen unglaublichen Körper und kannst dich toll bewegen. Du hast mich sehr überrascht.«

Sie strahlte übers ganze Gesicht. »War es das erste Mal, dass du so getanzt hast?«

»Meinsch du, hicks, ich mach das etwa öschter? Das darf isch doch nischt. Wenn meine Mom mich geschehen hätte, wäre sie beschimmt tot umfallen.«

Nach allem, was ich von Hannah wusste, konnte ich mir das wirklich gut vorstellen. Ihre Mutter schien sie sehr streng erzogen zu haben.

»Mach dir keine Sorgen – falls das in deinem Zustand überhaupt möglich ist. Sie wird es nie erfahren.«

»Das arf niemand je wische, weißt? Nich ma Matt weiß, dasch ich manchmal verrückte Sachen mache, also pssst....«

»So? Was machst du denn Verrücktes?«

Wieder kicherte sie. »Na ja, ich glaub, das sollte isch dir nicht erzschählen, onst denkst du, ich bin total escheuert.« Den Rest ihres Genuschels verstand ich nicht.

»So etwas würde ich niemals von dir denken.«

»Otzdem ist das unser Heimnis.«

»Weil?«

Sie gab mir keine Antwort und starrte mich unentwegt an. Sie wurde bleich und plötzlich sah ich fast Panik in ihren Augen aufleuchten.

»Hannah? Ist dir schlecht?«

»Oh jee! Oh jee!« Mit weit aufgerissenen Augen richtete sie sich auf. Mit der Hand vor den Mund gepresst, stürzte sie direkt ins Badezimmer und übergab sich. Sie tat mir leid, als ich sie so vornübergebeugt über der Schüssel hängen sah. Ich hielt ihre Haare, damit sie nicht ins erbrochene hingen und wartete ab, bis es vorbei war.

»Geh weg! Ich will nicht, dass du mich so siehst!«, sagte sie nach einer ganzen Weile. Ihr Magen war jetzt leer. Kraftlos betätigte sie die Spülung. Ich nahm einen Zahnputzbecher, füllte ihn mit Wasser und reichte ihn ihr. »Mach dir keine Gedanken, ich habe schon Schlimmeres gesehen.«

Sie spülte ihren Mund aus, blieb aber vor der Schüssel sitzen. Ihr Kopf ruhte auf ihrem Arm und ihre Augen waren geschlossen.

»Meinst du, es kommt nochmal was?«

Noch bevor sie reagieren konnte, übergab sie sich ein weiteres Mal. Matt und völlig fertig zuckte sie nur mit den Schultern.

»Ich bin gleich wieder da«, sagte ich. Meine Mutter hatte in dem großen Badezimmer immer ein kleines Medizinschränkchen. Leise schlich ich mich ins Bad und suchte nach einem Schmerzmittel. Auch das hatte sich im Hause nicht geändert – Gott sei Dank. Ich nahm ein Magenmittel und eine leichte Schmerztablette. Außerdem holte ich ein T-Shirt von mir. Ihr sexy Kleidchen von gestern Abend wollte sie jetzt bestimmt nicht anziehen. Obwohl ich mich schon gefragt habe, warum sie es eingepackt hatte, wenn sie sich darin nicht wohlfühlte.

Wieder zurück saß Hannah immer noch in der gleichen Position. Zuerst gab ich ihr das Magenmittel, welches sie mit ein paar Schlucken herunter spülte. Die Schmerztablette löste ich in dem Zahnputzbecher auf und reichte sie ihr.

»Hier! Das wird dir guttun.« Sie nahm den Becher und trank ihn aus.

»Braves Mädchen!« Sie gab mir den leeren Becher wieder. Dann spülte ich das Waschtuch aus und wischte ihr über das Gesicht. Ihre Schminke war unter den Augen verlaufen und Tränen der Anstrengung lagen noch auf ihren Wangen. Sanft wischte ich sie fort. »Du wirst sehen, dir geht es gleich viel besser.« Sie bewegte sich langsam, versuchte, den Knopf ihrer Jeans zu öffnen. Ich half ihr dabei. Es wunderte mich, dass es ihr nichts ausmachte, dass ich noch im Badezimmer war, sagte aber nichts. Besser, sie zog sich in meinem Beisein um, bevor sie vielleicht wieder umkippte.

Aus dem Schlafzimmer vernahm ich ein Klopfen. Mist! Hoffentlich hatten wir niemanden geweckt.

»Ich bin gleich wieder da«, sagte ich und ließ sie allein.

Vor der Tür stand meine Mutter. »Jake! Alles in Ordnung bei euch?«

»Ja, Hannah … hat nur ein bisschen zu viel getrunken. Das ist alles.«

»Oh, geht es ihr nicht gut?«

»Es geht ihr schon besser. Sie zieht sich gerade um.«

Sie spähte ins Zimmer. »Hast du ihr ein Schmerzmittel geben?«

Ich nickte. »Ja.«

»Braucht ihr noch irgendwas?«

»Nein, ich denke, eine Mütze voll Schlaf wird ihr guttun. Danke! Morgen wird es ihr wieder besser gehen. Geh wieder schlafen. Wir wollten niemanden wecken.«

Sie lächelte mich an. »Ist gut, Junge. … Ich freue mich wirklich, dass ihr hier seid. … Gute Nacht!«

»Wir freuen uns auch. Gute Nacht, Mom!«

Sie gab mir einen Kuss auf die Wange und ging wieder den Flur entlang zurück in ihr Schlafzimmer.

Einerseits freute ich mich, dass sie mich gern bei sich hatte, doch andererseits blieb ein merkwürdiges, dumpfes Gefühl zurück.

Gerade als ich das Badezimmer wieder betrat, stand Hannah nur in Unterwäsche bekleidet mit dem Rücken zu mir gewandt da.

»Danke für das T-Shirt!«, sagte sie, ohne sich dabei umzudrehen. Ihrer Stimme nach zu urteilen, fühlte sie sich hundsmiserabel.

***

Wenig später lag sie im Bett und hatte die Decke von sich getreten. Ihr Gesicht hatte wieder ein wenig Farbe bekommen.

Ich zog mich um und legte mich auf meine Seite.

»Jake?«

»Hm ...?«

»Es tut mir leid«, sagte sie schläfrig.

»Was tut dir leid?«

»Na, wie ich mich heute Abend benommen habe.«

Ich stutzte, drehte mich zu ihr und sah sie an. »Das muss dir doch nicht leidtun. Höchstens, dass du dich betrunken hast. Aber ehrlich gesagt, hat es mir sehr gefallen. Ich meine deinen Tanz.«

»Meinst du das ernst?«

»Natürlich, sonst würde ich es nicht sagen.«

Eine Weile schwiegen wir und fast hatte ich geglaubt, sie wäre eingeschlafen. Doch dann sah ich, wie sie an mir vorbei aus dem Fenster starrte.

»Woran denkst du?«

»An meine Mutter«, sagte sie leise.

»Sie war sehr streng mit dir, stimmt´s?«, fragte ich in die Stille hinein.

Sie seufzte tief. »Ich glaube, sie kann nichts dafür. Sie liebt mich, aber sie hat auch gleichzeitig solche Angst um mich, dass sie glaubte, mich so erziehen zu müssen. Ich kann mich zwar kaum noch daran erinnern, aber als mein Vater noch bei uns lebte, war sie nicht so. Sie spricht selten von ihm. Manchmal habe ich heimlich die alten Fotos auf dem Dachboden angesehen. Wir waren glücklich und zufrieden, bis er ging. Dass er uns verlassen hat, hat sie so sehr verletzt, dass sie mich vor solchen Enttäuschungen im Leben schützen wollte.«

»Weißt du, warum dein Vater damals fortging?«

Wieder schwieg sie eine Weile, dann richtete sie sich ein wenig auf. »Ich glaube, weil sie ihn eingeengt hat. Er war ein Mensch, der viel Freiraum brauchte. Er war ein Künstler, ein Vogel, dessen Flügel sie ständig stutzen wollte, bis er es schließlich nicht mehr aushielt.«

»Hat er dir das gesagt?«

Sie schüttelte ihren Kopf. »Nein. Als ich 16 Jahre alt war, starb er und hinterließ mir einen Brief und sein Notizbuch. In dem Brief schrieb er, dass er all die Jahre an mich gedacht und mich sehr geliebt hatte. Er erklärte darin, dass meine Mutter ihm nicht erlaubt hatte, weiter Kontakt zu mir zu haben. Sie wollte es nicht. Sie wusste genau, dass ich den gleichen Freigeist wie mein Vater besitze. Manchmal rutschten ihr so Sätze heraus wie ”Du bist genau wie dein Vater, aber du wirst lernen müssen, dass du so nicht durchs Leben kommst"«, äffte sie ihre Mutter nach. »Ich gab mir solche Mühe, so zu sein, wie sie es sich von mir immer gewünscht hatte. Aber hin und wieder ist es schwer für mich, die brave Hannah zu sein. … Manchmal will ich einfach … frei sein, tanzen und laut sein, wenn mir danach ist, den Tag im Bett verbringen oder stundenlang meinen Tagträumen nachhängen. Kannst du das verstehen?«

Ich nickte. Natürlich konnte ich das. Vielleicht sogar besser, als sie sich das je vorstellen konnte. Wir waren uns beide so ähnlich. Von uns wurde etwas erwartet, dass wir nicht zu hundert Prozent geben konnten, weil unsere Charaktere anders waren. Wir unterdrückten unser wahres Wesen.

»Mom weiß nicht, dass ich die Wahrheit über meinen Vater kenne. Sie nahm mir das Notizbuch weg, weil ich ständig darin las. Sie war sehr böse auf mich.

Die Gedichte, die mein Vater in diesem Notizbuch aufgeschrieben hat, hat er für mich geschrieben. Sein Wunsch war es, dass ich diese Worte verstehe und sie ein Stück weit leben würde. Er wollte, dass ich frei bin.«

»Und wie kamst du wieder an das Notizbuch?«

Sie grinste. »Na, sie rastete aus, nahm es mir damals weg und versteckte es. Eines Morgens, als sie zur Arbeit ging, habe ich es gesucht und gefunden. Es dauerte ein paar Tage, bis sie bemerkt hat, dass ich es wiederhatte, und sie erwartete von mir, dass ich es herausrücken würde, doch ich blieb stur und rückte es nicht heraus. … Natürlich hat sie mich bestraft. Ich hab die Strafe ertragen, mich aber durchgesetzt. Das war das erste Mal, dass ich mich ernsthaft gegen sie auflehnte. Ich glaube, so richtig konnte sie mir das nie verzeihen.«

»Habt ihr bis heute nicht darüber gesprochen?«

»Nein! Der Brief und das Notizbuch stehen bis heute zwischen uns.«

»Das tut mir leid.«
Sie schüttelte ihren Kopf. »Das braucht es nicht. Bisher habe ich nicht den Mut gefunden, ihr ehrlich zu sagen, was ich denke.«
»Und was sind das genau für Gedichte?«
Ihre Augen begannen zu leuchten. »Interessiert dich das wirklich?«
»Klar!«
Einen Augenblick sah sie mich fassungslos an. Sie beugte sich zu ihrer Handtasche und holte das in Leder gebundene Notizbuch. Man sah ihm die Jahre an. Sie blätterte in den welligen und teilweise vergilbten Seiten. Dann las sie mir etwas vor:

"Frei will ich sein und singen,
so wie der Vogel lebt,
der auf Palast und Kerker
sein Frühlingslied erhebt.

Die Freiheit ist mein Leben
und bleibt es immerfort,
mein Sehnen, mein Gedanke,
mein Traum, mein Lied und Wort."

Hoffmann von Fallersleben

Ich begriff, wie tief diese Worte gingen. Sie spiegelten genau das wider, wonach ich mich damals als Teenager gesehnt hatte. Es war der Traum nach Freiheit, nach Unabhängigkeit und nach Leben, welches ich in Dundee nicht ausleben durfte. Was Freiheit wirklich bedeutete, lernte ich erst in New York kennen.
»Mein Vater schenkte mir dieses Armband.« Sie spielte daran herum, zeigte mir das kleine Blumensymbol.«

»Die Blüten haben genau die gleiche Farbe wie deine Augen, wenn du von etwas begeistert bist.« Mein Herz begann zu pochen, als sie mich ansah, und ich wünschte mir, ich könnte hören, was sie in dem Augenblick dachte.

»Diese Blume ist das Symbol der Romantik, einer Zeitepoche, in der ganz wundervolle Gedichte entstanden sind.

Mein Vater liebte diese Blume. Er wollte, dass ich es trage. Es sollte mich stets daran erinnern, dass ich frei sein konnte. Er wünschte sich, dass ich so sein durfte, wie die Natur mich vorgesehen hatte. Meine Mutter weiß das natürlich nicht, aber seit ich die Gedichte lese und das Armband trage, fühle ich mich irgendwie nicht mehr so allein. Es fühlt sich an, als würde er mich verstehen.« Sie senkte ihren Blick und sah auf das Armband. »Ich bin nur traurig, dass ich nie die Chance hatte, mich mit ihm zu unterhalten. Ich hätte ihn so gerne kennengelernt, ich meine, so richtig. Verstehst du?«

Ich nickte. »Weißt du eigentlich, was diese kleinen Herzblüten für Steine sind?« Wortlos schüttelte sie mit dem Kopf.

»Das sind kleine Edel-Topase in Herzform. Das ist bestimmt ein sehr altes Stück. Weißt du, woher dein Vater es hat?«

»Nein, keine Ahnung! … Du kennst dich damit aus?«

»Ein wenig«, sagte ich und betrachtete das Stück genauer. Es war wirklich schön und sehr filigran gearbeitet. Bestimmt eine Seltenheit! »Weißt du, was der Topas für eine Bedeutung hat?«

»Nein, erzähl es mir.«

»Der Edelstein fördert die Selbstbestimmung und den Freiheitsdrang. Alles, was einen Menschen sich selbst näher bringt, wird von ihm unterstützt. Er löst kleinliche und starre Denkmuster auf und inspiriert zu Größerem.«

Ich lächelte sie an, weil mir plötzlich bewusst wurde, warum ihr Vater genau dieses Armkettchen für sie ausgesucht hatte. Er war wirklich ein sehr interessanter Mensch gewesen. Und obwohl er seine Tochter nur als Kind kannte, wusste er, was die konservative Erziehung aus ihr machen würde. Deshalb auch die Gedichte aus der Romantik. Es war sein Versuch, ihr klarzumachen, dass sie sich selbst davon befreien musste, um als die Person leben zu können, die sie in Wirklichkeit war. Ob ihr das bewusst war?

»Wow! Woher weißt du das alles?«, fragte sie schließlich.

»Sagen wir, ich habe mich lange mit Edelsteinen beschäftigt. Das ist wirklich ein sehr interessantes Thema.«

»Ich habe mir noch nie Gedanken darüber gemacht. Ich liebe dieses Armkettchen, weil es von meinem Vater kommt, genau wie das Ledernotizbuch. … Weißt du, ich habe davon noch nie jemandem erzählt.«

»Ehrlich? Auch Matt nicht?«

Sie zuckte nachdenklich mit den Schultern. »Auch ihm nicht. Er weiß zwar, dass ich Probleme mit meiner Mutter habe, aber von dem Buch und der Herkunft meines Armkettchens hat er keine Ahnung.« Wieder schwiegen wir und schließlich legte sie das Notizbuch beiseite.

»Bist du glücklich mit Matt?«

Sie errötete. »Warum fragst du?«

»Weil ich es dir eigentlich keine Sekunde abkaufe. Du willst einen Mann heiraten, der deine tiefsten Geheimnisse nicht kennt, der überhaupt nicht weiß, wer du wirklich bist? Nach allem, was du mir erzählt hast, willst du allen Ernstes in das Leben treten, das man von dir erwartet? Ehrlich gesagt, glaube ich nicht, dass das eine gute Idee ist.« Das war genau ihr wunder Punkt. Sie legte sich auf den Rücken und starrte zur Decke.

»Ich liebe Matt und er liebt mich.«

»Ganz ehrlich, Hannah«, auch ich drehte mich jetzt auf den Rücken, »du liebst ihn nicht. Er ist vielleicht dein bester Freund, aber Liebe ist etwas anderes.«

»Das musst du gerade sagen. Woher willst du das wissen?«

Sie wusste, dass ich die Wahrheit sagte, sonst würde sie nicht so reagieren. Soweit kannte ich sie schon.

»Weil ich damals … so etwas Ähnliches durchmachen musste. Schließlich habe ich Dundee verlassen, damit ich nicht das Leben leben musste, welches man sich für mich ausgedacht hatte. Ich war damals mit Susan zusammen. Ich habe sie wirklich geliebt. Irgendwann erkannte ich, dass sie nicht so fühlte wie ich. Heute bin ich froh, dass ich es damals schon so klar sehen konnte. Damit gab ich sie frei und ging nach New York.«

Ihr Atem ging jetzt ruhiger und gleichmäßig.

»Du bist müde, Blue. Lass uns schlafen. Morgen ist ein anstrengender Tag.«

Ihre Augen waren schon länger geschlossen und ich glaubte, sie schlief nur aus Höflichkeit nicht ein, während ich erzählte. Doch es dauerte nicht lange, bis sie ganz leise schnarchte. Ich grinste und strich ihr eine Strähne aus dem Gesicht. Noch eine Weile sah ich ihr beim Schlafen zu. Am Montag würden wir in unser Leben zurückfahren – und dann?

Ein dumpfer Schmerz begleitete meine Gedanken, bevor mich selbst die Müdigkeit übermannte. Ich fiel in einen tiefen Schlaf und träumte von damals, als ich so viel Schuld auf mich geladen hatte.

Kapitel 19

Die blaue Blume

Hannah

Mein Hals war staubtrocken und mein Kopf pochte, als würde jemand mit einem Hammer dagegenschlagen. Meine Glieder schmerzten, sie wogen bestimmt mehr als eine Tonne. Als ich meine Augen nur einen kleinen Spalt öffnete, schloss ich sie schnell wieder, weil das Sonnenlicht, das das Zimmer durchflutete, richtig wehtat. Aua! Leise stöhnte ich und wälzte mich auf den Rücken.

»Guten Morgen, Schlafmütze.«

Schlafmütze? Ich war doch eben erst eingeschlafen? Jemand stellte etwas auf dem Nachttisch ab. Ich hörte, wie in einem Glas gerührt wurde. Ich zog das Kissen über meinen Kopf. Nein! Einfach die Augen wieder schließen, und wenn ich das nächste Mal aufwachte, würde es mir bessergehen.

Die Matratze gab nach und jemand setzte sich zu mir.

»Trink das! Danach wirst du dich besser fühlen.«

Jake! Wie in Zeitlupe nahm ich vorsichtig das Kissen so weit von meinem Gesicht, dass ich ihn durch einen Spalt ansehen konnte. So langsam kapierte ich, wo ich war. Erinnerungen in Form von absolut peinlichen Bildern drangen in meinen Kopf.

Er nahm das Kissen und zog es ganz herunter. Ich schlug meine Hände vors Gesicht und schüttelte ungläubig den Kopf.

»Sag mir bitte, dass ich das alles nicht getan habe.«

Ich hörte das Lachen in seiner Stimme, das mir unmissverständlich klarmachte, dass ich tatsächlich …

Oh Gott! Oh. Mein. Gott!

»Du hast ganz wundervoll getanzt, Blue. Und unser Kuss wird im Gedächtnis der Leute für lange Zeit eine unterhaltsame Erinnerung sein.«

Verdammt! So eine Scheiße!

Warme Hände legten sich auf meine. »Hannah, du brauchst dich nicht zu schämen, für gar nichts, was gestern Nacht geschehen ist.«

Erschrocken riss ich meine Hände vom Gesicht und sah an mir herunter. Wie ein Blitz fuhr ein stechender Schmerz durch meinen Kopf, was mich langsamer in meinen Bewegungen werden ließ. Nur in Slip bekleidet und in einem mir fremden T-Shirt hatte ich die Nacht mit Jake in diesem Bett verbracht? War ich denn von allen guten Geistern verlassen?

Jake lachte und fuhr sich durchs Haar. »Keine Sorge, es ist nichts passiert.«

»Bist du dir sicher?« Ich war mir nicht sicher. Ich konnte mich zwar an fast alles erinnern, doch kleine Zweifel hatte ich trotzdem.

Ich setzte mich auf und nahm ihm das Glas aus der Hand. »Was ist das?«, fragte ich und trank einen Schluck.

»Ein Schmerzmittel.«

»Und wie viel Uhr ist es?«

»Es ist Viertel nach sieben. Wir haben noch Zeit. Aber ich dachte, du wirst etwas länger brauchen, bis du richtig wach bist und dich einigermaßen gut fühlst.«

Ich trank das Glas in einem Zug aus und reichte es ihm. Erleichtert, dass ich nicht verschlafen hatte, lehnte ich mich wieder gemütlich in die Kissen zurück.

»Ich sehe bestimmt fürchterlich aus.«

»Stimmt nicht. Du siehst müde aus. Es gibt Frauen, da erschrickst du, wenn du neben ihnen aufwachst.«

Ein Lachen entfuhr mir, was ich sofort bereute, weil mein Kopf es nicht witzig fand, in diesem desolaten Zustand zu schnelle, hastige und unvorhersehbare Bewegungen zu machen.

Erst jetzt fiel mir auf, dass Jake frisch geduscht und wie aus dem Ei gepellt aussah.

»Möchtest du frühstücken? Meine Leute schlafen zwar noch, aber ich kann für dich Frühstück machen, wenn du willst.«

Er war wirklich süß und so langsam musste ich mir eingestehen, dass ich ihn mochte. Er verstand es, mir seine volle Aufmerksamkeit zu schenken, ohne dass ich das Gefühl hatte, seine Zeit gekauft zu haben. So langsam begriff ich, warum die Damen in New York ganz verrückt nach ihm waren. Und wenn ich an den Kuss von gestern dachte, breitete sich Wärme und ein süßes Ziehen im Unterleib aus.

Meine Güte! Rasch zog ich die Decke über den Kopf.

»Danke, aber ich bekomme gerade keinen Bissen herunter. Du sagtest ja, wir haben noch Zeit, oder?«

»Ja, der Gottesdienst beginnt um elf Uhr.« Er machte es sich neben mir bequem.

»Möchtest du darüber reden?«

Was meinte er? Ich runzelte die Stirn. »Worüber?«

»Zum Beispiel über unser letztes Thema gestern Nacht.«

Alles, bloß das nicht! Soweit ich mich erinnerte, war meine Beziehung zu Matt das Thema gewesen, und ich verspürte überhaupt keine Lust, mir jetzt darüber Gedanken zu machen.

»Ich geh duschen.« Ich schlug die Decke von mir und huschte ins Badezimmer. Froh, endlich allein zu sein, schloss ich für einen kurzen Moment die Augen und lehnte mich an die Tür. Meine Kopfschmerzen wurden allmählich besser. Ich putzte akribisch meine Zähne. Dabei dachte ich an Matt und unser letztes Gespräch. Die Gedanken an die Peinlichkeiten, die ich mir letzte Nacht geleistet hatte, verbannte ich einfach. Spätestens morgen Nachmittag würde ich Dundee den Rücken kehren und nie wieder zurückkommen.

Ich duschte ausgiebig und hoffte, dass Jake nicht mehr da sein würde, wenn ich meine Kleidung holte. Zum Glück fand ich unser Zimmer tatsächlich leer vor.

Ich zog das Kostüm an, welches Lisa zusammen mit mir in der Boutique ausgesucht hatte. Meine Haare steckte ich zu einer Hochsteckfrisur, wobei ich hoffte, dass meine Kopfschmerzen durch die Haarklammern nicht noch stärker werden würden.

Matt musste wirklich sauer auf mich sein. Weder einen Anruf noch eine Nachricht hatte er mir hinterlassen, seit er erfahren hatte, dass ich mit einem fremden Mann unterwegs war. Mein schlechtes Gewissen war überdimensional groß, obwohl eine fremde Dame an seinem Handy gewesen war. Sicherlich gab es dafür eine harmlose Erklärung. Nervös knabberte ich an meinen Fingernägeln und überlegte, ob ich ihn jetzt anrufen sollte. Schon flogen meine Finger über die Tasten und wählten seine Nummer. Wenn jetzt wieder eine weibliche Stimme rangehen würde, wäre die Sache für mich klar.

»Hallo?«

»Hi Matt! Ich bin´s!« Es entstand eine Pause, in der keiner von uns ein Wort sagte. Im Hintergrund hörte ich Geschirr klappern.

»Hallo Liebes! Alles in Ordnung bei dir?« Seine Stimme klang wie immer.

»Ja, … und bei dir?«

Komisch! Noch nie hatten Matt und ich einen Streit. Obwohl man ja nicht sagen konnte, dass wir uns über die jetzige Situation gestritten hatten. Trotzdem lag eine gewisse Anspannung zwischen uns, die mir fremd war.

»Wann kommst du nach Hause?«, wollte er wissen. Er sagte es völlig gelassen.

»Morgen. … Ich hab dich gestern angerufen.«

»So? Wann?«

»Gestern, am späten Nachmittag. Es ging eine Frau ans Telefon. Hat sie dir nicht gesagt, dass du mich zurückrufen solltest?«

»Ähhh! … Also, … nein! Ich ...«

»Wieso geht eine Frau an dein Handy?«

»Das war … äh … eine Assistentin. Wahrscheinlich hat sie vergessen, es mir auszurichten. Tut mir leid, Liebling!«

Das "Liebling" konnte er sich sparen. Ich war nicht in Stimmung für seine Liebkosungen. Es hörte sich ohnehin schon nach einer Ausrede an, ganz egal, wie er es ausschmückte. Eine innere Stimme sagte mir, ich sollte ihn nicht verschonen. Ich sollte ihm sagen, wie sauer ich war und was ich wirklich glaubte. Doch die Vernunft hielt mich zurück. Er würde es abstreiten, mich besänftigen und mir wahrscheinlich weitere Lügen auftischen.

»Egal! Ich wollte dir gestern sagen, dass es mir leidtut und du dir wirklich keine Sorgen um mich zu machen brauchst. Spätestens morgen Abend bin ich wieder zu Hause.«

»Gut, Schatz! Ich hab auch gute Neuigkeiten für dich. Ich weiß zwar noch nicht, wann genau, aber ich komme bald nach Hause.«

Seltsam! Wieso konnte ich mich nicht freuen? Es hätte mir nichts ausgemacht, wenn er mir gesagt hätte, dass er noch länger fort sein würde. Es gab ein Wort für dieses Gefühl. So viele Jahre hatte ich es wahrgenommen, wenn ich an meinen Vater gedacht hatte – Gleichgültigkeit. Zumindest bis zu meinem 16. Lebensjahr fühlte ich so. Bis ich die Wahrheit über meinen Vater erfuhr.

»Oh, das ist schön!« Matt würde es an meiner Stimme hören, dass sich meine Freude darüber in Grenzen hielt.

Wieder schwiegen wir eine Weile.

»Dann … rufst du mich an, wenn du wieder zu Hause bist?«

»Mach ich.«

»… Ich liebe dich.«

»Ja, bis morgen!« Mehr brachte ich einfach nicht über meine Lippen. Aber um darüber nachzudenken, blieb mir keine Zeit. Jake betrat unser Zimmer mit zwei Tassen Kaffee in der Hand. Ich legte das Handy in meine Tasche zurück.

»Hier! Ich dachte, Koffein wäre jetzt genau das Richtige für dich.« Er streckte mir eine Tasse hin und setzte sich neben mich auf die Bettkante.

Dankbar nahm ich die Tasse entgegen und nahm einen Schluck von dem heißen Gebräu.

»Fühlst du dich besser?«

Meine Kopfschmerzen waren wirklich fast verschwunden und das schlaffe und müde Gefühl in meinen Gliedern wurde immer weniger.

»Danke! So langsam wird's besser.«

»Willst du darüber reden?«

»Worüber? Etwa über letzte Nacht? Ich bin gut darin, diese Bilder zu verdrängen. Nein! Lass es uns einfach vergessen. Wenn wir morgen nach Hause fahren, wird es ein dunkler Punkt in meinem Leben sein, über den ich nicht mehr nachzudenken brauche. … Aber du sagtest, du würdest mir heute Rede und Antwort stehen.«

»Hab ich das?«

»Hey!« Ich stupste ihn, bis er lachte.

»Schon gut. Du hast gewonnen. Was willst du wissen?«

»Ich … erzähl mir einfach, was damals geschehen ist. Was war genau der Grund, warum du deine Familie verlassen hast? Erzähle es mir einfach.«

Jake überkreuzte seine Arme und blickte grimmig. »Tja, ich weiß nicht, ob ich ...«

»Was es auch ist, Jake. Du kannst mir vertrauen.«

Er blickte zu mir und sofort verschwand der grimmige Ausdruck. »Ich weiß, Blue. Aber es ist nicht leicht für mich, darüber zu sprechen. Ich kann dir nur so viel sagen, du würdest mich mit anderen Augen sehen und vielleicht hassen«, flüsterte er. Er kämpfte mit sich, das konnte ich deutlich erkennen. Wieso erzählte er mir nicht einfach, was gewesen war? Es würde ihm besser gehen, da war ich mir sicher.

Es tat mir leid, ihn so zu sehen. Eindeutig litt er darunter, auch wenn er sich ständig stark und beherrscht gab. Er wollte keine Schwäche zeigen, aber irgendwie passte es überhaupt nicht zu ihm. Er war so etwas wie ein Freund für mich geworden. Er war sensibel und einfühlsam. In der kurzen Zeit hatte ich gelernt, ihm zu vertrauen.

Ich sah ihm ins Gesicht. Er war mit seinen Gedanken ganz woanders. Und wieder veränderte sich sein Mund und nahm einen harten Zug an.

»Ist es wirklich so schlimm? Wie lange hast du nicht mehr darüber gesprochen?«

Er erwiderte meinen Blick. »Ich habe noch nie mit jemandem darüber gesprochen, seit ich fortgegangen bin. Aber glaub mir, Hannah, das ist jetzt im Augenblick nicht wichtig. Ich kann nichts daran ändern oder wiedergutmachen. Ich muss damit leben. … Was ich sagen will, das hat nichts mit dir und mir zu tun. Meine Großmutter glaubt, ich führe ein glückliches und zufriedenes Leben mit dir in New York und genau das war unser Ziel. Nur … seit ich dich kenne, wird mir klar, in welchem Dilemma du selbst steckst, und ich habe beschlossen, dass ich dir gerne helfen möchte.«

»Ich verstehe nicht.«

Er befeuchtete seine Lippen und suchte nach Worten. »Du bist mir in so vielen Dingen ähnlich, Blue. Wir beide suchen nach etwas, was die Gesellschaft uns nicht geben kann. Wir reißen uns zusammen, um da hineinzupassen.«

Ich verstand immer noch nicht, worauf er genau hinauswollte.

»Und es ist mir gestern klar geworden, dass du noch eine Chance hast, zu erkennen, dass für dich das Leben noch mehr zu bieten hat als das, was du dir selbst ausgesucht hast. … Unser Kuss gestern … ich, … es war mehr als eine Show. Herr Gott! Ich weiß nicht, wie ich es dir sagen soll.« Nervös fuhr er sich durchs Haar.

Sofort kribbelte es in meinem Bauch, als die Gefühle in mir hochkrochen, die er gestern bei dem Kuss ausgelöst hatte.

»Ich sag es jetzt einfach, wie ich denke, okay? … Also, ich weiß, dass du in diesen Dingen nicht wirklich erfahren bist. Und ich würde dir gerne … noch mehr zeigen, bevor unser Arrangement zu Ende ist.«

Worüber sprach er nur? Von einem weiteren Kuss? Verräterisch pochte es in meinem Schritt. »Was?«

»Wir sind Freunde, Hannah, und ich möchte, dass du weißt, ...«

»Du willst mich nochmal küssen?«, entfuhr es mir und schon bereute ich, es laut ausgesprochen zu haben. Schlagartig war der restliche Dunst von meinem Rausch im Kopf verschwunden. Hellwach, aber fassungslos starrte ich ihn an.

Er lachte. »So wie dein Körper reagiert hat, würde ich gern einen Schritt weiter gehen.«

Scharf sog ich die Luft ein. »Was?«

Wollte er mit mir schlafen? Nein! Das ging entschieden zu weit. Gerade hatte ich gehofft, er würde mir endlich erzählen, was er so Schlimmes getan hatte, da wechselte er geschickt das Thema.

»Das ist jetzt nicht dein Ernst? Du glaubst doch nicht, ich schlafe mit dir?«

»Ich weiß, dass du dir das wünschst«, sagte er völlig ruhig und total selbstsicher. Da blieb mir einfach die Spucke weg.

Ich verfluchte innerlich mein Herz, die Schmetterlinge in meinem Bauch und die Bilder, die meine Fantasie bei dem Gedanken produzierte.

Wütend stellte ich die Kaffeetasse auf dem kleinen Nachttischchen ab. Kaffee schwappte und eine Pfütze sammelte sich um den Tassenrand.

Sauer und außer mir funkelte ich ihn an. »Weißt du, was du bist? Ein arrogantes Arschloch!«, keuchte ich erbost und stand hastig vom Bett auf. Sofort meldeten sich meine Kopfschmerzen wieder, aber ich war so aufgebracht über seinen Vorschlag, dass ich sie ignorierte.

»Ich hatte befürchtet, dass du es in den falschen Hals bekommen würdest.«

»In den falschen Hals? Für wen hältst du mich? Ich bin nicht eine deiner … deiner Kundinnen! Ich bin verlobt und werde ganz sicher nicht ...«

»Jetzt beruhige dich, Blue!«

»Und hör endlich auf, ständig „Blue" zu mir zu sagen. Wir haben, ganz klar, eine Abmachung getroffen und daran wird sich gefälligst auch nichts ändern.«

»Bitte! Es war ja nur ein Vorschlag.«

Wie kam er nur auf solch einen Gedanken? Hatte ich es gestern Abend etwa übertrieben? Aber ihm muss doch klar gewesen sein, dass ich nicht ganz zurechnungsfähig gewesen war.

Ich schüttelte energisch den Kopf. »Vergiss es einfach. Das gestern, …, als ich auf der Bühne war, habe ich nur getan, weil du mich einen Feigling genannt hast.«

Er lachte. »Und der Kuss? Du warst Wachs in meinen Händen und dein Körper hat nach mehr geschrien.«

Verdammt! Eigentlich hatte ich gehofft, dass er es nicht bemerkt hätte. Und schuld war nur der Alkohol gewesen. Ach, hätte ich doch nur nicht so viel getrunken!

»Das hast du dir eingebildet!«

Wieder lachte er und glaubte mir offensichtlich kein Wort.

»Also bist du doch ein Feigling?«, provozierte er mich und forderte mich damit heraus. Aber ich würde nicht mehr darauf hereinfallen.

»Vergiss es, Jake.«

»Es ist nur Sex, Blue. Nichts weiter. Wie willst du wissen, ob es sich nicht lohnt? Wie willst du herausfinden, wie es sich richtig anfühlt, wenn du einfach nur daliegst und wartest, bis dein Verlobter es zu Ende gebracht hat?«

Ich schüttelte fassungslos den Kopf. Er war sowas von arrogant und von sich überzeugt, dass er noch nicht einmal merkte, wenn eine Frau ihn nicht wollte. Glaubte er, dass nur er im Bett etwas leisten konnte?

»Meine Antwort lautet NEIN! Ganz egal, wie du es findest oder wie sehr du versuchst, mich zu überreden.«

»Abwarten! Deine Brüste haben dich schon verraten«, sagte er grinsend und sah mir direkt auf die Bluse.

So ein verdammter Mist! Meine Brustwarzen waren hart geworden und zeichneten sich verräterisch und ganz deutlich unter dem dünnen Stoff der Bluse ab. Sofort verschränkte ich meine Arme, um ihm den freien Blick darauf zu verwehren.

Sein Grinsen und sein Blick gingen mir durch und durch. Das Pochen in meinem Unterleib verstärkte sich, was meine Lust weiter anfachte.

»Überleg es dir. Mein Angebot steht, Blue! Ich bin zu allem bereit.«

***

Ich kochte vor Wut. So ein eingebildeter, arroganter Blödmann! Meine gute Kinderstube ließ es natürlich nicht zu, dass ich die Tür laut hinter mir zuknallte, als ich das Zimmer verließ, aber die Versuchung war groß. Tief- ein und ausatmen und ganz langsam bis zehn zählen, dachte ich. Dazu schloss ich kurz meine Augen und ballte meine Fäuste.

»Hannah, Kind? Alles in Ordnung?«

Irritiert unterbrach ich meine Übung, vergaß augenblicklich meinen Ärger und sah Jakes Mutter auf mich zukommen.

»Oh, guten Morgen!«

Sie kam gerade den Flur entlang und blickte fragend in mein Gesicht. »Was ist los? … Hat Jake dich geärgert?«

»Ähh, …« War es wirklich so offensichtlich?

Sie lächelte und strich mir beruhigend über den Arm. »Mach dir nichts draus. Die Bennet-Männer können einem wirklich auf den Geist gehen. Glaub mir, ich spreche aus Erfahrung.«

Sie zog mich den Flur entlang. »Komm, ein Frühstück wird dich wieder aufmuntern.«

Ich war total erleichtert, dass sie nicht den Grund unseres Streits wissen wollte. So folgte ich ihr in die Küche und half, das Frühstück zu richten.

»Erzähl mir von euch. Wie lebt es sich in New York? Meinst du nicht, ihr könntet uns öfter besuchen kommen?«, fragte sie, während sie die Eier abschreckte.

Oh, je! Wie kam ich jetzt da wieder heraus? Pat war so nett zu mir.

»Ich weiß nicht! Der Sommer ist fast vorüber und wir arbeiten bald beide wieder. Vielleicht im Herbst.«

»Ich weiß, Jake fiel es schwer, zum Geburtstag seiner Granny zu kommen. Und er tat es bestimmt nur ihr zuliebe. Wie du vielleicht mitbekommen hast, versteht sich Jake mit seinem Vater und seinen Brüdern nicht so besonders. Sie sind eben alle stur und keiner will nachgeben, dabei sehen sie nicht, wie wichtig es für Granny, Laura und mich wäre. Ich hoffe, du verstehst das.«

»Natürlich. Vielleicht wäre ein Gespräch unter Männern gar nicht so verkehrt!«, schlug ich vor.

Doch Pat winkte ab. »Bloß nicht! Das haben wir schon oft versucht. William, mein Ältester, kann da nie ruhig bleiben. Und Adam will von den alten Familienzwistigkeiten nichts mehr hören.« Sie schenkte uns beiden Kaffee in eine Tasse.

»Wie war Jake als Kind?«, fragte ich, um das Thema zu wechseln, was Pat schmunzeln ließ.

»Oh, er war ein ganz außergewöhnlicher Junge. Er konnte früher sehr gut zeichnen. In der Schule wurde er immer gelobt. Er war ein eher ruhiges und beobachtendes Kind. Im Gegensatz zu Adam und William spielte er nie mit anderen Kindern. Er war schon immer etwas eigen gewesen.«

Ich lächelte, weil ich fand, dass er heute diesem Bild überhaupt nicht entsprach. Im Gegenteil, er schien sehr beliebt zu sein. Er kannte einflussreiche Leute und genoss sein jetziges Leben in New York. Er hatte sich ein neues Leben aufgebaut und mit dem alten abgeschlossen.

»Guten Morgen!« Carl Bennet betrat die Küche und setzte sich an den gedeckten Tisch.

Er nickte mir zu.

»Morgen«, erwiderte ich.

»Carl, hast du dem Blumenhändler Bescheid gegeben, dass wir gegen zwölf die Kirche verlassen? Nicht, dass wir auf dem Empfang erscheinen und er die Blumen noch nicht ausgeliefert hat.«

»Ja, hab ich alles erledigt.«

»Und auf … dem Friedhof auch?«

Er antwortete nicht, sondern nickte nur, ohne dabei aufzusehen.

»Bedien dich, Hannah, du wirst hungrig sein.« Sie reichte mir den Teller mit den Pancakes. Mein Magen rebellierte und dankbar griff ich zu.

»Morgen!« Jake setzte sich zu uns. Sofort beschleunigte sich mein Herzschlag. Pat begrüßte ihren Sohn mit einem Kuss, während Carl, wie gestern auch, noch nicht einmal aufsah, sondern nur ein »Morgen« von sich gab.

Die Fronten zwischen Vater und Sohn waren wirklich verhärtet. Die Kälte zwischen ihnen konnte ich fast auf meiner Haut spüren.

»Jake, was tust du mit der armen Hannah? Ich hab die Arme völlig aufgelöst auf dem Flur getroffen.«

Er machte ein gespielt unschuldiges Gesicht. »So?«

»Ich erwarte von dir, dass du nett zu ihr bist. Das arme Ding war völlig durcheinander.«

Na, herzlichen Dank auch! War es nötig, ihn darüber in Kenntnis zu setzen?

Ich starrte verlegen in meine Kaffeetasse und vermied es, ihm einen Blick zuzuwerfen.

»Das war nicht meine Absicht.« Er nahm meine Hand und hauchte einen Kuss darauf, dabei sah er mir tief in die Augen.

»Es tut mir leid, Liebling. Bitte verzeih mir.«

An der Art, wie er es sagte, spürte ich, wie viel Wahrheit in seiner Bitte lag.

»Kannst du mir noch einmal verzeihen?«

Ich konnte nicht anders. Das warme Braun seiner Augen, aber auch die Anwesenheit seiner Eltern zwangen mich, seinen Blick zu erwidern. Und das war ein Fehler – ein dummer Fehler!

Mein dummer Mund und mein Herz waren sich einig – sie hatten ihm seinem Vorschlag verziehen. Meine Haut prickelte, als er ein weiteres Mal meinen Handrücken mit seinen Lippen berührte und einen weiteren Kuss darauf hauchte.

Ich erwiderte sein Lächeln. »In Ordnung!«, flüsterte ich und Jake wusste, wovon ich sprach. Sofort setzte ich ein »Ich verzeihe dir« hinterher, aus Angst, er könnte es als ein Einverständnis deuten.

»Ohhh! Ihr Zwei seid so süß zusammen!« Pat klatschte begeistert in die Hände.

***

Der Morgen verlief eigentlich recht unspektakulär. Alle waren damit beschäftigt, sich für den Gottesdienst zu richten. Granny war noch in ihrem Zimmer, während Laura wie ein aufgescheuchtes Huhn mit übergroßen Lockenwicklern, nach ein paar Nylonstrümpfen suchte. Pat telefonierte mit Chloe, deren Kindermädchen über Nacht krank geworden war und nicht auf die Kleinen aufpassen konnte, und Jakes Vater verzweifelte an seiner Krawatte, die, je öfter er versuchte, sie zu binden, immer kürzer an seinem Bauch herunterhing.

Mein Kater hielt sich in Grenzen und die Kopfschmerzen waren fast verklungen. Einzig mein Auftritt von gestern trieb mir schon allein bei dem Gedanken daran die Schamesröte ins Gesicht.

»Lass uns nach Granny sehen und ihr das Geschenk überreichen«, sagte Jake, als ich meine Tasse in die Spüle stellte. Ich nickte einverstanden. Jake hatte das Geschenk schon bei sich und führte mich im Erdgeschoss zu einer Tür ganz am Ende des Flures. Er klopfte an und wartete, bis er hereingerufen wurde. Er öffnete die Tür und überließ mir den Vortritt.

Granny saß an einem Tisch und lächelte, als sie mich und Jake sah.

»Herzlichen Glückwunsch zu deinem Geburtstag, Granny.« Jakes fröhliche Art zauberte ein Strahlen in ihr Gesicht.

»Danke, mein Junge.« Er küsste sie und umarmte sie liebevoll.

»Herzlichen Glückwunsch«, sagte ich und drückte sie innig in meine Arme.

»Danke, Kinder! Das ist wirklich sehr lieb von euch!«

»Hier, dein erstes Geschenk. Du darfst es jetzt öffnen.« Er überreichte ihr das Päckchen mit der rosa Schleife, welches ich gestern Nachmittag liebevoll verpackt hatte.

»Oh, was mag da wohl drin sein?« Vorsichtig öffnete sie es.

Schweigend betrachtete sie ihr Geschenk. Irgendwann sah sie zu Jake und mir auf. Ihr Kinn zitterte und ihre Augen füllten sich mit Tränen.

»Na, du solltest dich doch freuen und nicht weinen!«, scherzte er. Bewegt und tief gerührt fuhr sie mit ihrem Finger über das Glas des Rahmens.

»Ich freue mich ja, Jake. Sehr sogar.« Wieder glitten ihre Finger fast zärtlich darüber. Sie freute sich wirklich sehr.

»Und? Bist du bereit für deinen Tag?«

»Ganz ehrlich, ich würde lieber die Fliege machen, als stundenlang diesen unnützen Firlefanz durchstehen zu müssen.«

»Das kann ich verstehen. Aber heute Abend werden wir den Laden rocken, versprochen. Außerdem habe ich noch eine Überraschung für dich.«

Ihre Augen leuchteten vielversprechend. »Noch eine Überraschung?«

»Ja, aber ich verrate dir nichts. Warts ab!«

Jake unterhielt sich mit seiner Großmutter, während ich mich neugierig in ihrem Zimmer umsah. Auf einer Anrichte standen viele Bilderrahmen mit Familienfotos. Auch an der Wand darüber hingen unzählige Rahmen, die mit verschiedenen Fotos bestückt waren.

Meine Aufmerksamkeit richtete sich auf die Personen und ich erlaubte mir, näher heranzutreten, um die Bilder genauer betrachten zu können.

Auf den meisten Fotos konnte ich William, Adam, Laura und Jake als Kinder erkennen. Ich grinste. William und Adam beim Fischen, Laura bei einer Schulaufführung und Jake im Garten sitzend. Ich entdeckte Mr. und Mrs. Bennet in jüngeren Jahren. Carl etwas schlanker, mit mehr Haar und einem Lächeln im Gesicht. Weitere Bilder mit Menschen, die ich nicht kannte, sah ich mir an und versuchte, darin ein mir bekanntes Gesicht ausmachen zu können.

Ein Bild fiel mir besonders auf. Es zeigte mir ein unbekanntes Mädchen. Vielleicht eine Cousine?

Sie war sehr hübsch. Sie hatte blondes Haar, welches sie zu zwei lustigen Zöpfchen geflochten hatte. Ihre blauen Augen waren das Schönste an ihr. Sie strahlten und besaßen einen unglaublichen tiefen Ton. Ihre Wangen waren rosa und sie schien wirklich ein kleiner Sonnenschein zu sein.

Gleich daneben befand sich ein Foto von einem älteren Mann. In seinem Gesicht konnte ich Züge von Jake entdecken. Genau wie dieser besaß der Fremde braune Augen. In früheren Jahren musste er ein sehr attraktiver Mann gewesen sein. Er lächelte in die Kamera. Gleich daneben fand ich ein altes Hochzeitsfoto in schwarzweiß. Es zeigte Granny in einem schlichten weißen Kleid und einem Strauß Rosen in der Hand.

»Das ist Jakes Großvater Luis. Er starb leider früh.«

Ich wandte mich um und lächelte Granny an. Jake blickte mich ernst an, sagte aber nichts.

»Das sind wirklich schöne Bilder. Meine Mutter hat alle Bilder von unserer Familie in eine Schachtel getan, als mein Vater uns verlassen hat.«

»Das tut mir leid. Weißt du, manche Menschen können mit Ereignissen der Vergangenheit nicht gut umgehen und möchten nicht ständig daran erinnert werden. Wiederum andere brauchen das, um sie nicht zu vergessen. Deine Mutter hat vermutlich diese Art gewählt, um mit dem Schmerz umzugehen.«

Da konnte die alte Dame recht haben. Bis heute konnte meine Mom es meinem Vater nicht verzeihen, dass er uns damals einfach alleingelassen hatte.

Ich nickte. »Ja, da könnte was dran sein.«

Granny trat mir langsam entgegen. »Ich liebe diese Bilder und ich sehe sie mir jeden Tag an. So halte ich die Erinnerungen immer wach. Deshalb freue ich mich sehr über euer Geschenk.«

»Das war allein Hannahs Idee, Granny«, sagte Jake und stellte sich neben mich. Er nahm mich in seinen Arm.

»Wirklich?«

»Komm schon, Jake, du übertreibst. Ich habe es nur vorgeschlagen, weil mir der Rahmen gerade in die Hände gefallen und ganz besonders hübsch ist.«

»Sie ist einfach zu bescheiden«, lachte Jake und drückte mich an sich.

»Ich sehe schon, ihr zwei scheint euch wirklich gefunden zu haben. Das macht mich sehr glücklich.«

Es klopfte an der Tür, Laura erschien. »Hey! Es ist so weit. Der Gottesdienst beginnt bald.«

Laura sah wirklich toll aus. Sie trug ein rosa Sommerkleid, das sehr gut zu ihrer braunen Haut passte.

»Wir kommen!«, sagte Jake. »Bist du bereit, Granny?«

»Was bleibt mir anderes übrig? Dann auf in den Kampf!«

Kapitel 20

Grannys Geburtstag

Hannah

Als wir am Kirchplatz vorfuhren, wimmelte es nur so von Leuten. Granny hakte sich bei Jake unter und lief dem Pfarrer entgegen, der seine Schäfchen am Eingang persönlich begrüßte. Ich folgte ihnen neben Laura und Pat.

»Meinen herzlichen Glückwunsch, meine Liebe. Der Herr hat es gut gemeint. Es soll heute einer der letzten warmen Sommertage werden.«

»Danke, Pastor Davis. Ich werde mich in einem besonderen Gebet bei ihm bedanken«, sagte Granny, reichte ihm die Hand und nach kurzem Small Talk betraten wir die Kirche.

Im Inneren war es voll und es herrschte leises Gemurmel. Ich war überrascht, dass so viele Menschen den Gottesdienst besuchten. Nur die vorderen beiden Bänke waren noch frei und wahrscheinlich für die Familie Bennet reserviert.

Die Seiten der Bänke schmückten weiße Rosen und auch der Altarbereich war wunderschön mit verschiedenen Blumengestecken verziert worden.

Während Jake seine Großmutter hineinführte, drehten die Leute sich zu ihr. Hin und wieder blieb sie stehen, um Hände zu schütteln oder jemanden kurz zu grüßen. Ich ging direkt hinter Jake und konnte sehen, wie er sich leicht verspannte, je weiter er in die Kirche schritt.

Er führte sie schließlich in die vorderste Bank. Eine Reihe hinter uns waren Chloe, Adam und William. Unbehagen machte sich in meinem Magen breit, als William mich nickend und mit einem diabolischen Grinsen empfing. Chloe beugte sich zu mir vor und begrüßte uns flüsternd. Sie drückte Jake und mir ein Küsschen auf die Wange.

»Na? Wieder alles klar bei dir?«, nuschelte sie mir ins Ohr.

Ich errötete. »Entschuldigt bitte. Ihr müsst jetzt einen völlig falschen Eindruck von mir haben. Du kannst dir nicht vorstellen, wie peinlich mir das alles ist«, entgegnete ich leise.

»Ach Quatsch, mach dir keine Gedanken. Hauptsache, du hattest gestern Abend Spaß.« Sie kicherte.

Als die Orgel zu spielen begann, lehnte sie sich wieder zurück, die Leute stellten ihre Gespräche ein und richteten ihren Blick zum Altar, wo der Pfarrer sich auf den Gottesdienst vorbereitete.

Es war lange her, dass ich eine Kirche von innen gesehen hatte. Für meine Mom war es eine Selbstverständlichkeit, jeden Sonntag und an allen Feiertagen die Messe zu besuchen. Seit ich in New York lebte, genoss ich es, sonntags zu schwänzen. Der Pfarrer unserer Gemeinde kannte mich nicht einmal vom Hörensagen.

Ich war völlig in Gedanken versunken, als sich plötzlich Jakes Hand mit meiner verschränkte. Es war nur eine zarte Berührung, die dafür sorgte, dass ich mit Wärme erfüllt wurde. Ruhig lagen unsere Hände auf meinem Schoß, während sein Daumen über meine Finger streichelte.

Es war ein schönes Gefühl, auch wenn ich mir immer wieder klarmachen musste, dass dies Teil seines oder unseres Schauspiels war.

Ich neigte ein kleines bisschen meinen Kopf, um einen Blick in sein Gesicht erhaschen zu können. Er sah so gut aus. Er war frisch rasiert und sein Aftershave stieg mir in die Nase. Automatisch stiegen Bilder unseres Kusses vom gestrigen Abend in mir auf und sorgten dafür, dass sich diese Wärme noch weiter verstärkte. Der Kuss war schön gewesen, nicht zu vergleichen mit den Küssen, die ich von Matt bekam.

Überhaupt war dieser Kuss das emotionsgeladenste und unglaublichste Erlebnis gewesen, das ich bisher je erlebt hatte. Wie musste dann erst der Sex mit ihm sein?

Verdammt! So durfte ich nicht denken! Das war einfach nicht gut für mich. Zumal ich mich wirklich in Gefahr befand, noch mehr Gefühle für Jake zu entwickeln. Niemand hatte bisher erreicht, dass ich mich je so wohl fühlte in meiner Haut. Bei ihm musste ich nie aufpassen, was ich sagte oder tat. Ich stand wirklich auf einem Drahtseil – jederzeit in Gefahr abzustürzen.

Obwohl Jakes Hand immer noch in meiner ruhte, hätte ich schwören können, dass seine Hände auf meinem Hals zu spüren waren, wie er mich dort streichelte. Ich schloss die Augen, um es intensiver wahrnehmen zu können. Seine Hand wanderte von meinem Hals hinab zu meinem Dekolleté. Hitze wallte in mir auf. Meine Brust hob und senkte sich schneller. Ein süßes Zucken meldete sich in meinem Unterleib. Meine Brustwarzen richteten sich auf und ich war nicht fähig, etwas zu sagen. Stattdessen entfuhr mir ein leiser Seufzer meiner Erregung.

»Hannah? Hast du Schmerzen? Ist dir schlecht?« Seine Stimme war plötzlich so weit fort und doch so nahe, dass ich abrupt wieder in die Gegenwart geschleudert wurde. Erschrocken zuckte ich kurz zusammen, sah zu Jake, der immer noch Händchen haltend neben mir saß. Auch Granny und Laura blickten zu mir, während der Pastor weitersprach.

Ach du heilige Sch …! Sofort errötete ich, als mir klar wurde, dass ich meiner Fantasie mitten in der Kirche freien Lauf gelassen hatte. Ich schluckte.

»Ähhh, alles ... in Ordnung«, flüsterte ich, völlig schockiert über mich selbst. Mein Gott, wie peinlich! Was war nur in mich gefahren? Ich sollte mich wirklich schämen. Aber was sollte ich tun, wenn der Teufel in Person direkt neben mir saß und mich mit seinem Vorschlag heute Morgen völlig durcheinander gebracht hatte?

Was war nur aus mir geworden? Dafür kam ich ganz sicher in die Hölle!

***

Ich war so erleichtert, als der Gottesdienst zu Ende war und wir langsam die Kirche verlassen durften. Auf dem Platz vor der Kirche waren Tische aufgebaut. Sekt und kleine Snacks wurden angeboten. Granny wurde gleich von den vielen Leuten in Beschlag genommen. Alle wollten ihr gratulieren und sie beglückwünschen. Pat blieb an ihrer Seite und nahm die vielen Blumen entgegen. Eine kleine Kapelle spielte Musik – ihr zu Ehren. Ein Werbeplakat der Stiftung „One World for Children" hatte man an der Kirchenwand aufgehängt. Einige Kinder rannten spielend vor der Kirche umher. Es war wirklich ein herrlicher Tag und eigentlich begann das Fest sehr schön, wenn mir doch nur nicht so schlecht wäre.

»Ich hole uns etwas zu trinken«, sagte Jake, als wir Chloe und Adam, die etwas abseits des Geschehens standen, erreicht hatten.

»Bitte für mich nur Wasser«, rief ich ihm hinterher, worauf er mir ein belustigtes Lächeln schenkte. »Jetzt Sekt zu trinken, würde mich um Stunden zurückwerfen«, erklärte ich Chloe, die genauso wissend grinste wie Jake.

»Ich hoffe nur, dass Granny den ganzen Tag durchhält. Es ist bestimmt anstrengend für sie, so viele Stunden auf den Beinen zu sein«, sagte sie. »Gott sei Dank kann sie sich heute ohne Rollstuhl bewegen. Vor drei Tagen wäre das noch undenkbar gewesen.«

»Falls es ihr trotzdem zu viel werden sollte, können wir den Rollstuhl ja holen. Außerdem habe ich Hunger. Wann wird das Mittagessen serviert?« Fragend sah Adam zu seiner Frau.

»Erst in einer Stunde, so lange musst du dich noch gedulden. Hol uns doch ein paar Snacks und sag den Kindern, sie sollen aufpassen und sich nicht schmutzig machen. Ich habe keine Lust, sie komplett umzuziehen, falls sie hinfallen.« Adam nickte grimmig und machte sich auf den Weg.

Jake kam zurück und gab mir das bestellte Wasser. Endlich! Ich war am Verdursten.

»Was war vorhin mit dir los? Ging es dir nicht gut?«, fragte er.

War ja klar, dass Jake die Sache vorhin nicht auf sich beruhen lassen konnte. Und ich dumme Kuh reagierte auch noch mit verräterischen roten Wangen. Mittlerweile wusste er ganz genau, was dies bei mir bedeutete.

»Nichts, es, … mir war nur kurz schlecht.« Meine Antwort war mehr als lahm und Jake durchschaute das genau. Lange sah er mich an und sein typisches Grinsen, wenn er ganz andere Gedanken hatte, formte sich auf seinen Lippen. »Also, ehrlich gesagt hat es sich aber ganz anders angehört.«

Ging es noch peinlicher? Am liebsten wäre ich im Erdboden versunken.

»Hey! War das nicht eine schöne Predigt, die Pater Davis für Granny gehalten hat?«

Gott sei Dank! Laura war meine Rettung. So wurde das Thema zwischen mir und Jake beendet, ohne dass ich mich in irgendwelche Ausreden flüchten musste, die er sowieso durchschaut hätte.

»Besonders schön fand ich, als er erzählte, wie Granny damals die Stiftung gegründet hat. Ist das nicht unglaublich, wie viel sie damit bis heute erreicht hat?«, fragte Chloe und sah mich begeistert an.

Ich nickte zustimmend, konnte mich aber überhaupt nicht erinnern. Zu sehr war ich mit meinen schmutzigen Gedanken bei Jake gewesen. Ich sollte mich wirklich schämen! Im Geiste sah ich mich schon schmorend in der Hölle. Ob es dort unten sehr heiß sein würde? Zumindest wäre ich nicht die Einzige, die mit rotem Kopf dort unten verweilen müsste. Wahrscheinlich würde ich als permanenter Feuermelder erst gar nicht auffallen.

»Oder, Hannah?« Alle Augen waren auf mich gerichtet. Oh nein! Was genau war ich gefragt worden? Laura und Chloe warfen sich einen verwundernden Blick zu.

»Du träumst mit offenen Augen, Blue!«, grinste Jake.

»Entschuldigt, normalerweise bin ich nicht so, aber die letzte Nacht war ...«

Chloe und Laura lachten. »Hoffentlich bist du heute Abend wieder fit. Wir wollen den Leuten aus Dundee zeigen, wie man einen Laden rockt.« Chloe hob ihre Hand, um mit Laura verschwörerisch einzuklatschen, während Jake mit den Augen rollte.

»Ich glaube, Granny winkt uns zu sich, Hannah. Sie will uns bestimmt mit ein paar Leuten bekannt machen«, sagte Jake.

»Ja, geht nur. Ich muss mal nach Adam sehen. Wollte er eben nicht ein paar Snacks holen?« Sie blickte in die Richtung, konnte ihn aber nirgends entdecken. »Nicht, dass er sich mit William wieder einen hinter die Binde kippt!«

Jake bot mir seinen Arm und langsam schlenderten wir über den Platz zu Granny.

Wir wurden beobachtet. Die Leute tuschelten und sahen uns nach, als wir an ihnen vorbeiliefen. Eine kleine Gruppe von jungen Frauen kicherte auffällig. Ich ignorierte es, doch ein merkwürdiges Gefühl blieb, während ich die Blicke wahrnahm.

»Zeigen wir uns von unserer besten Seite«, sagte Jake fast flüsternd. »Granny möchte dich bestimmt mit Bürgermeister Blumberg bekannt machen. Die Party heute Abend findet auf seinem Privatgrundstück statt. Es ist ein riesiges Areal am Ortsrand von Dundee. Er nutzt es nur in der Urlaubszeit. Sonst steht es das ganze Jahr über leer.«

»Oh. Das ist aber sehr nett von ihm.«

»So ganz uneigennützig tut er es aber nicht. Damit schafft er es, alle wichtigen Wähler um sich zu scharen. Er braucht jede Stimme. Einzig seine Frau Fran war damit nicht einverstanden. Aber das hat niemanden verwundert, sie mochte unsere Familie noch nie.«

»Jake und Hannah, da seid ihr ja endlich! Hannah, darf ich dir Bürgermeister Blumberg und seine Frau Fran vorstellen? Jake, an unseren Bürgermeister und seine Frau kannst du dich bestimmt noch erinnern«, sagte Granny.

Mr. Blumberg, ein kleiner, dicker Mann, streckte erst mir und dann Jake seine wuchtige Hand entgegen. Er trug einen Anzug, in dem er sich offensichtlich nicht ganz wohlfühlte. Kleine Schweißperlen standen auf seiner Stirn, die er immer wieder mit einem weißen Taschentuch abtupfte. Seine Frau Fran reichte mir ebenfalls ihre Hand. Sie trug, passend zu ihren Augen, ein tief ausgeschnittenes grünes Satin-Kleid, ihre Kurven zeichneten sich deutlich darunter ab.

»Es freut uns, Sie kennenzulernen. Um ehrlich zu sein, wir konnten uns nicht vorstellen, dass der Junge von damals jetzt ein erfolgreicher Börsenmakler ist«, sagte Mr. Blumberg und musterte Jake neugierig.

»Tja, Menschen ändern sich«, erwiderte dieser, ohne dabei zu lächeln. Seine Augen blickten dem Ehepaar kalt entgegen.

Fran schien zu gefallen, was sie sah. Als ihre Augen über Jakes Oberkörper bis hin zu seiner Mitte wanderten, entfachte sie Eifersucht in mir. Es behagte mir ganz und gar nicht, wie sie ihn schon fast mit ihren Blicken auszog. Ein Grinsen umspielte ihre Lippen und plötzlich wusste ich, welche Gedanken sie da gerade hatte. Sofort war sie mir noch unsympathischer. Sie hatte nur Augen für Jake.

»Menschen ändern sich allerdings«, sagte sie, ohne den Blick von ihm zu nehmen.

»Ich habe gehört, dass Sie als Lehrerin tätig sind, Hannah. Welche Fächer unterrichten Sie?«, fragte der Bürgermeister, während seine Frau immer noch Jake mit den Augen aufzufressen schien.

»Ich unterrichte Sprachen und Geschichte.«

»Genau so jemanden könnten wir an unserer Schule noch gebrauchen. Sie haben nicht gerade zufällig vor, sich vielleicht in Dundee niederzulassen?«, richtete er seine Frage an Hannah.

»Was? Wenn Hannah schlau ist, dann bleibt sie bei Jake in New York. Niemand sollte sich freiwillig in unser Nest verirren«, mischte sich Granny ein. »Da kommt man nicht so schnell wieder heraus.«

Jake lachte und auch ich konnte ein Grinsen nicht unterdrücken. Bürgermeister Blumberg starrte verärgert und ein wenig beleidigt zu Granny, der es offensichtlich völlig egal war, was er von ihr dachte.

»Eigentlich finde ich Dundee wirklich schön, aber mein Platz ist tatsächlich in New York … bei Jake«, ergänzte ich. Liebevoll sah er mich dabei an und legte seinen Arm um mich.

»Äußerst bedauerlich, meine Liebe. Aber wenn Sie es sich einmal anders überlegen, dann rufen Sie mich an. Wir haben bisher nur Mrs. Smith, die Sprachen unterrichtet, und sie möchte bald in den Ruhestand gehen.«

Als Mrs. Blumberg merkte, dass Jake sie völlig ignorierte und mich in seinem Arm hielt, wanderte ihr Blick zu mir.

»Ein hübsches Kleid tragen Sie. In welchem Discounter haben Sie es gekauft?«, fragte sie mich herablassend.

»Fran!«, ermahnte ihr Mann sie leise.

Hatte sie mich das wirklich gefragt? Wie arrogant! Zu der Hitze spürte ich noch Verärgerung in mir aufwallen. Aber ich hielt meine Krallen zurück.

»Das, meine Liebe, ist eine Maßanfertigung eines Designers aus New York. Aber was erzähle ich dir da, du kennst ihn ja ohnehin nicht«, konterte Granny.

Fran wandte sich mit offenem Mund an sie und konnte nicht glauben, was die alte Dame da gerade von sich gegeben hatte.

»So, ich glaube, Jake und Hannah müssen mich jetzt zu einem Sitzplatz bringen. Eine Frau in meinem Alter braucht Pausen.« Damit nickte sie dem Bürgermeister noch einmal zu und ließ sich von Jake und mir zu einer Bank führen. Als wir die Blumbergs hinter uns gelassen hatten, hörte ich noch, wie der Bürgermeister mit seiner Frau diskutierte.

»So eine Natter! Dass sie nicht gleich über dich hergefallen ist, war auch wirklich alles.«

Jake lachte laut auf. »Du bist wirklich ein Original, Granny. Genau wie damals nimmst du kein Blatt vor den Mund.«

»Warum sollte ich? Und außerdem konnte ich Fran noch nie besonders gut leiden. Sie ist wirklich ein sehr oberflächlicher Mensch und manchmal tut mir Blumberg einfach nur leid.« Sie wandte ihren Blick mir zu. »Mach dir nichts draus, Hannah! Fran ist nur neidisch auf dich.«

»Vielleicht ist die Gute ja nur gelangweilt!«

»Fran? Nein, sie war schon immer so und die wird sich auch nicht ändern – leider!«

Zum Mittagessen fuhren wir zu Blumbergs Haus. Es lag wirklich wunderschön an einem See unweit von Dundees Stadtgrenzen. In dem großen Garten stand ein weißes

Festzelt. Geschäftig lief der Partyservice zu den Tischen und brachte den Gästen das Essen. Gott sei Dank saß Laura an unserem Tisch. Ich mochte Jakes Schwester auf Anhieb. Sie verstand es, die düstere Stimmung, die William verbreitete, wenn er in Jakes Gegenwart war, zu vertreiben. Chloe und Adam saßen mit ihren Kindern auch an unserem Tisch. Auch wenn Adam sich bisher aus den Anfeindungen herausgehalten hatte, verhielt er sich Jake und mir gegenüber sehr zurückhaltend.

Der kleine Jordan blickte zu Jake und dieser blinzelte ihm zu. Jake schnitt ein paar Grimassen, was den Kleinen zum Lachen brachte.

»Mommy, darf ich mit Onkel Jake an den kleinen See laufen?«, fragte er, als das Essen vorüber war. Bittend sah er in ihr Gesicht.

»Das kommt überhaupt nicht infrage«, zischte William plötzlich dazwischen. Sofort verstummten alle weiteren Gespräche, weil William sich mal wieder im Ton vergriffen hatte.

»Will, beruhige dich. Wenn Jake es möchte, dann darf er mit seinem Neffen spazierengehen«, warf Chloe plötzlich ein, was William den Kopf schütteln ließ.

»Adam! Das kann doch nicht ihr Ernst sein?«, fuhr er seinen Bruder an. Dieser jedoch blickte erst zu Jake und dann zu William. Es sagte zwar nichts, nickte allerdings seinem Sohn zum Einverständnis zu. Ich hatte keine Ahnung, was genau hier vor sich ging. Wieder spürte ich das Geheimnis, von welchem ich ausgeschlossen war. Ehrlich gesagt, war ich es leid, nachzubohren und beschloss für mich, Jake auch nicht weiter danach zu fragen.

Sauer verließ William, nachdem der kleine Jordan aufgestanden und zu seinem Onkel gelaufen war, den Tisch.

Die gute Stimmung war dahin. Selbst Laura konnte mit ihrer fröhlichen Art nichts mehr retten.

»Darf Hannah auch mitkommen?«, fragte Jake seinen Neffen, der begeistert nickte. Er nahm Jakes und meine Hand und gemeinsam spazierten wir zu dem kleinen künstlich angelegten Teich. Im Augenwinkel sah ich noch, wie Adam den Tisch verließ und wahrscheinlich William suchte.

Was auch immer damals geschehen war, es musste für alle ein schreckliches Erlebnis gewesen sein. Das alles wühlte Jake sehr auf. Seine Familie machte es ihm wirklich nicht leicht. Insgeheim wünschte ich mir, dass er es mir aus freien Stücken erzählen würde.

***

»Sieh mal, Onkel Jake, da sind Fische im Teich.« Der kleine Jordan quiekte ganz vergnügt und zeigte auf die Forellen, die im Wasser an die Oberfläche geschwommen kamen.

»Oh ja! Die glauben wohl, dass wir etwas zu fressen für sie haben. Hast du schon einmal Fische oder Enten gefüttert?«

»Nur Enten. Daddy geht manchmal mit mir zum großen Weiher.«

»Ja, den Weiher kenne ich auch. Dort haben wir früher als Kinder immer gespielt.«

Es war schön, den beiden zuzusehen. Jake konnte gut mit Kindern umgehen und mir ging das Herz dabei auf. Es gefiel mir, wie er mit seinem Neffen sprach, so verständnisvoll und liebevoll, obwohl sich die beiden bisher nicht kannten.

»Onkel Jake? Warum wohnst du nicht hier bei uns?«

Jake lächelte und strich ihm über den Kopf. »Ich wohne in New York. Das ist eine riesige Stadt und dort habe ich viel zu tun.«

»Darf ich dich und Tante Hannah mal besuchen kommen?«

Mir sackte das Herz in die Hose – ”Tante Hannah”!!! Einerseits war es ein schönes Gefühl, von dem Jungen als Jakes Frau akzeptiert zu werden, andererseits wusste ich, dass das unmöglich war.

»Wenn deine Eltern es erlauben, darfst du mich gerne besuchen kommen!«

»Und Simon auch?«

»Natürlich!«

Jordan freute sich sichtlich. »Oh, das muss ich gleich Simon und Mommy erzählen.« Kaum hatten diese Worte den kleinen Kindermund verlassen, rannte er auch schon davon.

»Was für ein toller Junge!«, sagte Jake und sah ihm gedankenverloren hinterher.

»Ja, er ist ganz zauberhaft.«

»Ich weiß, dass das nie passieren wird. Dafür steht einfach zu viel zwischen mir und meinen Brüdern. Und es tut mir jetzt schon leid für den Kleinen.«

Tröstend legte ich meine Hand auf seine Schulter. »Er wird älter werden. Vielleicht ergibt sich ja dann eine Möglichkeit?«

Ich spürte, wie traurig Jake über diese Tatsache war. Doch ich wusste, ich konnte ihm nicht helfen. Da musste er ganz allein durch, auch wenn mir klar wurde, dass ich dieses Wochenende nicht vergessen würde.

KAPITEL 21

TANGA FÜR GRANNY

HANNAH

Ich setzte die letzte Haarnadel in meine Hochsteckfrisur und betrachtete mein Werk im Spiegel. Lisa hatte mich bestimmt zehn Mal daran erinnert, dass es wirklich wichtig war, dass ich ein paar Strähnen aus der Frisur zog. „Das lockert das Ganze auf und gibt deinem Erscheinungsbild einen verspielten Touch", hatte sie mir erklärt. Das Kleid, welches ich zusammen mit ihr in einer Boutique gekauft hatte, schmiegte sich wie eine zweite Haut an meinen Körper. Ehrlich gesagt, würde ich mich in einem Kleid, das weniger Haut zeigte, wohler fühlen, aber Lisa war in dieser Sache nicht umzustimmen gewesen.

Das hellblaue Kleid war bodenlang und mit den hochhackigen Pumps hatte es genau die richtige Länge, um nicht auf dem Boden zu schleifen. Der Stoff war fließend und mit kleinen Glitzersteinchen besetzt. Ein seitlicher Schlitz zeigte für meine Verhältnisse zu viel Bein und mein Dekolleté war mehr als einladend. Kurzum, ich sah aus, als würde ich gleich zu einer Oscar-Verleihung nach Hollywood gehen.

Ich tuschte noch meine Wimpern – fertig. Hoffentlich war ich nicht die Einzige, die sich so fein gemacht hatte. Wie peinlich wäre es, wenn alle anderen weiblichen Gäste etwas Legereres angezogen hatten. Zufrieden verließ ich das Badezimmer und stockte mal wieder, als Jake nur in seiner Anzughose und mit freiem Oberkörper gerade dabei war, sein neues Hemd aus der Verpackung zu wickeln. Sofort waren die Bilder wieder in meinem Kopf und es fing an, in meinem

Schoss zu pochen. Das Spiel seiner Muskeln bei seinen Bewegungen reizte mich. Ich konnte mich gerade noch beherrschen, nicht über seine Haut zu streichen. Als er mich bemerkte, richtete er sich auf und sah mich schluckend an.

»Was ist? Das Kleid ist zu viel, oder? Soll ich, … soll ich lieber etwas anderes anziehen? Ich kann das Kostüm von heute Vormittag nochmals anziehen, falls … ich hab Lisa gleich gesagt, dass weniger mehr ist, aber ich ...«

Langsam lief er auf mich zu. Ich stockte mitten im Redefluss. Ein Schauer erfasste meinen ganzen Körper und ich hielt die Luft an, als er direkt vor mir stand und meine Hände nahm. Langsam führte er meine Hand zu seinem Mund und hauchte sanft einen Kuss darauf.

»Niemals warst du schöner, als heute Abend. Ich weiß gar nicht, was ich sagen soll, … wow!«, flüsterte er leise und sah mir dabei tief in die Augen.

Mein Mund war ganz trocken und mein Kopf wie leergefegt. Da lag dieses Funkeln in seinen Augen. Der Wunsch nach mehr Nähe überkam mich augenblicklich. Ich wünschte mir, er würde mich berühren – mich vielleicht sogar küssen.

In der nächsten Sekunde schämte ich mich für diese Gedanken und senkte meinen Kopf.

»Hannah, was ist? Du bist wirklich atemberaubend schön.« Er legte seinen Finger unter mein Kinn und zwang mich so, ihn anzusehen.

»Habe ich dir eigentlich schon gesagt, wie großartig du das alles meisterst?«

Ich war nicht fähig zu sprechen und hing an seinen Lippen.

»Meine Familie glaubt nicht nur unsere Geschichte, sie liebt dich sogar schon. Selbst meinen griesgrämigen Bruder hast du mit deinem Charme um den Finger gewickelt. Er war bereit, viel Geld für einen Kuss von dir zu zahlen.«

Ich lachte kurz.

»Gott sei Dank konnte ich William überbieten … und diesen unglaublichen Kuss mit dir erleben.«

Sein Blick wurde intensiver, bis er langsam noch näher kam. Vorsichtig senkte er seine Lippen auf meine. Niemand war bei uns, denen wir etwas hätten vorspielen müssen. Er küsste mich und mein verräterischer Körper drängte sich an seine Brust. Meine Hände fuhren über seine Haut. Eine tiefe Sehnsucht überfiel mich. Schmetterlinge flogen in meinem Bauch und sorgten dafür, dass ich in diesen Strudel voller Emotionen gezogen wurde. Ich ließ mich einfach treiben, ließ mich von ihm führen. Dieser Kuss war so echt, fühlte sich nicht gespielt an.

Sofort fehlte mir die Wärme, die er in mir auslöste, als er unsere Verbindung trennte. Völlig verzaubert von seinem Kuss lächelte ich ihn an. Und diesmal war da nichts, was mir Angst machte, nichts, was sich schlecht anfühlte. Im Gegenteil, es fühlte sich schön und richtig an.

***

Hand in Hand liefen Jake und ich über die Wiese. Der Weiher glitzerte im Fackelschein. Livemusik und Gelächter drangen aus dem Festzelt. Ich fühlte mich so leicht und beschwingt und hatte ein Dauergrinsen im Gesicht. Alle Zweifel waren wie weggeblasen und ich konnte mir endlich eingestehen, dass ich Gefühle für ihn hatte.

Der Mond schien hell und erleuchtete den Garten.

»Siehst du, alle tragen Abendkleider. Kein Grund zur Aufregung. Und niemand ist heute Abend so schön wie du«, sagte Jake, bevor wir das Zelt betraten.

Innen hatte man für den Abend einiges umgebaut. Eine große Leinwand wurde gerade noch angebracht und eine

Band spielte Musik. Die Tische hatte man enger zusammengestellt, sodass im hinteren Bereich eine Tanzfläche entstanden war.

Die Leute verstummten, als Jake und ich das Zelt betraten. Aber es störte mich nicht. Ich überging es einfach und teilweise wagte ich es sogar, ihnen frech entgegenzulächeln.

Laura winkte uns zu sich. Sie sah wunderschön aus in ihrem trägerlosen rosa Kleid. Sie strahlte übers ganze Gesicht, als sie uns entdeckte. Neben ihr saßen Granny, Pat und Carl. Jake führte mich an den Tisch und rückte mir den Stuhl zurecht.

»Wow! Wo in Gottesnamen hast du dieses Kleid her?«, wollte Laura wissen. Bewundernd musterte sie mich.

»Sie sieht aus wie eine Prinzessin, nicht wahr?«, sagte Jake.

»Ganz ohne Zweifel!«, bestätigte sie.

»Gibt es für heute Abend ein Programm?«, wollte ich wissen, um endlich das Thema zu wechseln.

Pat lächelte und gab mir ein kleines Heftchen in die Hand. »Oh, natürlich. Also im Vordergrund steht die Stiftung. Für die soll heute Abend auch ordentlich Geld gesammelt werden. Außerdem haben die Vereine etwas vorbereitet und Susan wird singen. Nur vom letzten Punkt habe ich keine Ahnung. Da steht nur „Noch einmal 20". Wisst ihr, was das sein könnte? Und von wem wurde das organisiert?«

»Wer weiß das schon? Warte es einfach ab, dann wirst du es erleben«, sagte Carl gelangweilt und zuckte ratlos mit den Schultern.

»Noch einmal 20? Das hört sich an, als müssten wir uns alte Bilder von mir als junge Frau ansehen!«

»Das ist doch schön! Also, ich liebe die alten Bilder«, sagte Pat zu ihrer Mutter.

»Pah, mit zwanzig war ich wenigstens noch knackig. Aber wenn ich die alten Bilder sehe, erinnert es mich nur daran, dass ich schon sehr lange keine 20 mehr bin, verdammt!«

»Mutter! Du sollst doch nicht fluchen!«, schimpfte Pat mit ihr. Ich kicherte und irgendwie tat mir Granny leid.

»Am besten lässt du dich überraschen«, sagte Jake und zwinkerte ihr zu.

William, Adam, und Chloe kamen an unseren Tisch. Die Brüder trugen beide einen Smoking und Chloe ein cremefarbenes Abendkleid. Selbst William hatte es diesmal geschafft, wenigstens keine Trauerränder unter seinen Fingernägeln zu haben. Er war geduscht und sein Bart gestutzt. Ich hegte eine gewisse Abneigung gegen ihn, die nicht durch sein Äußeres, sondern durch sein Verhalten zustandegekommen war.

»Wo habt ihr eure Kinder?«, fragte ich Chloe.

»Die sind schon im Bett! Simon und Jordan sind sofort eingeschlafen. Es war ein langer Tag für die Kinder.«

»Und wer passt auf die Zwei auf? Konntet ihr auf die Schnelle noch einen anderen Babysitter finden?«, wollte Laura wissen.

»Ja, zum Glück. Sonst hätte einer von uns auf heute Abend verzichten müssen.« Sie lächelte. »So ist das, wenn man Kinder hat. Man muss ständig mit allem rechnen«, meinte sie lächelnd.

Adam und Chloe setzten sich. »Schön, dass wir jetzt bei euch sitzen können«, sagte sie und rückte ihren Stuhl zurecht.

»Lange kann man es bei den Blumbergs auch nicht aushalten. Das Geschwafel von Fran ist auf die Dauer nicht zu ertragen«, sagte Granny und verdrehte dabei die Augen.

»Auch wenn du Geburtstag hast, sind wir hier nun mal Gäste. Da kannst du dir nicht immer alles aussuchen«, ermahnte Carl seine Schwiegermutter.

»Mein lieber Schwiegersohn, also erstens habe ich Geburtstag und kann mir sehr wohl aussuchen, an welchem Tisch ich sitzen möchte, und außerdem bezahle ich ja die Feier. Auch wenn meine Party in den vier Wänden der

Blumbergs stattfindet. … Wessen glorreiche Idee war das eigentlich?«

»Wir können froh sein, dass die Blumbergs bereit waren, uns ihren großen Garten zur Verfügung zu stellen.«

»Jetzt hör aber auf, Carl«, brauste Granny auf. »Schließlich nutzt er diese Gelegenheit auch für seine Zwecke aus. Also komm mir bloß nicht mit der Leier.« Noch bevor Carl etwas erwidern konnte, wurde ein Tusch gespielt und alle Gespräche verstummten.

»Liebe Freunde, bevor das Abendessen serviert wird, möchte ich alle bitten, sich zu erheben und mit mir auf unser Geburtstagskind anzustoßen.« Das Geräusch von rückenden Stühlen war zu hören.

»Auf Beth Bennet, möge dieser Tag als eine schöne Erinnerung in ihrem Leben bleiben. Lasst sie hochleben! Sie lebe hoch, hoch, hoch!«, rief Bürgermeister Blumberg in das Mikrofon und die Menge stimmte mit ein. Danach setzten wir uns alle wieder und schon waren ein paar Kellner damit beschäftigt, die Teller an die Tische zu bringen.

Wir unterhielten uns über verschiedene Themen, woran sich sogar Adam beteiligte. Einzig William hielt sich aus unserer Unterhaltung heraus, was mich nicht weiter störte. Jakes Vater hörte gelangweilt zu, vermied es aber, in unsere Richtung zu sehen.

Das Essen war wirklich wunderbar. In mehreren Gängen wurden uns die verschiedensten Köstlichkeiten serviert. Vieles kannte ich von Familienfesten oder Empfängen von Matt. Bis auf den Kaviar, der angeblich ein Geschenk von einem Unterstützer der Stiftung war, aß ich brav meinen Teller leer – ich hasste Kaviar. Nachdem wir auch die Nachspeise vertilgt hatten, nahm Fran das Mikro. »Es wird Zeit, dass meine Tochter nun endlich ihren Auftritt bekommt. Sie wird heute für dich, liebe Beth, singen.« Susan trat zu ihrer Mutter und wurde mit einem donnernden Applaus begrüßt. Auch heute sah sie unglaublich schön aus in ihrem weißen Kleid – romantisch, sexy und gleichzeitig verströmte sie mit ihrem unschuldigen Augenaufschlag eine Unnahbarkeit, die sie wie einen Engel erscheinen ließ.

Unauffällig sah ich zu Jake. Dabei trafen sich unsere Blicke. Als Susan zu singen begann, nahm er plötzlich meine Hand und zog mich zur Tanzfläche.

»Jake! Was hast du vor?«, zischte ich leise.

»Na, ich will mit dir tanzen!«

Vorne angekommen nahm er mich in seine Arme und führte mich langsam im Takt der Musik. »Entspann dich, Blue. Lass dich einfach von mir führen.«

Er hatte leicht reden! Wir waren das einzige Paar auf der Tanzfläche, zogen damit alle Blicke auf uns. Fran, die in unserer unmittelbaren Nähe stand und eigentlich ihrer Tochter zuhören wollte, warf mir giftige Blicke zu.

»Das sagst du so leicht. Das ist Susans Auftritt, oder nicht?«

»Ja und? Sie singt wunderschön. Trotzdem dürfen wir doch tanzen, oder?«

War das seine Art, mir zu zeigen, dass zwischen den beiden wirklich nichts mehr war? Oder gehörte das zu seinem Plan?

Sachte drückte er mich noch näher an sich.

»Du riechst so gut«, flüsterte er mir plötzlich ins Ohr. Seine warme Stimme ließ mich erschaudern. Seine Hand streichelte meinen Rücken und ich wusste, dass alle Leute uns genau in diesem Augenblick beobachteten. Selbst Susan starrte auf uns, während sie ihre Ballade sang. Was sie wohl dachte?

Jakes Nähe benebelte meine Sinne. So konnte ich alles ausblenden und alles um mich herum vergessen. Plötzlich nahm ich nur noch ihn wahr – seine Hände auf mir, seinen Duft und seine Wärme. Ich schloss meine Augen, genoss diesen Moment.

»Siehst du die Blicke der Männer, wie sie mich um dich beneiden?«, flüsterte er mir leise ins Ohr.

Ich öffnete meine Augen und konnte bei den weiblichen Gästen einen verträumten Ausdruck erkennen. Wie schön es wäre, wenn er tatsächlich zu mir gehören würde!

Schon endete der Song und wir lösten uns wieder, drehten uns zu Susan und applaudierten. Sie lächelte und verbeugte sich vor uns und vor dem Publikum.

Leider war dieser enge Moment mit Jake viel zu schnell vorbei, er führte mich zurück an unsere Plätze. Es war das erste Mal, dass ich genießen konnte, im Mittelpunkt zu stehen. Die Blicke der Leute hatten mir diesmal nichts ausgemacht.

Die Liveband spielte nun rockige Songs und kurbelte dadurch die Party wieder an. Chloe hielt es nicht mehr länger auf ihrem Stuhl und sie zog Adam unter Protest zur Tanzfläche.

»Hach! Jung müsste man sein!« Granny blickte verträumt zu den Tanzenden.

»Darf ich bitten, Granny?« Jake stand neben ihr und bot ihr seinen Arm an. Ihre Augen strahlten ihm entgegen, ganz deutlich freute sie sich darüber. Wie aufmerksam und galant er zu ihr war! Jake liebte seine Granny.

Etwas mühsam stand sie auf, hakte sich bei ihm unter und gemeinsam schritten sie langsam zur Tanzfläche.

»Oh, das müssen wir unbedingt festhalten. Kannst du vorgehen und ein paar Fotos von den beiden schießen, Hannah?« Jakes Mutter hielt mir ihre Digitalkamera hin. Nickend ergriff ich diese und ging zur Tanzfläche.

Die Paare machten Platz für die beiden. Jake führte seine Großmutter langsam im Rhythmus der Musik.

Ich knipste viele Bilder von den beiden. Granny strahlte über das ganze Gesicht und auch Jake schien glücklich. Als die

Musik endete, knackste das Mikrofon und die Paare gingen wieder an ihre Plätze zurück.

»Liebe Freunde, ich darf Sie nun bitten, Ihre Plätze wieder einzunehmen. Danke!«

Der Bürgermeister blieb in der Nähe der Band stehen und wartete geduldig, bis sich alle gesetzt hatten. Man trug für Granny eine Art Thron in das Zelt und postierte ihn mitten auf der Tanzfläche, sodass sie das Geschehen gut verfolgen konnte.

Gespannt warteten alle, dass der erste Punkt des Abendprogramms anfing. Bürgermeister Blumberg hielt eine völlig langweilige Rede und ich konnte schon an Grannys Gesicht erkennen, dass sie lieber mit Jake weiter getanzt hätte.

Verschiedene Vereine Dundees und Vertreter des Kirchenchors sprachen noch ein paar Dankesworte, bis der Chor endlich mit seiner Darbietung begann. Bei der Diashow, die über ihr Leben erzählte, blickte sie vielsagend an unseren Tisch. Jake und ich mussten lachen, weil der alten Dame der Sinn nach etwas völlig anderem stand, als sich alte Bilder und Stationen ihres Lebens anzusehen.

Bei dieser Feierlichkeit wurde mir klar, dass Granny tatsächlich wie eine Heilige behandelt wurde. Die Menschen liebten sie nicht nur wegen ihrer guten Taten, sondern auch wegen ihrer ehrlichen und direkten Art.

Ein tolles Portrait von ihr beendete die Diashow. Standing Ovation und kräftiger Applaus tosten noch eine Weile, bis Granny wieder den Weg an ihren Tisch gefunden hatte.

Musik wurde gespielt und nur zögerlich kehrten die Paare wieder auf die Tanzfläche zurück.

Jakes Handy klingelte plötzlich. Er sah auf das Display, murmelte irgendwelche entschuldigenden Worte und verließ unseren Tisch.

»Wahrscheinlich bricht die Börse gerade zusammen«, witzelte William, was sogar seinen Vater schmunzeln ließ. Ich wandte meinen Blick von ihnen ab und fing eine Unterhaltung mit Laura und Pat an.

»Darf ich um diesen Tanz bitten?«, unterbrach mich ein junger Mann nach einer Weile. Er trug einen Smoking und lächelte freundlich.

»Oh, tut mir leid, ich ...«

»Bitte, darf ich …?«

»Darfst du nicht! Zieh Leine!«, mischte sich Jake ein, der plötzlich hinter mir stand. Völlig perplex starrte ich ihn an. »Jake!«

Natürlich verschwand der junge Mann sofort. Aber ich war erstaunt über die Art, wie er ihn vertrieben hatte.

»Ach, und wieso darf er nicht mit mir tanzen?«

»Weil ich sehr eifersüchtig werden kann und außerdem möchte ich nicht, dass dieser Typ dich berührt.«

Da verschluckte ich mich fast an meiner eigenen Spucke. Natürlich hatten alle am Tisch den jungen Mann bemerkt und auch gehört, wie Jake ihn abserviert hatte. Doch das Düstere in seinen Augen verriet mir, dass er es völlig ernst meinte.

»Willst du tanzen?«

»Nein!«, erwiderte ich, weil ich ihm die Stirn bieten wollte. William lachte laut und erntete einen hasserfüllten Blick von Jake.

Eifersucht hin oder her, so sollte er nicht über meinen Kopf hinweg entscheiden.

»Du kannst doch nicht einfach ...«

»Das hast du doch gesehen, ich kann und werde, Blue!«

Ich fand es ja süß von ihm und es fühlte sich auch total schön an. Trotzdem schüttelte ich verständnislos den Kopf, konnte aber ein Schmunzeln nicht unterdrücken.

»Hast recht, Junge. Lass dir von niemandem deinen Diamanten nehmen. Da muss man gleich die Krallen zeigen, wenn sich ihr einer nähert!« Granny kicherte und nippte an ihrem Sherry.

Eine weitere Stunde verging und so langsam langweilten sich die Gäste. Doch dann wurde das Licht gedimmt und das Gemurmel der Leute leiser.

»Was ist los? Haben wir Stromausfall?«, fragte Pat und sah fragend zu ihrem Mann.

Ein Spot strahlte direkt auf den Thron, den man wieder auf die Tanzfläche gestellt hatte.

»Ich glaube, du wirst noch einmal dort vorne erwartet.« Jake grinste und nickte Richtung Thron.

»Was? Schon wieder? … Ach, ist das die Überraschung, von der du heute Morgen gesprochen hast?« Granny war plötzlich wieder hellwach und stand auf.

»Ja, hier, das wirst du gleich gebrauchen können!« Er drückte ihr eine kleine Rolle Geldscheine in die Hand. Sie runzelte ihre Stirn und schien nicht zu verstehen, wofür sie so viel Geld benötigen sollte.

»Hannah, begleitest du sie nach vorn?«, fragte Jake und gab der Band ein Zeichen, noch mit der Musik zu warten. Ich war gespannt, was für eine Überraschung er sich für sie ausgedacht hatte.

***

Gemeinsam mit Granny am Arm gingen wir zur Tanzfläche. Der Spot begleitete uns. Die Leute klatschten wieder, obwohl sie nicht wussten, was jetzt genau geschehen würde.

Als Granny saß, stellte ich mich etwas abseits, da der Trommelwirbel einsetzte und ich nichts verpassen wollte.

Der Spot wurde auf den Eingang des Zeltes gerichtet, doch noch war dort nichts und niemand zu sehen. Die Spannung stieg, als ein männlicher Schatten auf der Zeltplane am Eingang sichtbar wurde. Die Leute tuschelten und sahen gebannt zu ihm. Jeder wollte wissen, wer er war.

Dann setzte die Musik ein und bei den ersten Klängen wurde mir klar, was gleich passieren würde. Oh, wie peinlich, hatte Jake sich das wirklich für seine Großmutter ausgedacht?

Ein Stripper lief durch die Menge, direkt auf Granny zu. Als die weiblichen Gäste erkannten, was jetzt gleich für eine Show gezeigt wurde, fingen einige, darunter auch Laura, an zu pfeifen und zu kreischen.

Er war überaus attraktiv, muskulös und gut gebaut. Dicht vor Granny stoppte er und legte los. Schnell flogen die ersten Kleidungsstücke.

Wow! Er spielte mit seinen Muskeln, was einige weibliche Gäste noch weiter Richtung Tanzfläche trieb. Natürlich wollten sie sich so eine Show nicht entgehen lassen.

Granny lachte breit und klatschte freudig in ihre Hände. Sie ließ den Stripper nicht aus den Augen und genoss die Show, die er ihr bot, in vollen Zügen.

Die Frauen kreischten, pfiffen und klatschten. Sie waren total aus dem Häuschen, niemand befand sich jetzt noch auf den Stühlen. Als der Stripper letztlich nur noch mit einem dünnen Tanga bekleidet vor Granny stand, zückte sie die Geldscheine und steckte sie in seinen Bund.

Selbst Fran hatte Scheine in der Hand und wollte so die Aufmerksamkeit auf sich selbst lenken. Doch der Stripper ging gar nicht erst auf sie ein. Granny war der heutige Mittelpunkt und ihr gefiel die Überraschung sichtlich, die ihr Enkel ihr damit bereitete.

Erleichtert, dass er diesen kleinen Tanga anließ, lachte ich mit. Mir war heiß, und obwohl ich noch nie einen Mann gesehen hatte, der sich vor Publikum auszog, fand ich es total sexy.

Als die Musik fast zu Ende war, tänzelte er noch einmal direkt zu Granny. Mit einer ruckartigen Handbewegung riss er sich auch noch den Tanga vom Leib und warf ihn in die Luft.

Mit weit aufgerissenen Augen starrte Granny auf seinen Penis, den er ihr kurz zeigte, um ihn dann mit der Hand zu bedecken.

Die Frauen fanden in ihrem Applaus bald einen Rhythmus und verlangten eine Zugabe, während Granny aufstand und im Takt mitklatschte. Sie schien restlos begeistert, als der Nackte sich mit einem Wangenkuss von ihr verabschiedete und durch die Menge laufen wollte. Er ließ sich feiern und badete förmlich im Applaus. In dem Augenblick, als er an mir vorbeilaufen wollte, nahm er meine Hand und packte sie auf seinen Hintern. Und das vor allen Leuten! Es dauerte nur Sekunden, reichte aber, dass ich mich am liebsten versteckt hätte. Die Frauen schrien begeistert, ich war rot wie eine Tomate. Geschockt lachte ich auf und blickte schüchtern um mich. Schon lief er weiter zwischen den Gästen hindurch und verließ mit einer letzten Verbeugung das Zelt.

Nur sehr langsam beruhigten sich die Frauen wieder und beglückwünschten Granny, die immer noch völlig begeistert erzählte, wie gut er bestückt gewesen war.

Dreißig Fotos oder mehr hatte ich von Granny, dem Stripper und den begeisterten Frauen geschossen. Aufgeregt plapperten sie noch alle durcheinander, während ich wieder an unseren Tisch lief.

»Ich kann nicht glauben, dass Jake das wirklich getan hat«, sagte Pat. Sie war die Einzige, die nicht kreischend vom Tisch aufgesprungen war, um den halbnackten Mann aus der Nähe besser sehen zu können.

»Wo ist er?«, wollte ich wissen und sah mich suchend in dem Zelt nach ihm um.

»Wahrscheinlich bezahlt er den Kerl auch noch dafür, dass er unsere Weiber verrückt gemacht hat«, sagte William. Dass ihm die Überraschung nicht gefallen hatte, hätte ich mir ja denken können. Ich war zwar anfangs auch geschockt gewesen, aber nur deshalb, weil ich bei einer solchen Feier einfach nicht damit gerechnet hatte – das hatte wohl niemand.

Aber das Wichtigste war, dass es Granny gefallen und sie ihren Spaß gehabt hatte. Auch wenn es für eine Frau in ihrem Alter recht ungewöhnlich war, dass ein gutaussehender nackter Mann sie noch so in Begeisterung versetzen konnte.

»Granny! Alles in Ordnung?«, fragte Laura, als sie wieder an unseren Tisch kam. Sie strahlte und schien völlig aufgekratzt.

»Jake, dieser Teufelskerl! Er weiß genau, wie man eine Party in Stimmung bringt. Wo steckt er?« Sie setzte sich und sah sich nach ihrem Enkel um.

»Da!«, rief Laura. Jake betrat gerade wieder das Partyzelt. Sichtlich mit sich zufrieden kam er grinsend an unseren Tisch gelaufen. »Na, Mädels, hat es euch gefallen?«

William verdrehte die Augen. Granny, Laura und Chloe riefen begeistert wild durcheinander.

»Waaa, du bist wirklich verrückt, Jake.« Laura tätschelte ihren Bruder.

»Danke, mein Junge. Damit hätte ich an meinem achtzigsten Geburtstag wirklich nicht gerechnet.«

»Mit so was hat ganz Dundee nicht gerechnet! Endlich war hier mal was los!«, sagte Chloe begeistert.

Jake genoss sichtlich die anerkennenden Worte. »Schön, dass es euch gefallen hat.«

»Und das Beste ist, ich habe das hier!« Granny griff in ihren Ausschnitt und zog den roten Tanga hervor. Triumphierend schwang sie ihn über ihrem Kopf. Laura und Chloe prusteten los, während Pat völlig angeekelt ein „Iieehhh!!!" von sich gab. »Mutter!!!«, entfuhr es Pat entsetzt.

»Und das ist MEINER, Mädels!«, schrie Granny begeistert. Alle lachten schallend und Laura kreischte, selbst William konnte ein Grinsen nicht unterdrücken.

Die Party war in vollem Gange, die Musik spielte wieder und die Tanzfläche füllte sich.

»Komm, lass uns nach draußen gehen. Die Nacht ist wunderschön.« Jake nahm mich an die Hand und zog mich mit sich.

Der Mond schien hell und es war eine schöne, laue Sommernacht. Die Musik aus dem Zelt klang leise und dumpf zu uns.

»Wie bist du auf die Idee gekommen, deiner Großmutter zum achtzigsten Geburtstag einen Stripper zu schenken?«

»Was schenkt man einer Achtzigjährigen, die eigentlich schon alles hat? Außerdem war meine Großmutter schon immer eine sehr verrückte und außergewöhnliche Person.«

Ich lachte. »Das stimmt! … Dann haben wir wohl unsere Mission hier erfüllt. Und morgen werden wir wieder in unseren Alltag zurückkehren«, sagte ich gedankenverloren. »Die ganze Sache hier ist mir leichter gefallen, als ich anfangs gedacht hatte.«

»Ich hatte sogar das Gefühl, du hattest Spaß daran.«

Bilder der vergangenen Tage flackerten in meiner Erinnerung auf. Schweigend blieb er stehen und nahm meine Hand. Im Mondlicht bewunderte er mein Armkettchen, strich mit dem Finger über die blaue Blume. »Habe ich dir eigentlich schon gedankt?«

»Ja, hast du.«

»Ich meine nicht für deinen Job hier, sondern dafür, dass ich die andere Hannah kennenlernen durfte. Sie ist so bemerkenswert und besonders.«

Ich schluckte. »Da bist du echt der Einzige. Niemand hat das bisher so gesehen«. Mein Herz raste.

»Ich habe eine Bitte an dich«, sagte er unsicher.

»Wenn du wieder in New York bist, dann versuche, der anderen Hannah mehr Freiraum zu geben.«

»Ich werde es versuchen«, sagte ich stockend.

Wenn ich wieder in New York zurück und mit Matt verheiratet sein würde, dann bliebe für die zweite Hannah kein Platz mehr. Mein Abenteuer endete hier! Aber das konnte ich ihm so nicht sagen.

Er nickte nachdenklich. Schweigend nahm er meine Hand und führte mich weiter durch den großen Garten. Mittlerweile war es für mich schon fast selbstverständlich, dass Jake mich bei jeder Gelegenheit berührte. Ob er mich bei der Hand nahm oder seinen Arm um mich legte – ich genoss es jedes Mal. Matt tat dies nie. Ich würde es vermissen. Dieser Mann hatte meine Welt durcheinandergebracht. Endlich konnte ich mir eingestehen, dass ich ihn mochte – sogar sehr.

***

Länger als nötig putzte ich mir die Zähne. Zum dritten Mal bürstete ich mir die Haare und klatschte mir immer wieder kaltes Wasser ins Gesicht. Nichts davon half mir, ruhiger zu werden. Nicht einmal Zeit zum Nachdenken konnte ich damit gewinnen. Und die brauchte ich dringend. Etwas war mit mir geschehen und ich fand einfach keine logische Erklärung dafür. Dieses warme Gefühl, welches mich durchflutete, wenn ich an ihn dachte, hätte schon längst ein Hinweis darauf sein müssen. Aber ich war einfach zu dämlich gewesen, es zu erkennen und mir selbst einzugestehen, dass ich mehr von ihm wollte.

Seit wir nach der Geburtstagsparty wieder im Haus seiner Eltern angekommen waren, beschäftigte mich die Frage, ob ich diesmal auf die Stimme hören sollte, die mich laut und unnachgiebig aufforderte, auf Jakes Vorschlag von heute Morgen einzugehen. Hitzewellen durchströmten mich und ein süßes Pochen prickelte in meinem Unterleib. Mein verräterischer Körper machte mich noch wahnsinnig! Ich schaffte es nicht, ins Schlafzimmer zu gehen. Die erotischen Bilder im Kopf machten mir Angst und ich wusste nicht, ob ich stark genug war, seinem Sex-Appeal zu widerstehen.

Und noch etwas wurde mir klar, etwas, das wehtat und mir wirklich Magenschmerzen bereitete.

Ich konnte nicht länger mit Matt zusammensein. Zumindest konnte ich ihn nicht heiraten. Er war nicht der Mann, mit dem ich mein ganzes Leben verbringen wollte. Diese Erkenntnis trieb mir Tränen in die Augen und erschwerte diese ganze Situation. Ich liebte Matt, aber nicht so, wie ich es sollte. Jake hatte recht. Matt war mein bester Freund und eine Ehe wäre für uns beide niemals das Richtige.

Ein Schauer lief mir über den Rücken, wenn ich daran dachte, was eine Beendigung dieser Beziehung alles nach sich ziehen würde. Oh Gott, mir wurde ganz schlecht dabei. Was würde Matt dazu sagen? Und wenn ich an meine Mutter dachte, konnte ich schon ihre Vorwürfe hören. Sie würde mir für sehr lange Zeit in den Ohren liegen, dass sie es doch gleich gewusst hatte.

Trotz allem hatte Jake mir klargemacht, wie viel ich bereit war aufzugeben, nur weil man es von mir erwartete und es sich so gehörte. Ich würde mich selbst und meine Zukunft zurückstellen – ich würde nicht meinen eigenen Platz finden, sondern den annehmen, den man mir bot. Es gab für mich also keinen anderen Ausweg, als mit Matt zu sprechen und zu versuchen, ihm nicht allzu sehr wehzutun.

Ich wischte die Tränen aus meinem Gesicht. Es half ja nichts, schließlich konnte ich nicht nach New York zurückgehen und so tun, als wäre alles in Ordnung. Ich musste Entscheidungen treffen, die mir mein Herz schwer machten, damit ich glücklich werden konnte.

Ich war so durcheinander, so verwirrt und erschrocken über all diese Gedanken. Und doch verursachte Jake das größte Chaos in mir. Ich wollte ihm nahe sein, doch ich wusste, dass das nicht gut für mich wäre. Ging es ihm genauso?

Schließlich konnte ich nicht die ganze Nacht im Badezimmer bleiben. Also lauschte ich an der Tür und hoffte, Jake würde bereits schlafen. Natürlich tat er das nicht. Seine unruhigen Schritte verrieten mir, dass er auf mich wartete. Hitze stieg in mir auf. Ich wollte meine erotischen Fantasien, die mich mit diesem Mann verbanden, einfach abschütteln wie einen Mantel voller Regentropfen - Vergebens!

Kapitel 22

Topas

Jake

Jetzt war Hannah schon Ewigkeiten im Badezimmer. Ich wusste genau, warum sie es hinauszögerte, zu mir ins Bett zu steigen – sie kämpfte mit sich und ihrer Vernunft.

Schon auf dem Rückweg war sie schweigsam gewesen. Ihre Aufregung hatte sie verraten. Nervös zwirbelte sie an ihrem Armkettchen und sah in die Nacht hinaus, während ich mich fragte, warum diese Frau mir nicht mehr aus dem Kopf ging. Jedes Mal, wenn sich unsere Blicke trafen, lächelte sie aufgesetzt, doch innerlich tobte ein Sturm in ihr, den die vernünftige Hannah unbedingt gewinnen wollte.

»Hannah? Alles in Ordnung bei dir?«, fragte ich. Mit einem Ohr an der Badezimmertür lauschend, stand ich da und kam mir wie ein kleiner Schuljunge vor. Drinnen war es mucksmäuschenstill. Sollte ich mir Sorgen machen? Oder hatte sie sich vielleicht in die Badewanne gelegt und war eingeschlafen?

Doch dann drehte sie den Schlüssel im Schloss um und öffnete die Tür. »Äh, ja! Alles in Ordnung?« Für den Bruchteil einer Sekunde sah ich in ihre Augen. Sie hatte geweint und sie schien völlig durcheinander. Schnell lief sie an mir vorbei, um ihr Abendkleid mit zittrigen Händen und etwas umständlich auf einen Bügel zu hängen.

»Hannah? Hast du geweint?«

»Nein! Alles in Ordnung.«

Ich glaubte ihr kein Wort und lief zu ihr. »Ich sehe doch, dass du geweint hast.«

»Bitte, Jake. … Es ist schon gut!«

»Nein, es ist nicht gut. Willst du mir nicht sagen, was los ist?«

»Nein, will ich nicht!«, sagte sie nun schärfer.

Warum war sie eigentlich so wütend? »Würdest du mir jetzt mal bitte erklären, warum du so sauer bist?«

Sie antwortete nicht, sondern vermied es, mich anzusehen, und fing an, ihre Klamotten zusammenzulegen, obwohl sie diese vorher schon feinsäuberlich in ihrem Koffer gelegt hatte.

»Es ist einfach …«

Mit verschränkten Armen lehnte ich am Schrank und sah ihr amüsiert dabei zu, wie sie krampfhaft versuchte, sich herauszureden.

»Es ist nicht so einfach, Jake. Mein ganzes Leben ist plötzlich so anders geworden und ...« Wieder brach sie ab, drehte sich zu mir um. »Seit ich dich kenne, ist nichts mehr so, wie es sein sollte. Plötzlich tue ich Dinge, die ich mit Matt niemals getan hätte. Du sagst, Matt ist nicht der Richtige, und gleichzeitig weiß ich, dass du es auch nicht bist.

Mir ist klar geworden, dass ich mit Matt nicht länger zusammen sein kann, aber ich habe Angst, diesen Schritt zu tun, weil sich danach mein ganzes Leben ändern wird und ich nicht weiß, in welche Richtung es geht.«

Sie schluckte ihre aufkommenden Tränen herunter und wollte stark sein. Die Wucht ihrer Gefühle brach ihren Damm und schon flossen die ersten Tränen ihre Wangen hinunter.

»Blue! Weine nicht! Es ist völlig normal, dass du Angst hast, aber du wirst sehen, nach ein paar Wochen weißt du, dass deine Entscheidung richtig war.«

»Woher willst du das wissen?«

»Weil ich auch schon vor so einem Abgrund gestanden bin. Aber das stimmt nicht, Hannah. Da ist kein Abgrund und du wirst auch nicht fallen. Es mag zwar nicht ganz einfach sein, dein neues Leben so zu gestalten, wie du es dir vorstellst, aber mit der Zeit wirst du deinen Weg finden, da bin ich mir sicher.

»Und was ist mit Matt?«

Ich nickte. »Du hast recht, du wirst ihm wehtun müssen, aber du tust es für euch beide und er wird dir eines Tages dafür dankbar sein. … Hannah, er kennt dich nicht. Er weiß nichts von dir. Das allein zeigt doch, wie falsch es wäre, sich für immer an ihn zu binden.«

Sie nickte, während weitere Tränen wie kleine Rinnsale ihre Wangen hinabliefen.

»Du hast recht, aber es … es tut mir so leid für uns«, schluchzte sie. Ich konnte sie nicht weinen sehen. Ich verstand ihre Ängste und Sorgen. Ich zog sie in meine Arme, hielt sie fest, gab ihr das Gefühl, dass ich sie verstand.

»Ich muss mich von Matt trennen, Jake. Das bedeutet, ich werde ihn auch als Freund verlieren.«

»Sch ... vielleicht aber auch nicht!« Behutsam streichelte ich ihren Rücken. »Du wirst mit ihm reden und ihm alles sagen und vielleicht sieht er es auch so … Weine nicht, Blue! Ich kann dich nicht weinen sehen. … Du bist nicht allein, hörst du? Ich werde für dich da sein, wenn du mich brauchst.«

Sie löste sich ein wenig aus meiner Umarmung und sah mich mit verweinten und geröteten Augen an. Es lag so viel Traurigkeit in ihrem Gesicht, dass mein Herz schwer wurde. Ich wusste genau, wie sie sich fühlte. Der Schmerz, etwas zu verlassen, was man eigentlich liebte, ist niemals leicht zu ertragen. Es tat mir so leid für sie, doch ich wusste genau, wenn sie wirklich eines Tages glücklich werden wollte, musste sie diesen Schritt gehen – dieses Risiko eingehen.

Ihr Kopf lehnte an meiner Schulter, während ich sie streichelte. Ihre Arme hatte sie um meine Mitte geschlossen. Eine Weile standen wir so da, bis sie sich ein wenig von mir löste und mich durch tränenverschleierte Augen ansah. Dann veränderte sich ihr Blick. Das Blau ihrer Augen wurde dunkler. Sie sah mir auf den Mund. Ich lehnte meine Stirn an ihre und dabei öffnete sie ihre Lippen. Wir wurden uns unserer Nähe bewusst, und diese Anziehungskraft wurde so stark, dass ich nicht anders konnte und dem Drang endlich nachgab, sie zu küssen. Es gab für mich kein Halten mehr, nichts, was mich weiter hindern konnte, diese verbotene süße Frucht zu kosten. Ich küsste sie – drängend und fest. Sofort klammerten sich ihre Hände um meinen Nacken, als würde sie ertrinken. Sie griff dabei in mein Haar und zog mich noch fester an sich. Ich stöhnte auf, küsste ihren Hals und ihr Dekolleté. Ich sollte sie erlösen, ihrem inneren Kampf ein Ende bereiten und ihr zeigen, was sie bisher verpasst hatte. Sie in diesem Zustand, verunsichert, ängstlich und mit sich ringend, zu sehen, tat mir so unendlich leid. Ich wollte sie davon befreien, wollte ihr zeigen, wie sich Leidenschaft anfühlte.

Gierig küsste ich sie, fuhr mit meinen Händen über ihren Körper. Ich konnte nicht genug von ihr bekommen. Ich wollte ihre Haut fühlen, endlich mit meinen Händen darüber streichen, ihre Brüste kneten und sie zum Wahnsinn treiben. Mit einer schwungvollen Bewegung zog ich ihr das T-Shirt über den Kopf und plötzlich riss ich sie damit aus unserem Bann. Sie verspannte sich, bedeckte mit ihren Händen ihre nackten Brüste. Der knisternde Moment zwischen uns war verflogen.

Erschrocken und leicht atemlos sah sie mich an. Da war sie wieder – ihre Angst vor dem Unbekannten und Verbotenen. Ich war wohl etwas zu stürmisch. Sanft legte ich meine Hände auf ihre Schultern. »Hab keine Angst davor, Blue«, flüsterte ich leise.

Sie schluckte. »Ich weiß nicht, ob ich das kann.« Sie schaffte es nicht, mich weiter anzusehen. Ein trauriger Ausdruck lag auf ihrem Gesicht und ihr Blick ruhte auf meinem nackten Oberkörper.

»Lass mich dir helfen, Blue. Vertraust du mir?«

Zuerst zögerte und dann nickte sie kaum merklich.

»Ich werde nichts tun, was du nicht möchtest. … Vielleicht habe ich etwas, womit ich dir helfen kann. Leg dich ins Bett. Ich habe eine Idee.«

Sie gehorchte und schlüpfte unter die Decke, zog diese bis unter ihr Kinn. Aus meiner Reisetasche nahm ich die schwarze Schatulle heraus.

»Was ist das?«

Ich wandte mich zu ihr und lächelte sanft. »Damit werde ich dir helfen, dich zu entspannen. Darin liegt der Stein, der dir helfen wird, deine Blockaden zu lösen, wenn du es zulässt.« Ich setzte mich zu ihr auf die Bettkante und öffnete den Verschluss. »Gestern hast du mich gefragt, woher ich die Bedeutung des Topas kenne.« Ich öffnete den Deckel. »Und das hier ist die Antwort.«

Vor ihr lag nun mein Schatz. 24 Edelsteine befanden sich darin, eingebettet in weichem Schaumstoff. Ich nahm den blauen Edel-Topas heraus. Er lag schwer und kühl in meiner Hand.

»Das ist deiner. Er kann dir helfen.«

»Der sieht genauso aus wie die Steine auf meinem Armband!«

»Ja, es ist der gleiche Stein – der Topas.«

»Und was tust du damit?«

»Ich werde dich damit massieren.«

Sie sah mich ungläubig an, bis ich ihr die Kugel in die Hand legte. Neugierig musterte sie ihn und Interesse flackerte in ihren Augen auf.

»Und die anderen Steine?«

»Sie helfen bei anderen Problemen und Blockaden.«

»Und du glaubst wirklich, dass er helfen kann?«

»Ich glaube es nicht nur, ich weiß es, Hannah. Was glaubst du, warum dein Vater dir dieses Armkettchen geschenkt hat? Er kannte die Magie, die von den Edelsteinen ausgeht, da bin ich mir ganz sicher. Der Topas ist genau der Stein, der dir helfen kann. … Wir werden es einfach ausprobieren, in Ordnung? … Entspann dich, Blue. Es wird alles gut werden.«

Ich verschloss das Kästchen und stellte es auf den Nachttisch. Aus meiner Reisetasche nahm ich den Massageroller und drückte die Topas-Kugel mit einem Klick hinein. Hannah beobachtete meine Handgriffe genau.

Ich stieg zu ihr ins Bett und zog dabei langsam die Decke von ihrem Körper. Zuerst hielt sie sie fest, doch als ich ihr in die Augen sah, entkrampften sich ihre Finger und sie ließ die Decke los.

So viele Male hatte ich das Liebesspiel meiner Kundinnen mit einer Edelsteinmassage begonnen. Ihre Körper hatten mich immer erregt, doch als ich Hannah, nur mit einem Höschen bekleidet, vor mir liegen sah, entfachte es in mir eine ungekannte Lust und verschlug mir den Atem. Sie war so sexy mit ihrem unschuldigen Blick. Sie hatte einen unglaublichen Körper und meine Sinne waren alle auf sie fixiert. Ich zwang mich, nicht sofort über sie herzufallen, und schluckte hart, während mein Blick über ihren Körper wanderte. Es war nicht so leicht, wie ich dachte, schließlich sollte ich mich auf ihre Blockaden konzentrieren. Meine Erregung drängte sich hart gegen meine Boxershorts und ich versuchte mich zusammenzureißen – schließlich war ich Profi.

»Setz dich auf, mit dem Rücken zu mir. … Hab keine Angst, wenn es dir zu viel werden sollte, dann sagst du mir einfach Bescheid.«

Zögernd setzte sich Hannah auf, ohne ihre Hände von ihren Brüsten zu nehmen. Ihre Wangen waren vor Aufregung immer noch gerötet und ihr Blick glasig.

»Vertrau mir, Blue. Schließ deine Augen«, sagte ich, als ich näher zu ihrem Rücken rutschte. Ihre Haare schob ich behutsam beiseite, sodass ihr Rücken freilag. Dann begann ich, langsam den Topas auf ihrer Haut entlanggleiten zulassen. Von ihrem Halswirbel hinunter bis zu ihrem Po – gleichmäßig, sanft und langsam.

»Ist das gut so?«

»Mmmhhh …«, kam nur von ihr zurück.

Rollend und in kreisenden Bewegungen machte ich weiter, bis sich ihre Blockade zu lösen begann und die Anspannung von ihr fiel. Irgendwann glitten ihre Hände von ihren Brüsten, bis sie sie locker und entspannt hängen ließ. Ihr Atem wurde ruhiger und ihre Muskeln lockerer. Minutenlang machte ich weiter.

Jetzt war der Zeitpunkt gekommen. Ich legte den Edelstein beiseite und massierte mit meinen Händen weiter. Jetzt war es nicht mehr der Stein, der sie berührte, sondern ich und sie fühlte sich wundervoll an – zart, weich und warm. Es erregte mich sehr. Schließlich rutschte ich noch näher an sie heran, lehnte meinen nackten Oberkörper an ihren Rücken und spürte, wie auch sie sich leicht an mich anlehnte.

Ich küsste ihr Haar. »Du machst das fantastisch, Blue. Lass dich fallen«, flüsterte ich ihr leise ins Ohr.

Leise stöhnte sie, während ich kleine Küsse auf ihren Hals hauchte. Ihr Kopf ruhte auf meiner Schulter. Meine Hände erkundeten ihren Bauch und ihre Hüften, streichelten sie zärtlich. Als ich mich weiter hinauf zu ihrer Brust vorarbeitete, legte sie plötzlich ihren Arm um mich und bog ihren Oberkörper durch. Dann zog sie mich noch näher an sich heran.

Da gab es für mich kein Halten mehr. Ich war süchtig nach ihren Lippen, die so einladend auf mich wirkten, nach ihrer Haut, die so verführerisch duftete, dass ich nicht länger widerstehen konnte. Wir küssten uns, bis Hannah sämtliche Scheu verlor, sich zu mir drehte und ich sie endlich in meinen Armen halten konnte. Wieder fuhr sie mir durchs Haar und stöhnte leise auf, als ich ihren Hals küsste.

Langsam drückte ich sie in die Kissen, ohne unseren Kuss zu unterbrechen. Meine Zunge erforschte ihren Mund, spielte mit ihrer und trieb uns beide weiter an. Meine Härte drückte sich gegen ihre Hüften, ich rieb mich an ihr.

Wir sahen uns an. Ihr Brustkorb hob und senkte sich schnell, während wir in unserem Blick verharrten.

Hannah hatte es verdient, dass es gut werden würde – mehr als das! Verdammt! Ich konnte mich nicht erinnern, wann ich das letzte Mal so verrückt nach einer Frau gewesen war. Wie hatte sie es in den wenigen Tagen geschafft, mich so gierig nach ihr zu machen? Ich fühlte mich gefangen in ihren Armen und konnte mich nicht gegen diese Anziehungskraft wehren, die seit Tagen zwischen uns herrschte. Mein Puls begann zu rasen, wenn ich daran dachte, was ich gleich tun durfte. Sie schloss ihre Lider.

»Sieh mich an.« Tausend Augenblicke vergingen, bis mich das Blau ihrer Augen traf. Die Wärme in mir breitete sich weiter aus und ich wusste in diesem Moment, dass ich verloren war. Aber der Profi und auch die Gefühle in mir verboten es, sie einfach zu nehmen. Vorsichtig, aber mit einer einzigen Bewegung, zog ich ihr das Höschen aus und warf es achtlos auf den Boden. Schon wollte sie nach der Decke greifen.

»Lass mich dich ansehen, bitte!«, sagte ich rau vor Verlangen und hielt ihre Hand. Es kostete sie Überwindung, doch sie hielt inne, schloss ihre Augen und entspannte sich wieder.

Bewundernd glitten meine Blicke über ihren Körper. Sie war schön. Ihre sanften Kurven kamen durch das Licht richtig zur Geltung.

»Du bist so wunderschön, Blue.«

Meine Hände wanderten zu ihrem Bauch, weiter bis zu ihrer Brust. Deutlich konnte ich ihren Herzschlag spüren, der schnell und heftig unter ihrer Haut gegen meine Hand pochte. Ihren Bauch küssend, arbeitete ich mich hinauf bis zu ihrer Brustwarze, nahm sie in den Mund und saugte vorsichtig daran, neckte sie und biss sanft hinein. Mit kreisenden Bewegungen spielte meine Zunge, bis Hannah scharf die Luft einsog und laut stöhnte. Gott! Es war so wunderbar, wie sie auf so einfache und leichte Berührungen reagierte. Mit geschlossenen Augen gab sie sich meinen Zärtlichkeiten hin, obwohl mir der Sinn nach viel mehr stand und ich es kaum erwarten konnte. Wir beide waren so erregt, dass ich mich schnell meiner Boxershorts entledigte und mich auf sie legte. Mein Mund suchte ihre Lippen, spielte mit ihrer Zunge, bis ihre Hände meinen Hintern ergriffen. Dabei öffnete sie ihre Beine für mich. In mir pochte und klopfte es vor Lust. Meine Hände lagen neben ihrem Kopf auf das Kissen gestützt. Ich spannte meinen Körper an, als ich in sie eindrang – langsam, Stück für Stück. Ich stöhnte auf und unterbrach die Stille in diesem Augenblick. Hannah krallte ihre Fingernägel in meine Haut und biss sich auf die Lippen.

»Du bist so eng, Blue. So verflucht eng!« Langsam bewegte ich mich in ihr, dabei drückte sie mir ihre Hüften entgegen. Schnell fanden wir in einen Rhythmus, was mich wie in einen Rausch zog. Sie entfachte ein Feuer der Lust in mir und ich konnte mich nicht länger zurückhalten. Ich stieß kräftiger zu – härter, fester. Sie warf ihren Kopf hin und her, als wäre sie der Erlösung nahe. Ich saugte an ihren Brüsten und knetete ihre Haut, bis sie fast schrie.

Ich zog sie zu mir hoch, sodass sie auf meinem Schoß saß. Meine Hände lagen auf ihren Hüften und mit sanftem Druck gab ich ihr zu verstehen, dass sie sich bewegen sollte. Sie verstand schnell, gab sich völlig den Empfindungen hin. Plötzlich warf sie ihren Kopf in den Nacken und übernahm damit die Führung. Mit geschlossenen Augen übernahm sie den Rhythmus und bestimmte die Stärke meiner Stöße. Sie war frei und hatte keine Ahnung, welche Macht sie gerade über mich hatte. Ihr Anblick war so wundervoll. Endlich! Sie spielte mit mir, neckte mich. Ein leises Lächeln erschien auf ihren Lippen. Sie schien es zu genießen, ging in unserem Spiel völlig auf und konnte nicht genug bekommen. Sie stöhnte lauter und trieb auch mich damit dem Höhepunkt entgegen. Verrückt vor Lust drückte ich jetzt stärker dagegen, stieß kräftiger und tiefer in sie hinein. Gleich war es so weit, Hannah würde ihren ersten Orgasmus erleben und ich wünschte mir, dass dieses Erlebnis unvergesslich für sie sein würde. Ich legte meinen Finger auf ihre empfindlichste Stelle, damit der Höhepunkt sich noch verstärkte. Genau in dem Augenblick schrie sie auf und kam. Auch ich ergoss mich in ihr.

Erschöpft und völlig außer Atem legten wir uns auf das Laken. Sofort zog ich sie näher an mich und legte meinen Arm um sie. Wir konnten beide nichts sagen, waren überwältigt und erschöpft von den Gefühlen, die uns beide erfüllten. Eine tiefe und nie gekannte innere Zufriedenheit überkam mich.

***

Ihr Kopf ruhte auf meiner Brust und ihr Atem ging wieder gleichmäßig. Keine Nacht war mit dieser zu vergleichen. Der Sex mit Hannah war der Beste meines Lebens gewesen. Ich wusste, was das zu bedeuten hatte, und eigentlich hätte es mir schon längst klar sein müssen – ich hatte mich in sie verliebt.

Aber genau darin lag das Problem. Gefühle oder gar Liebe hatten nichts in meinem Job zu suchen. Auf Dauer konnte dies nicht funktionieren und mir war klar, dass Hannah niemals damit leben könnte, dass ich eine männliche Hure war! Ich war es gewöhnt, meine Empfindungen und Sehnsüchte zurückzustellen. Ich erbrachte eine Leistung und dafür wurde ich bezahlt. Danach war alles vorbei, bis die Dame mich wieder buchte. Unkomplizierter Sex, ohne Verpflichtung – das war das Richtige für mich.

Eine Weile lag ich wach, hörte ihren tiefen Atem und den Wind, der draußen in den Bäumen rauschte. Sanft streichelte ich dabei ihren Rücken, während Hannah friedlich döste.

Sie drehte sich im Schlaf und kuschelte sich in meinen Arm. Ein Knurren störte die Stille und den Frieden zwischen uns.

»Sag bloß, du hast Hunger!«, fragte ich.

Sie lächelte. »Ja, ein bisschen«, sagte sie schläfrig.

»Soll ich dir etwas aus der Küche holen?«

»Nein! Bleib so liegen!«

»Aber du hast Hunger! Keine Frau sollte in einem Bett liegen, nachdem sie den großartigsten Sex ihres Lebens gehabt hat, und Hunger haben.«

Sie boxte mich leicht, aber ich löste mich von ihr, stand auf, zog meine Boxershorts und einen Bademantel an. »Ich bin gleich wieder da, nicht weglaufen.«

Nackt blieb sie im Bett liegen. Der Anblick schürte wieder die Lust in mir. Nur gut, dass ich einen Morgenmantel trug.

Leise verließ ich unser Zimmer. Im Haus war es still – sicher schliefen alle schon. Oh Mann! Was machte sie nur mit mir? Das war unglaublich! Meine Gefühle für Hannah waren echt. Schon seit Tagen wusste ich es, hatte es aber nicht wahrhaben wollen. Was sollte ich jetzt tun? Warum konnte ich diese

Emotionen nicht genauso unterdrücken wie all die anderen Gefühle, die ich jemals empfunden hatte? Wenn ich mir einzureden versuchte, es wäre nur Sex gewesen, wusste ich, dass dies eine Lüge war. Hannah hatte Stück für Stück mein Herz erobert, ohne dass ich dieses einschleichende Gefühl bemerkt oder gewollt hätte. Sie war so unschuldig und doch schlummerte ein kleiner Teufel in ihr, der mich so gut verstand. Aber eine Zukunft konnte es für uns beide nicht geben.

In der Küche fand ich ein paar Erdbeeren und eine Flasche Wasser. So leise wie möglich trug ich beides in unser Zimmer.

»Das ging aber schnell!«, sagte sie, als ich die Tür hinter mir schloss. Sie hatte sich aufgesetzt und das Laken, das zuvor vom Bett gerutscht war, bis unter ihre Arme gezogen. Das Tablett stellte ich zwischen uns auf dem Bett ab, zog den Morgenmantel aus und legte mich wieder zu ihr. Ich sah ihr dabei zu, wie sie sich genüsslich eine Erdbeere nach der anderen in den Mund steckte. »Die sind wirklich gut, willst du auch eine versuchen?«, fragte sie kauend. Ihre Lippen waren leicht gerötet von dem süßen Saft der Erdbeeren und jetzt sah man auch keine Spuren ihrer Tränen mehr.

»Danke, aber ich habe keinen Hunger. ... Außerdem«, sagte ich gut gelaunt, »ein Sexgott muss nicht essen, er nascht nur von den verbotenen Früchten!«

»Gott, wie arrogant du doch bist!«, grinste sie, und als ich mich langsam an ihren Beinen entlangküsste, verebbte ihr Spott. Keine Frau reagierte so schnell wie sie auf meine Zärtlichkeit, und diesmal brauchte ich keine Edelsteine.

KAPITEL 23

ALL INCLUSIVE

HANNAH

Nichts war mit dem zu vergleichen, was ich in der letzten Nacht erlebt hatte. Zum ersten Mal in meinem Leben fühlte ich mich erfüllt von Glück und Liebe. Oh ja, von Liebe! Ich konnte es selbst noch nicht fassen! Ich war über beide Ohren und völlig hoffnungslos in Jake Bennet alias Roger Roon verliebt – einen Escort-Man aus New York.

Lange hatte ich mich geweigert, diese Gefühle als das anzunehmen, was sie waren. Doch seit gestern Nacht wusste ich, wie wundervoll die Liebe sein konnte.

Ich gähnte und streckte mich, dabei fühlte ich den leeren Platz neben mir im Bett und war schlagartig wach. Wo war Jake? Enttäuscht richtete ich mich auf. Doch dann hörte ich Geräusche im Badezimmer.

Erleichtert, zufrieden und völlig glücklich sank ich zurück in die Kissen und genoss das Prickeln, welches mich sofort überkam, wenn ich an unsere letzte Nacht zurückdachte. Ich lächelte. Vielleicht konnte ich mit Jake einen Weg finden, glücklich zu werden? Aber bevor ich mir darüber den Kopf zerbrechen würde, wollte ich diesen letzten Tag mit ihm genießen und einfach meine ganzen Probleme vergessen.

Meine Neugier wurde geweckt, als ich Jakes Stimme aus dem Badezimmer hörte. Sang er etwa? Bestimmt wollte er unter die Dusche. Grinsend stieg ich aus dem Bett und trat an die Badezimmertür. Ich hielt inne, als ich erkannte, dass Jake telefonierte. »Hallo Ella! Ich habe gerade deine Nachricht abgehört. Wann soll unser Treffen stattfinden?«, sagte Jake etwas leiser, doch laut genug, dass ich alles mit anhören konnte.

Mir stockte der Atem.

»Nein, das ist kein Problem. Nächste Woche habe ich Zeit. Und ihr wollt es diesmal zu dritt und all inclusive?«

Ich schluckte. Hatte ich richtig gehört? Zu dritt und all in ...? Ein Knoten bildete sich in meinem Magen – mir wurde schlecht!

»In Ordnung! Irgendwelche Vorlieben?«

Mein Blut rauschte in den Ohren und ich konnte nicht glauben, was ich gerade gehört hatte. Heiße Stiche in meinem Herzen fühlten sich wie kleine, vergiftete Dolche an. Das würde ich nicht überleben.

Ich hatte genug gehört, mehr brauchte ich nicht zu wissen. Ich stand völlig neben mir und innere Panik ergriff mich. Wie konnte ich mich nur so in ihm täuschen? War ich denn wirklich so blind vor Liebe oder sogar liebeskrank? Mein Gott, ich schämte mich so sehr und gleichzeitig wallte Hass in mir auf. Ich hatte mich von ein paar schönen Augenblicken und Berührungen hinreißen lassen, die mich glauben ließen, dass er mehr für mich empfand. Wie konnte ich nur so naiv sein und davon träumen, dass er mit mir zusammensein wollte?

Wie in Trance zog ich mich eilig an, schnappte mir mein Notizbuch und das Armkettchen vom Nachttisch und schloss meinen Koffer. Aus dem Badezimmer hörte ich das Wasser rauschen und erleichtert nahm ich die Gelegenheit wahr, das Zimmer, ohne Jake vorher noch gesehen zu haben, zu verlassen.

Es war noch früh am Morgen und die Bennets schliefen noch. Leise, aber mit bestimmten Schritten verließ ich das Haus. Kaum war ich aus dem Gebäude, rannte ich weinend über den großen Platz, vorbei an dem Coffee Shop, in dem wir an diesem Morgen alle noch miteinander hatten frühstücken wollen, zur Landstraße Richtung Dundees Innenstadt.

Blind vor Tränen schleppte ich den Koffer die Straße entlang. Ich schluchzte laut vor mich hin. Wie konnte ich nur so naiv sein? Wie konnte ich mir einbilden, dass Jake etwas anderes in mir sah als einen Job? Alles, was er gesagt hatte, war gelogen gewesen. All die Worte, die mein Herz und auch meine Seele erreicht hatten, zerplatzten wie Seifenblasen. Nichts war mehr übrig von dem schönen Gefühl, von Liebe und Glück, das ich noch vor ein paar Stunden empfunden hatte.

Ein Auto hielt neben mir.

»Willst mitfahren, Kleine?« Eine ältere Frau, in einem alten Dotch, hielt neben mir. Ihr war bestimmt aufgefallen, wie ich mit meinem Gepäck zu kämpfen hatte. Die Rollen meines Koffers hatten den Geist aufgegeben und ich schleifte das Ding nur noch hinter mir her.

»Wohin fahren Sie denn?«, wollte ich wissen und wischte mir die Tränen aus dem Gesicht.

»Also, bis zum nächsten Bahnhof oder zur Bushaltestelle kann ich dich mitnehmen.« Sie deutete auf meinen Koffer. Normalerweise würde ich niemals mit jemandem Fremdem mitfahren. Das war eine der Regeln, die mir meine Mutter von klein auf beigebracht hatte, aber jetzt, in dieser Situation, war es mir egal.

»Komm schon, steig ein. Ich fahr dich zum Bahnhof. So wie du aussiehst, willst du bestimmt so schnell wie möglich fort von hier.«

Ich stieg ein, auch wenn ich ein mulmiges Gefühl bei der Sache hatte. Die Dame schien nett zu sein und ich war froh, den lästigen Koffer nicht länger schleppen zu müssen. Außerdem wusste ich nicht, wie weit es zum Bahnhof noch sein würde.

»Danke!«, sagte ich, als ich die Beifahrertür zuschlug.

»Keine Ursache! Hier, schnäuz dir mal die Nase.« Sie reichte mir ein Papiertaschentuch. »Und eins kann ich dir sagen, kein Kerl ist es wert, dass du wegen ihm weinst, glaub mir. Die Männer sind doch alle gleich.«

Dankbar nahm ich das Taschentuch an. Sie gab Gas und ich war froh, dass sie auf eine weitere Unterhaltung verzichtete. Ich war viel zu durcheinander. Meine Gefühle waren ein einziges Chaos. Es kam mir wie ein Knoten vor, den ich nicht gelöst bekam – nie wieder!

Eine halbe Stunde später saß ich im Zug Richtung New York. Mein Handy hatte ich ausgeschaltet – ich wollte nichts und niemanden hören. Die ganze Fahrt dachte ich über die letzten Tage nach. Froh, dass ich ein Abteil für mich allein hatte, konnte ich endlich weinen, ohne mich erklären zu müssen.

Ich nahm das ledergebundene Notizbuch meines Vaters hervor und begann darin zu lesen, in der Hoffnung, etwas Trost zu finden.

"Kanntest jeden Zug in meinem Wesen,
Spähtest, wie die reinste Nerve klingt,
Konntest mich mit einem Blicke lesen,
Den so schwer ein sterblich Aug durchdringt;
Tropftest Mäßigung dem heißen Blute,
Richtetest den wilden, irren Lauf,
Und in deinen Engelsarmen ruhte
Die zerstörte Brust sich wieder auf;
Hieltest zauberleicht ihn angebunden
Und vergaukeltest ihm manchen Tag.
Welche Seligkeit glich jenen Wonnestunden,
Da er dankbar dir zu Füßen lag,

Fühlt' sein Herz an deinem Herzen schwellen,
Fühlte sich in deinem Auge gut,
Alle seine Sinnen sich erhellen
Und beruhigen sein brausend Blut!
Und von allem dem schwebt ein Erinnern
Nur noch um das ungewisse Herz,
Fühlt die alte Wahrheit ewig gleich im Innern,
Und der neue Zustand wird ihm Schmerz.
Und wir scheinen uns nur halb beseelet,
Dämmernd ist um uns der hellste Tag.
Glücklich, dass das Schicksal, das uns quälet,
Uns doch nicht verändern mag!"

Johann Wolfgang von Goethe

Die Tränen verschleierten meinen Blick. Die Worte von Johann Wolfgang von Goethe sprachen mir aus der Seele. Ich schnäuzte in ein Taschentuch.

Jake kannte jeden Zug in meinem Gesicht. Jede Mimik und jeden Gedanken wusste er richtig zu deuten. Er verstand mich, sah meinen inneren Konflikt, forderte mich sanft, gab mir das Gefühl, angekommen zu sein.

Und jetzt? Naiv, wie ich war, war ich auf Jake hereingefallen. Wie hatte ich nur glauben können, dass er für mich das Gleiche empfinden würde? Nie hatte er das ausgesprochen. Es war einfach nur seine Art, nett zu sein, um mich ins Bett zubekommen. Obwohl ich wirklich zugeben musste, dass diese Nacht mir die Augen geöffnet hatte, was Matt betraf.

Aber dass er gleich nach unserer Liebesnacht einen Termin für einen Dreier annahm, verletzte mich tief. Ich musste an seine gestrigen Worte denken, als er zu mir sagte:

Ein guter Gigolo hat das Herz eines Heiligen, den Geist eines Philosophen und das Geschick des Teufels – wie recht er doch hatte!

***

Am späten Abend kam ich endlich zu Hause an. Müde und erschöpft stieg ich in den Aufzug. In den letzten Stunden hatte ich mir einen Plan zurechtgelegt. Ich würde auf Matt warten, bis er endlich von seiner Geschäftsreise zurückkehrte, und dann mit ihm sprechen. Fürs Erste könnte ich bei Lisa unterkommen, bis ich eine Wohnung gefunden hatte.

Niedergeschlagen und mit den Nerven am Ende schloss ich die Tür auf und wunderte mich, dass Licht brannte.

»Hannah! Da bist du ja endlich!«

Matt! Überrascht sah ich ihn auf mich zukommen.

»Matt! Was machst du denn schon hier?«

»Tja, Überraschung!« Freudestrahlend kam er mir entgegen und umarmte mich. Ich war so überrumpelt und konnte nicht glauben, dass er wirklich vor mir stand. Außerdem hatte ich insgeheim gehofft, noch ein paar Tage Zeit zu haben, damit ich über alles noch einmal nachdenken könnte.

»Was ist? Freust du dich nicht, mich zu sehen?«

»Doch doch! Natürlich, ich habe einfach nicht mit dir gerechnet, das ist alles«, beeilte ich mich zu sagen. Er löste sich aus der Umarmung, nahm meinen Koffer und stellte ihn im Flur ab.

»Na ja, ich habe nicht so tolle Nachrichten. Aber jetzt komm erstmal rein. Willst du einen Drink?«

Alkohol? Gott bewahre! »Nein, danke!« Müde setzte ich mich auf das Sofa und sah ihm dabei zu, wie er sich einen Drink genehmigte. »Du siehst erschöpft aus, Liebling.«

»Du auch! Was sind das für schlechte Nachrichten?« Er hatte dunkle Ringe, die sich wie Schatten unter seinen Augen gebildet hatten.

Er nahm einen großen Schluck. »Es ist etwas schiefgelaufen und wir haben den Auftrag letztlich nicht bekommen.«

»Oh, das tut mir leid.« Ich wusste, wie wichtig dieser Auftrag für die Firma gewesen wäre.

»All diese Monate waren umsonst – die ganze Arbeit, die ich investiert habe, war vergeblich.«

»Das tut mir leid, Matt! Aber was ist denn passiert?«

Er wich mir aus, drehte mir sogar den Rücken zu, um sich erneut einen Drink einzuschenken. »Das wäre jetzt zu kompliziert, alles zu erklären. Es ist jetzt leider so und ich kann daran auch nichts mehr ändern.«

Eigentlich war das völlig untypisch für Matt. Normalerweise hätte er mir alles bis ins kleinste Detail erzählt und ich ahnte, dass etwas vorgefallen sein musste, worüber er nicht gern sprach. Ob es etwas mit der Frau am Telefon zu tun hatte?

Er fuhr sich durchs Haar. »Aber jetzt erzähl mal, wer war dieser Typ genau und was hast du in dem Kaff gemacht?«

Es war schwer für mich, jetzt mit ihm darüber zu sprechen, aber ich war es ihm einfach schuldig. Die Nacht mit Jake nagte an meinem Gewissen. Das hatte Matt nicht verdient.

Während ich darüber nachdachte, setzte sich Matt zu mir. Erst jetzt betrachtete er mich genauer. »Du siehst so anders aus! … Hast du etwa geweint?«

Mist! Sah man mir das etwa immer noch an? Ich sollte die Gelegenheit nutzen und ihm einfach die Wahrheit sagen. Würde ich sonst jemals wieder ein reines Gewissen haben können? Ich stand auf und begann, im Wohnzimmer auf und ab zu gehen.

»Hannah! Du machst mir Angst. Hat er dir etwas angetan?«

»Nein!«, wehrte ich sofort seine Vermutung ab.

»Jetzt spann mich nicht so auf die Folter. Was hat das alles zu bedeuten?«

Mein Herz klopfte wild und meine Hände zitterten. Mein Magen fuhr Achterbahn, doch da musste ich jetzt durch. Ich riss mich zusammen und atmete tief durch und begann, Matt alles zu erzählen.

Ich erzählte ihm von Jake, von seinem Job und von seinem Familienproblem. Ich ließ nur die peinliche Kleinigkeit in der Karaokebar aus, das brauchte er nun wirklich nicht zu wissen. Dennoch erzählte ich ihm das erste Mal von meinen wahren Gefühlen für ihn und auch für Jake.

»Warte mal! Willst du mir etwa erzählen, dass du mich mit so einem beschissen hast?« Wütend war er aufgestanden.

Ich war schon froh, dass er mich alles hatte erzählen lassen. Zu keinem Punkt hatte er etwas gesagt, allerdings kannte ich ihn gut genug, um zu wissen, dass es in ihm brodelte und es nur eine Frage der Zeit war, bis er laut werden würde.

»Es tut mir leid, Matt! Ich weiß, dass ich das nicht hätte tun dürfen, und ich bereue es wirklich, trotzdem ändert das nichts an meinen Gefühlen für dich.«

Matt lief aufgebracht im Wohnzimmer hin und her. Nervös fuhr er sich durchs Haar. »Und das ist wirklich kein Scherz?«

Ich schüttelte traurig den Kopf und beobachtete ihn weiter. »Aber … heißt das, du löst unsere Verlobung auf?«

Wieder schwieg ich. Ich musste ihm Zeit geben, das alles erst einmal zu verdauen. »Und du hast mich wirklich mit dem Typen betrogen?«

»Matt! Darum geht es nicht. Das hat nichts mit ihm zu tun. Ich glaube einfach, dass es ein Fehler wäre, wenn wir beide heiraten. Das ist mir in Dundee klargeworden. All das spürte ich vorher schon, konnte es aber nicht wirklich begreifen. Wir sind zu verschieden, *du und ich*, haben ganz unterschiedliche

Vorstellungen und Ziele. Es würde nicht gut gehen. Kannst du das nicht verstehen?«

»Woran liegt es? Weil ich Kinder will? Na gut! Dann bekommen wir eben keine«, schrie er mich an. »Was noch, Hannah? Komm, sag es mir! Willst du mehr Geld?«

Ein Stich fuhr mir durchs Herz. Schätzte er mich so ein?

»Geld?«, fragte ich ihn vorwurfsvoll. »Nein, Matt! Es geht überhaupt nicht um Geld. Du glaubst, mich zu kennen, und tust es doch nicht. Wenn du nicht auf Geschäftsreise bist, dann bist du unterwegs mit deinen Freunden. Du verbringst nicht viel Zeit mit mir und … du kennst nicht mal die Gründe dafür, warum mein Verhältnis zu meiner Mutter so schwierig ist. Du hast nie gefragt, was das für ein Armkettchen ist oder woher ich es habe. Du hast keine Ahnung, was es mir bedeutet. Für dich war immer klar, ich heirate dich, bekomme deine Kinder und schmücke dein Haus. Aber hier geht es nicht nur um dich. Hast du mich einmal gefragt, was ich mir wünsche oder wovon ich träume?« Jetzt war ich selbst lauter geworden und es tat gut, mir das endlich von der Seele reden zu können.

Fassungslos sah Matt mich an und ich erwiderte seinen Blick, bot ihm so die Stirn.

»Aber du hast doch Ja gesagt. Du warst mit allem einverstanden, verdammt noch mal! Außerdem dachte ich immer, dass du über deine Familienangelegenheiten nicht sprechen wolltest. Du hast nie ein Wort gesagt. Ich wäre niemals darauf gekommen, dass dir unser Leben nicht gefällt.«

»Damals glaubte ich, dass das genau das war, was ich wollte. Aber was ist mit Liebe, Matt?«

Er sah zu mir und runzelte die Stirn. »Was soll damit sein?«

»Das zwischen uns … das ist Freundschaft.«

»Hat dir das dieser Kerl eingeredet? Herrgott, Hannah, ich erkenne dich nicht wieder! Was hat der Arsch nur aus dir gemacht?«

»Hör auf damit, ihm die Schuld zu geben. Er hat gar nichts aus mir gemacht! Ich war schon immer so, nur habe ich diese Seite in mir immer unterdrückt. Ich war immer die liebe, brave, vernünftige Hannah, die zu allem Ja und Amen gesagt hat. Aber das kann ich jetzt nicht mehr und ich will es auch nicht mehr. Ich will Fehler machen, ich will mich mal danebenbenehmen dürfen, wenn mir danach ist, ich will endlich mal ICH sein.«

Eine Weile schwieg er, und als er den Ernst meiner Worte erkannte, fuhr er sich durch sein Haar und schüttelte den Kopf.

»Wieso hast du früher nichts gesagt? Liebes, ich dachte immer, dass du glücklich wärst.« Er kam auf mich zu und jetzt erkannte ich den Schmerz in seinen Augen. Mein Herz wog plötzlich eine Tonne. Es tat so weh, ihn so zu sehen.

Er nahm meine Hände in seine. »Vielleicht hast du recht und ich habe wirklich Fehler gemacht.«

»Wir haben beide Fehler gemacht, Matt!«

»Ich hätte mich anders um dich kümmern müssen. Du hast recht, ich habe dich vernachlässigt und dich viel alleingelassen. Aber wir sind schon so lange zusammen, willst du das wirklich alles aufgeben?« Er schluckte und deutlich war ihm anzumerken, wie er innerlich um Fassung rang.

»Ich wollte dir niemals wehtun, aber ...«, flüsterte ich, den Tränen nahe.

»Bitte, Hannah! Ich brauche dich, gerade jetzt! Du weißt nicht, was es jetzt für mich und meine Familie bedeutet, diesen Auftrag nicht bekommen zu haben. Ich habe Fehler gemacht und jetzt, wo du mir endlich alles gestanden hast, weiß ich ja auch, dass sich Vieles ändern muss. Aber bitte verlass mich nicht!«

Oh Gott! Ich wusste, dass es schwer werden würde, aber so schwer? Plötzlich ging Matt auf die Knie. Eine Träne lief ihm über die Wange. Hoffnungsvoll sah er mich an. »Ich liebe dich und ich wünsche mir nichts sehnlicher, als dass du bei mir bleibst, Hannah. Ich spreche mit meinen Eltern, wenn du willst, sagen wir die Hochzeit ab, ich sage den Segeltörn ab und bleibe bei dir, oder noch besser, wir verreisen, wohin du möchtest. Was hältst du davon?«

Matt weinte? Oh Gott! Was sollte ich jetzt tun? Waren seine Vorschläge nicht genau das, was ich mir immer gewünscht hatte? Nachdenklich und fassungslos über sein Geständnis starrte ich ihn an.

»Ich verzeihe dir deinen Ausrutscher mit … na, du weißt schon.« Er verzog angewidert seinen Mund, als er es nicht schaffte, Jakes Namen auszusprechen. »Ich kann darüber hinwegsehen, dass du mich betrogen hast. Und ich verspreche dir, ich ändere mich. Ich will, dass du mir alles erzählst, über dich und deine Mutter, nichts soll jetzt mehr zwischen uns stehen.«

Verzweiflung machte sich in mir breit. Matt war all die Zeit mein bester Freund gewesen. Auf ihn konnte ich mich immer verlassen. Und jetzt? Jetzt fühlte ich mich schwach und ratlos. Er kniete vor mir, flehte mich an, ihn nicht zu verlassen, so etwas hatte er noch nie getan. Niemals hatte er mir so zugehört wie jetzt. War das vielleicht eine Chance für uns? Könnte ich so Jake vergessen?

»Was ist mit meinem Job?«

Hoffnung flackerte in seinen Augen auf. Er stand auf, küsste meine Hände. »Du brauchst nicht in der Firma zu arbeiten. Probier dich aus, such etwas, was dir Spaß macht. Wir machen alles so, wie du es willst, versprochen, Schatz.«

»Egal, was deine Eltern sagen?«
»Ja, überlass das mir. Ich rede mit ihnen«, sagte er eifrig und wartete darauf, endlich eine Antwort von mir zu bekommen.
Wenn ich bei ihm blieb, würde ich ihn nicht verlieren, könnte mir tatsächlich etwas suchen. Vielleicht würde ich ein neues Studium anfangen? Oder etwas völlig anderes ausprobieren. Er war bereit, mich von meiner anderen Seite kennenzulernen. Er liebte mich wirklich.
Ich nickte, gab uns damit eine neue Chance.
»Oh, Hannah!« Er nahm mich in seine Arme und drückte mich fest an sich. Ich spürte, wie seine Anspannung ihm buchstäblich von den Schultern fiel. Strahlend sah er mich an.
»Liebling, ich bin ja so erleichtert. Lass uns einfach neu anfangen, ja?«
»Wir müssen über Vieles sprechen, Matt. Es gibt so viele Dinge, die ich dir erzählen will.«
»Alles, was du willst. Hauptsache, du bleibst meine kleine Hannah!«, sagte er und küsste mich kurz auf die Lippen.
Vielleicht war ein Neuanfang wirklich eine Chance für uns. Ich kannte Matt. Er war verständnisvoll und sensibel. Schon immer waren wir ein gutes Team gewesen, aber mit der Aussicht darauf, dass ich mit ihm ganz frei und ungezwungen über alles reden konnte, war ich zuversichtlich, dass dies der richtige Weg für mich war.
Stundenlang hatten Matt und ich uns ausgesprochen. Ich fühlte mich so unsagbar erleichtert, dass wir alle Probleme aus der Welt schaffen konnten. Er versprach mir, mich in allem, was ich tat, zu unterstützen. Das Gefühl von Halt und Sicherheit erfüllte mich. Es fühlte sich richtig an, auch wenn ich immer noch tief verletzt und innerlich zerrissen war.

***

In dieser Nacht lag ich noch stundenlang wach. Tausend Gedanken vertrieben meine Müdigkeit und ließen mich grübeln, bis ich schließlich leise in meine Kissen weinte. Die Enttäuschung über Jake war einfach zu groß. Ich würde viel Zeit brauchen, um das alles zu verarbeiten. Er hatte eine große Wunde hinterlassen, die nicht so schnell verheilen würde. Ich war wütend auf ihn, aber der Gedanke, dass ich wohl selbst Schuld an der ganzen Sache hatte, überwog und ich schwor mir, nie wieder jemand Fremdem so zu vertrauen.

Natürlich rief Lisa mich gleich am nächsten Tag an und ich verabredete mich mit ihr. Ihr konnte ich nichts vormachen, sie roch mein Abenteuer zehn Meter gegen den Wind und mir blieb nichts Anderes übrig, als ihr alles zu erzählen.

Ihr klappte schier der Mund auf, als ich ihr die ganze Geschichte gebeichtet hatte.

Die Tage vergingen und ich fühlte mich etwas besser, aber insgeheim waren meine Gedanken oft bei Jake. Ich war so eine dumme Nuss! Gefühle konnte ich nicht einfach abstellen, auch wenn er mir so schrecklich wehgetan hatte. Fast jede Nacht träumte ich von ihm, von seinen Berührungen und seinen Augen – von dem warmen Braun, das sich oft veränderte, je nach Stimmung.

Ich hatte auch ein schlechtes Gewissen Jakes Familie gegenüber, weil ich einfach abgehauen war. Aber ihm war bestimmt eine plausible Erklärung eingefallen, was mein Fehlen entschuldigte. Auf meinem Handy fand ich sieben Anrufe in Abwesenheit und eine ganze Menge Nachrichten, die ich alle ungelesen löschte – alle von Jake. Was wollte er noch von mir? Zwischen uns gab es nichts mehr – gar nichts. Ich hatte ihm nichts mehr zu sagen. Ich hatte meinen Job erfüllt und er konnte in New York seiner Arbeit nachgehen.

Matt gab sich wirklich Mühe. Jeden Tag brachte er mir Blumen mit, verbrachte seine Abende mit mir. Der

Hochzeitstermin rückte näher und ich war mit den Vorbereitungen beschäftigt. Nur am Rande bekam ich mit, wie seine Mutter tobte, als sie erfuhr, dass ich arbeitstechnisch andere Pläne hatte, aber das interessierte mich nicht. Viel mehr lag mir daran, dass die Beziehung zwischen Matt und mir wieder funktionierte, und das tat sie.

***

Genau eine Woche, nachdem ich Dundee verlassen hatte, war ich mit Lisa verabredet. Gleich nach ihrer Arbeit, wenn sie Feierabend hatte, wollten wir zur Anprobe ihres Brautjungfernkleides zu der Schneiderin fahren, die auch mein Hochzeitskleid umänderte. Den Nachmittag verbrachte ich in der Bibliothek und dort fand ich ein Buch über Edelsteine. Jake hatte meine Neugier geweckt und ich wollte noch mehr über den Topas erfahren.

Ich kam gerade noch rechtzeitig, um Lisa von der Arbeit abzuholen. Ich stand am Schaufenster, als sie mich entdeckte und mir winkend ein Zeichen gab, dass sie gleich Schluss machen würde.

Ich wartete draußen und ließ mir die Sonne ins Gesicht scheinen. Es war ein schöner Tag und vielleicht würden wir anschließend noch ein Eis essen gehen. Der Sommer neigte sich dem Ende zu – leider.

»So, jetzt können wir«, sagte Lisa gut gelaunt wie immer und zog ihre Jeansjacke über.

»Hi, wollte dich dein Chef mal wieder nicht gehen lassen?«

»Nein, nein! Aber du siehst ja, was los ist und wenn meine Ablöse sich verspätet, dann muss ich eben warten, bis sie endlich kommt. Also, wann müssen wir bei der Schneiderin sein?«, fragte sie und hakte sich bei mir unter.

»Ähm, wir haben noch etwas Zeit, wenn du willst, können wir noch ein ...«, brach ich mitten im Satz ab, als mein Blick plötzlich bei zwei Personen, die auf der gegenüberliegenden Straßenseite standen, hängen blieb. Mein ganzer Körper schien zu vibrieren und verrückt zu spielen, als ich ihn erkannte. Ich konnte nur hoffen, dass er mich nicht gesehen hatte. Doch da hatte ich mich getäuscht.

»Hannah!«, rief Jake schon und wollte über die Straße laufen, doch der Verkehr ließ es einfach nicht zu.

»Scheiße, Lisa! Bitte lass uns schnell von hier verschwinden«, bettelte ich sie verzweifelt an. Auf eine Begegnung mit ihm war ich alles andere als vorbereitet und verspürte auch nicht die geringste Lust, mit ihm zu sprechen.

Ich rannte einfach los und zog Lisa mit mir. Mein Verhalten war total bescheuert und kindisch, aber in dem Augenblick sah ich einfach keinen anderen Ausweg.

»Hannah! Warte!«, rief uns Jake von der anderen Straßenseite zu. Wir rannten weiter, während Lisa laut protestierte. »Mensch, Hannah! Das ist doch albern!«

»Ich weiß, aber ich will nicht mit ihm sprechen. … Schau mal, da vorne hält gerade ein Bus.«

Wild winkend, damit der Fahrer uns registrierte, gab ich ihm ein Zeichen. Völlig atemlos erreichten wir den Linienbus, der blöderweise in die völlig andere Richtung fuhr, als wir eigentlich wollten. Aber das war mir egal. Schließlich fuhr der Fahrer los und wir hatten Jake abgehängt.

»Also, ich verstehe dich nicht. Du hättest dir wenigstens anhören können, was er dir zu sagen hat.«

»Wieso? Da gibt es nichts mehr zu sagen«, fuhr ich sie ein bisschen zu schnippisch an. Ich kannte Lisas Meinung zu dem Thema und hörte ihr auch nicht weiter zu, während sie versuchte, auf mich einzureden. Zu sehr war ich damit beschäftigt, nach Jake Ausschau zu halten. Ich entdeckte ihn mitten auf der Straße stehend, wie er dem Bus hinterhersah.

Triumphierend blickte ich in Lisas Gesicht, was sie mir mit einem Kopfschütteln quittierte.

KAPITEL 24

BILDER

HANNAH

Die Hochzeitsvorbereitungen liefen auf Hochtouren. Schon in drei Wochen würde ich Matt mein Jawort geben und anschließend nach Ilha Grande in die Flitterwochen aufbrechen.

Meine Schwiegermutter in spe rief fast täglich an, um mit mir die Details zu besprechen. Am Wochenende wollten Matt und ich nach Hinsdale fahren, um dort weitere Millionen Punkte abzuklären. Täglich wurden Glückwunschkarten oder kleine Präsente bei uns angeliefert, von Gästen, die abgesagt hatten und leider nicht an unserem großen Tag dabei sein würden. Es war einfach unglaublich, wie viele Menschen uns beglückwünschten und uns etwas zur Hochzeit schenkten.

»Wir haben zwar keine große Familie, aber dafür viele Freunde und Bekannte. Wir können froh sein, dass Mutter die nicht auch noch alle eingeladen hat«, sagte Matt, trank einen hastigen Schluck von seinem Kaffee, bevor er ins Büro ging.

Gerade brachte der Postbote weitere Briefe und ein Paket, das ich ungeöffnet auf unserer Anrichte ablegte.

»Ich muss los. Wünsch mir Glück, vielleicht haben wir schon bald einen neuen Kunden«, sagte er, nahm seinen Aktenkoffer, küsste mich und schon war er verschwunden.

Matt war wirklich süß in den letzten Tagen. Er gab sich solche Mühe. Es war tatsächlich ein Neuanfang zwischen uns. Alles kam mir so vertraut vor und ich fühlte mich sehr wohl mit ihm. Wir unterhielten uns, manchmal bis spät in die Nacht hinein. Als ich ihm eines Abends endlich von meiner Kindheit und meinem Elternhaus erzählt hatte, umarmte er mich tröstend. Er war sehr verständnisvoll, hörte mir zu und gab mir das Gefühl, mich von Grund auf zu verstehen. Es war beinahe so wie früher, als stünde nichts zwischen uns und als wäre nichts geschehen.

Ich räumte den Frühstückstisch ab und zog mich an. Heute wollte ich Matt mit einem besonderen Abendessen überraschen, mit etwas Glück könnten wir den neuen Kunden feiern. Und vielleicht könnten Matt und ich uns in dieser Nacht näherkommen. In Gedanken ging ich meine Einkaufsliste für den heutigen Abend durch. Viel würde ich nicht besorgen müssen, bis auf den Champagner und ein paar andere Zutaten, die ich für das Essen benötigte, hatte ich alles.

Ich war nervös, was der Abend bringen würde. Diese Sache war die Einzige, seit ich wieder zu Hause war, die zwischen uns nicht stattgefunden hatte.

Ich weiß nicht, woran es lag. Vielleicht wartete er auf ein Zeichen von mir, oder dass ich den ersten Schritt tat? Vielleicht könnte dieser Abend den letzten offenen Punkt zwischen uns klären.

Mein Blick fiel auf die Anrichte, zu den Umschlägen und dem Päckchen. Die Briefe lagen noch ungeöffnet da, wir würden sie erst nach unserer Hochzeit öffnen.

Ein Päckchen in dunkelrotem Geschenkpapier weckte aber meine Neugier. Ich betrachtete es genauer. Dann stutze ich. Die Handschrift kam mir bekannt vor. Und dann entdeckte ich, dass nur mein Name angegeben war und darunter das Wort "persönlich" stand.

Was war das für ein Päckchen? Mein Herz begann schneller zu schlagen, als ich erkannte, wer der Absender war.

Ich nahm es und ging damit ins Schlafzimmer. Als ich auf dem Bett saß, hielt ich es vor Neugierde nicht mehr aus und öffnete das Paket. Das Papier raschelte, als ich den Inhalt herausnahm, ein blaues gebundenes Buch und ein Brief kam zum Vorschein. Auf dem Rand befanden sich feine, goldene Ornamente. Es trug den Titel: „Meine blaue Blume“ von J.B.

Mir stockte der Atem, als ich über die goldene Schrift fuhr. Dann öffnete ich es und traute meinen Augen nicht. Gleich auf der ersten Seite las ich die Widmung.

„Blue, öffne deine Augen und sieh in dein Herz."

Ich blätterte weiter. Es war ein Gedichtband und enthielt all meine Lieblingsgedichte, die auch mein Vater mir in dem Notizbuch aufgeschrieben hatte. Ich blätterte darin, bis ich in der einen Hälfte des Buches auf der rechten Seite einen Hohlraum entdeckte. Darin befand sich eine getrocknete blaue Kornblumenblüte, die geschützt unter einem Glas in der Buchhöhle eingebettet lag. An der Blüte war ein Ring befestigt, dessen Topas mir hellblau entgegenfunkelte.

Ich schluckte. Niemals zuvor hatte ich etwas so Wundervolles in meinen Händen gehalten. Der Schmerz, den ich in den letzten Tagen unterdrückt hatte, kehrte mit aller Kraft zurück, nebelte mich ein, sodass ich keinen klaren Gedanken fassen konnte.

Mit zittrigen Händen öffnete ich den Umschlag und musste mir erstmal die Tränen von den Augen wischen, damit ich den Brief lesen konnte.

„Liebste Blue,

Was ihn aber mit voller Macht anzog, war eine hohe lichtblaue Blume, die zunächst an der Quelle stand, und ihn mit ihren breiten, glänzenden Blättern berührte. Rund um sie her standen unzählige Blumen von allen Farben und der köstlichste Geruch erfüllte die Luft. Er sah nichts als die blaue Blume und betrachtete sie lange mit unnennbarer Zärtlichkeit. Endlich wollte er sich ihr nähern, als sie auf einmal sich zu bewegen und zu verändern anfing; die Blätter wurden glänzender und schmiegten sich an den wachsenden Stängel, die Blume neigte sich nach ihm zu, und die Blütenblätter zeigten einen blauen ausgebreiteten Kragen, in welchem ein zartes Gesicht schwebte. Sein süßes Staunen wuchs mit der sonderbaren Verwandlung."

Novalis: Heinrich von Ofterdingen

Novalis hätte es nicht treffender ausdrücken können: Viele Blumen versuchen, mich mit ihrem köstlichen Duft und ihrer unglaublichen Schönheit zu betören. Aber nur du vermagst es, mich mit deiner süßen Macht magisch anzuziehen, mich tief zu berühren und mich voller Zärtlichkeit in dein Gesicht sehen zu lassen.

Dein Jake"

Ein Schleier aus Tränen verhinderte, dass ich die Zeilen in einem Rutsch lesen konnte. Immer und immer wieder las ich Jakes Worte. Ich war so aufgewühlt, konnte nicht denken – fühlte nur den Schmerz, den er mir angetan hatte.

Dennoch war er mir plötzlich wieder so nahe, dass der Schmerz in Form von lautem Schluchzen aus mir herausbrach. Niemand hatte mir jemals so ein schönes Geschenk gemacht. Es steckten so viel Liebe und tiefe Gedanken darin, die mich so unendlich berührten, dass es mich völlig erschütterte.

Wieder und wieder musste ich die Zeilen lesen, bis sie sich tief in meine Seele gebrannt hatten.

Das Buch und den Brief presste ich fest an meinen Oberkörper und weinte, wusste, dass es zu spät war, um irgendetwas zu ändern. Ich hatte mich entschieden.

Einige Zeit später schlief ich mit dem Buch und den Zeilen an mich gedrückt ein.

***

Erschrocken fuhr ich hoch. Meine Güte! Ich hatte den ganzen Nachmittag geschlafen. Matt würde bald nach Hause kommen und ich … Da fiel mir alles wieder ein. Nein, es war kein Traum gewesen. Das Buch und der Brief lagen vor mir. Ich durfte mich von den romantischen Zeilen nicht so beeinflussen lassen. Egal, was Jake mir damit sagen wollte, es war zu spät. Außerdem stand so viel zwischen uns, es würde niemals gutgehen. Angefangen von seinem Geheimnis bis hin zu seinem Job. Er vertraute mir nicht und ich war nicht bereit, mit einem Mann zusammen zu sein, dessen Job es war, andere Frauen glücklich zu machen. Das konnte ich einfach nicht. Ja, genau! Jake wusste genau, wie er mich herumkriegen konnte, auch wenn dieses Geschenk wirklich wunderschön war.

Ich straffte die Schultern und fing an, irgendein Abendessen zu kochen. Doch Jake beherrschte meine Gedanken. Ich konnte an nichts anderes denken, grübelte und kaute auf meinen Fingernägeln herum. Es wurde Zeit, sich von den sentimentalen Gefühlen endgültig zu trennen. Ich hatte mich entschieden und würde Matt heiraten. Unsere Beziehung war auf dem besten Wege, gut zu werden, und das konnte ich jetzt nicht einfach wegwerfen.

Das Telefon riss mich aus meinen Gedanken. Ich wischte meine Hände an der Schürze ab.

»Hallo?«

»Hallo Liebling, hör zu. Heute Abend findet eine Vernissage statt und dort werden wir ein paar wichtige Leute treffen.«

»Wir?«, unterbrach ich ihn.

»Ja, deshalb rufe ich an. Sie möchten uns beide kennenlernen. Deshalb schmeiß dich in Schale, ich werde dir einen Fahrer schicken, der dich abholt.«

»Was? Matt! Ich … wollte uns etwas kochen, und ...«, protestierte ich.

»Schatz, ich mach das wieder gut, versprochen. Aber es ist wirklich wichtig für mich. Dieser Kontakt könnte uns zu einem neuen Auftrag verhelfen.«

Ich seufzte und starrte auf das klein gehackte Gemüse vor mir auf dem Schneidebrett. Ausgerechnet eine Vernissage! Ich schaltete den Herd aus.

»Bitte, Hannah!«

»Und wieso muss ich da dabeisein?«

»Weil du die zukünftige Mrs. Baldwin bist. Komm schon!«

Ich verdrehte die Augen. »Na gut, aber damit das klar ist. Ich will nicht ständig auf irgendwelche Partys mitkommen müssen, nur weil ich Mrs. Baldwin heiße.«

Er lachte. »Ich werde es den Kunden in Zukunft gleich sagen. Mrs. Baldwin gibt es nur privat«, scherzte er. »Kannst du um acht Uhr da sein, wenn ich dir unseren Fahrer schicke?«

»Äh, nein! Ich fahre selbst. Aber acht Uhr wird knapp, also gib mir einfach Zeit, ich werde kommen.«

***

Spontaneität war eine gute Übung für mich. Obwohl es mir nicht in den Kram passte, tat ich Matt den Gefallen. Mit seinen Eltern gab es ohnehin durch den verpatzten Auftrag genug Ärger. Vielleicht schaffte er es diesmal, einen Kunden an Land zu ziehen. Ich würde es ihm gönnen.

Eine halbe Ewigkeit stand ich vor meinem Kleiderschrank, probierte ein paar Kleider an, die ich aber sofort wieder murrend auszog. Ich wollte nicht schon wieder das ”kleine Schwarze” anziehen. Das hatte ich schon auf der letzten Vernissage getragen und ich verband damit nur den Schmerz, den ich tief in mir verborgen halten wollte. Daher entschied ich mich für das erste Kleid, welches ich anprobiert hatte. Das Buch und den Brief steckte ich in meine Handtasche. Ich konnte nicht riskieren, dass Matt es finden würde.

Es war fast halb neun, als ich vor Nancys Kunstgalerie aus dem Auto stieg. Eine halbe Ewigkeit stand ich vor dem Gebäude und wagte immer nur einen kurzen Blick hinein. Meine Angst, Jake hier über den Weg zu laufen, war gigantisch. Die Parkplätze hatte ich schon nach seinem Porsche abgesucht, konnte ihn aber nirgends entdecken.

Ähnlich wie beim letzten Mal klang Musik und lautes Gelächter aus dem Gebäude. Vorsichtig und mich weiter umschauend, gab ich meine Jacke an der Garderobe ab. Dann endlich konnte ich Matt, am anderen Ende der Räumlichkeiten entdecken. Zielstrebig ging ich auf ihn zu. Diesmal waren die Kellner vernünftig gekleidet und die Musik erschien mir etwas passender.

»Hannah?«, rief eine weibliche Stimme und jemand hielt mich an meinem Arm fest.

»Oh, hallo Nancy.« Wir umarmten uns und sie lächelte mich freundlich an. »Das ist ja eine Überraschung. Wie schön, ich freue mich, dass du auch hier bist.«

»Äh, ja, sozusagen ganz spontan. Matt trifft sich hier mit Kunden.«

»Matt ist auch hier? Ich habe ihn noch gar nicht gesehen.« Sie sah sich suchend nach ihm um.

»Dort vorne steht er.«

»Wie schön! Ich werde ihn später begrüßen. … Und wie geht es dir? Wo ist Lisa?«

»Lisa ist heute Abend bei einem Geburtstag. Hat sie dir das nicht gesagt?«

»Äh, wahrscheinlich schon, aber ich hatte in den letzten Tagen so viel zu tun. Du weißt ja, wie das ist! … Entschuldige mich, die Serviceleute machen mich noch wahnsinnig!« Schon rauschte sie an mir vorbei und verschwand hinter der Theke.

Grinsend lief ich weiter.

»Da bist du ja endlich, Schatz.« Freudestrahlend winkte Matt mich zu sich. Bei ihm standen drei Männer mittleren Alters. Freundlich lächelte ich ihnen entgegen und Matt stellte mich ihnen vor.

»Wir freuen uns sehr, Sie persönlich kennenzulernen. Ihr Verlobter hat uns viel von Ihnen erzählt.«

»Oh, ich hoffe, nur Gutes!« Es waren die üblichen Floskeln und gähnend langweilig. Aber ich blieb freundlich, auch wenn ich krampfhaft versuchte, die Erinnerungen, die hemmungslos auf mich einströmten, zu unterdrücken. Unauffällig sah ich mich um. Es fiel mir schwer, dem Gespräch zu folgen. Ständig schweiften meine Gedanken ab. Die drei Herren waren schnell wieder mit Matt in ein Thema vertieft, sodass ich Zeit hatte, mich umzuschauen.

»Entschuldige, Liebling, wenn ich euch unterbreche. Ich werde mir die Bilder mal ansehen«, säuselte ich.

»In Ordnung. Der Künstler ist wirklich talentiert. Er wird dir bestimmt gefallen. So, wie ich sehe, hat Nancy auch ein paar Bilder in den ersten Stock gehängt.« Er zeigte in die obere Etage, in der es weitaus ruhiger war.

»Danke, bis später!«, sagte ich, drückte ihm einen Kuss auf die Wange und nickte den Geschäftsmännern noch einmal zu. Erleichtert, endlich aus dem Gedränge zu kommen, stieg ich die Stufen zur Galerie empor. Von hier oben konnte ich wunderbar das Treiben der Leute beobachten und hatte gleichzeitig einen besseren Überblick. Falls Jake hier war, waren meine Chancen gut, unentdeckt zu bleiben.

Es befanden sich nur wenige Besucher hier oben. Die Bilder, die hier hingen, weckten mein Interesse. Es waren Szenen, die der Künstler geschickt eingefangen hatte. Kinder, die an einem sonnigen Tag vergnügt auf der Wiese spielten. Mir gefiel die Genauigkeit, mit der der Künstler seine Werke malte.

Langsam schlenderte ich weiter. Das nächste Bild war ein Portrait eines Kindes – eines Mädchens. Sie besaß wunderschöne blaue Augen und blonde Haare. Sie weinte auf dem Gemälde. Tränen liefen in kleinen Rinnsalen ihre Wangen hinunter. Ihr Ausdruck gab mir sofort das Gefühl, sie beschützen zu wollen. Man wollte sie in die Arme schließen und trösten. Ein merkwürdiges Gefühl beschlich mich. Irgendwo hatte ich dieses Kind schon einmal gesehen, aber ich konnte mich nicht erinnern, wo. Direkt unter dem Bild befand sich ein Schild, auf dem in großen Buchstaben der Name: ”ELLY” stand.

Nachdenklich ging ich ein paar Schritte weiter. Die nächsten drei Bilder waren Szenen einer Bildergeschichte in drei Teilen.

Das Erste war unglaublich detailreich gemalt. Es zeigte einen wunderschönen See. Der Vollmond schien hell und sein Licht spiegelte sich im Wasser. Auf dem Holzsteg, der in den See hineinragte, konnte ich Bierflaschen und sogar eine Tasche erkennen. Saß da noch jemand? War da ein Schatten oder täuschte ich mich?

Im Hintergrund sah man einen Bootsschuppen, in der Tür stand eine Gestalt, die aufs Wasser blickte. Neben dem Steg malte der Künstler das Wasser sehr aufgewühlt, als würde jemand planschen – oder ertrinken.

Ich sah genauer hin und ging ganz nahe an das Bild heran. Tatsächlich! Einen Arm konnte man im weiß aufschäumenden Wasser erkennen und etwas Rosafarbenes.

Das zweite Bild fing genau den gleichen Ort wieder ein und auch dieselbe Situation. Es war fast eine exakte Kopie des Ersten. Einzig die Details waren andere. In dieser Darstellung war das Wasser ruhig, nur ein Teddybär schwamm mit dem Gesicht nach unten. Auf dem Steg kniete jetzt jemand.

Wieder trat ich näher, um es besser erkennen zu können. Es war ein Junge, der vor einem Kind kniete. Das Kind lag leblos vor ihm und jetzt verstand ich auch die Zusammenhänge. Das leblose Mädchen trug das rosafarbene Kleidchen, welches man auf dem ersten Bild aus dem Wasser blitzen sah.

Auf dem dritten Bild schien sich nicht viel verändert zu haben, einzig der Holzschuppen stand in Flammen. Der Teddybär schwamm noch immer mit dem Gesicht nach unten auf dem See. Der Junge stand mit hängendem Kopf als schwarzer Schatten am Ufer.

Diese drei Bilder berührten mich. Ich war gefangen in dieser Geschichte und großes Mitgefühl überkam mich. Es fiel mir schwer, weiterzugehen.

Ein Pärchen lief an mir vorbei. Die Frau tuschelte etwas zu ihrem Begleiter und beide sahen mich an. Auch als sie weitergingen, blickten sie zu mir zurück und flüsterten etwas. War mein Lippenstift verschmiert? Oder hing meine Nase schief? Ich sah dem Paar hinterher und wunderte mich über die Blicke, ging dann aber achselzuckend weiter zum nächsten Bild.

Sprachlosigkeit erfasste mich und mein Herz blieb fast stehen, als ich es betrachtete. Das konnte nicht sein! Was zum Teufel sollte das? Erschrocken starrte ich es an.

Aber das war ja ICH! Ich blickte in mein Gesicht! Das war niemand, der mir nur ähnlich sah!

Meine Handfläche klatschte auf meinen Mund, um einen Schrei zu verhindern, der aus meiner Kehle zu kommen drohte. Es spiegelte die Merkmale wider, die mich ausmachten. Meine Haarfarbe, meine Lippen, sogar mein Armband hatte der Künstler so genau getroffen, dass ich eine Gänsehaut bekam. Im Hintergrund war ein blauer Himmel und Sonnenschein erhellte mein Gesicht. Ein zartes Lächeln umspielte meine Lippen, an meine roten Wangen, die ich wegen jeder Kleinigkeit bekam, hatte er auch gedacht.

Ich ahnte Schreckliches. Sofort suchte ich die Initialen des Künstlers am unteren Bildrand. „R.R." stand in der gleichen Schrift wie in dem Brief von ihm – Roger Roon.

***

Was hatte das alles zu bedeuten? Ich sah mich um, und als hätte ich es geahnt, stand er lässig am Geländer gelehnt und beobachtete mich. Wie lange war er schon dort?

»Du? Was soll das? Wieso malst du mich und hängst es auch noch hier aus?« Wütend funkelte ich ihn an und lief direkt auf ihn zu.

»Also erstens wusste ich nicht, dass du heute kommen würdest und zweitens finde ich, dass du mir ausgezeichnet gelungen bist.«

Meine Knie wurden weich, je näher ich ihm kam. Und als ich direkt vor ihm stand, rang ich um Fassung. »Matt ist dort unten und ich verlange, dass du das Bild augenblicklich entfernst. Sofort!«, zischte ich ihn an.

»Dann ist es also wahr! Du bist wieder mit ihm zusammen?« Sein Gesicht verhärtete sich und seine Wangenknochen mahlten.

Trotzig hob ich mein Kinn. »Ja, ich werde ihn heiraten.«

Es folgte ein langer Blick, in dem ich mich fast wieder verlor.

»Warum, Blue? Warum tust du das?«

Seine Stimme war sanft und jagte mir einen Schauer über meinen Körper. Wenn er mich so nannte, konnte ich förmlich spüren, wie mein Widerstand schmolz. Ich schluckte und unterdrückte dieses Gefühl, welches mich einzunehmen drohte. Ich musste jetzt stark sein.

Ich straffte die Schultern. »Was tue ich denn? Wir hatten unser Ziel erreicht, oder etwa nicht?«

»Ja, das haben wir, aber davon spreche ich nicht und das weißt du genau.«

Wieso schaffte er es, mich wieder so in diesen Strudel zu ziehen? Er war doch der, der alles zerstört hatte, woran ich begonnen hatte zu glauben.

»Hannah, bitte! Es gibt so Vieles, was ich dir sagen muss und … Hast du mein Päckchen bekommen?«

»Ich ...«, weiter kam ich nicht, denn jemand legte plötzlich seinen Arm von hinten um meine Mitte.

»Alles in Ordnung, Liebling? Oder belästigt dich der Gentleman?« Eine Bierfahne schlug mir ins Gesicht.

»Äh, Matt! … Nein, ich ...«, stotterte ich und war nicht fähig, auch nur einen normalen Satz herauszubekommen. Panik machte sich in mir breit und ich spürte, wie mir sämtliches Blut in den Kopf schoss.

»Willst du mich denn nicht vorstellen?«, fragte Matt und blickte neugierig zu Jake, der seine Arme verschränkte.

Oh Gott! Das konnte ja nur schiefgehen. Wild klopfte mein Herz in meiner Brust und ich ballte meine Hände zu Fäusten.

Ganz ruhig! Irgendwie werde ich das hinkriegen! »Tja, also das ist ...«

»Roger, Roger Roon«, kam mir Jake zuvor. Die beiden reichten sich die Hände und musterten sich. Wieder verhärteten sich die Züge in Jakes Gesicht. Deutlich konnte man die Abneigung darin sehen, die er gegen Matt hegte.

»Matt Baldwin, Hannahs Verlobter. Dann darf ich Ihnen also zu den tollen Bildern gratulieren? Sie sind das Gesprächsthema heute Abend.«

Jake grinste dämlich. »Vielen Dank!«

»Und darf ich fragen, woher ihr euch kennt?«, fragte Matt.

Nein! Das durfte er auf gar keinen Fall fragen und irgendwie musste ich dafür sorgen, dass er wieder zu seinen Kunden hinunterging. Aber wie?

Ich hielt mir den Bauch und seufzte leise.

»Hannah? Alles in Ordnung?«, fragte Matt, während Jake immer noch ruhig und gelassen dastand und sich ein blödes Grinsen auf seinen Lippen formte. Er wusste genau, dass ich jetzt nur Theater spielte.

»Mir ist ganz plötzlich fürchterlich schlecht. Kannst du mich bitte an die frische Luft begleiten?«, flunkerte ich.

»Natürlich! Oder soll ich dir lieber ein Glas Wasser holen?«

Er musste gehen, und zwar sofort. »Ja! Ja, ein Glas Wasser wäre super!« Getränke wurden nur unten ausgeschenkt und Matt müsste hinuntergehen, um es mir zu bringen. Damit würde ich genug Zeit haben, Jake zu sagen, dass er sofort das Portrait von mir entfernen sollte und wir könnten die Vernissage ganz schnell verlassen. Alles würde gut werden.

»In Ordnung, ich bin gleich wieder da«, sagte er besorgt. Er wandte sich um und ich hörte, wie sich das Klackern seiner Absätze entfernte. Doch nach wenigen Metern brach es ab.

Mir wurde heiß und kalt dabei und jetzt war mir wirklich schlecht. Mein Magen drohte sich umzudrehen.

»Aber das bist ja du!«, rief Matt aus. Er stand keine zehn Meter von mir entfernt und sah verwirrt zu uns.

Oh mein Gott! Die Katastrophe war perfekt!

»Roger! Roger, Darling! Komm zu uns runter.« Das war Nancys Stimme, die Jake zu sich rief. Erst jetzt fiel mir auf, dass die Musik aufgehört hatte und die Leute sich unten versammelt hatten.

»Hannah! Wieso bist du auf dem Bild? Ich … verstehe das nicht!«, rief Matt, während er immer noch vor dem Portrait stand und fragend zu uns blickte.

Was sollte ich ihm jetzt sagen? Ich wollte einfach nur verhindern, dass die beiden Männer sich begegneten, und jetzt?

»Das erkläre ich dir gleich, können wir nach Hause fahren?«, versuchte ich, Matt zu beruhigen.

»Es tut mir leid, Hannah! Ich wollte nicht, dass das passiert«, sagte Jake. Er lief zur Treppe und schenkte mir einen letzten Blick, bevor er hinunterlief.

Fragend blickte Matt zwischen Jake und mir hin und her.

»Das kann ich dir erklären, aber nicht hier«, sagte ich nervös und zog Matt mit zur Treppe.

»Woher kennst du Roger Roon und wieso malt er dich?«

Gemeinsam liefen wir die Stufen hinunter. Jake war in der Menschenmenge verschwunden. Gekonnt zog ich Matt mit zur Garderobe, wusste aber, dass ich ihn nicht länger hinhalten konnte. Er wartete auf eine Erklärung.

»Würdest du mir jetzt bitte endlich erklären, was das alles soll!«

»Äh, …«, ich zuckte mit den Schultern, hatte keine Ahnung, wo ich anfangen sollte.

»Ich wusste nicht, dass Jake mich porträtiert hat, Matt!«

»Jake? Etwa … *der* Jake?«, rief er entgeistert aus.

Shit! Ich schloss die Augen und biss mir auf die Unterlippe. Wie konnte ich nur so bescheuert sein? Jetzt hatte ich mich selbst verraten! Wütend riss sich Matt von mir los und ging in die Kunsthalle zurück.

»Matt, warte! Matt!«, rief ich, doch er wollte mich nicht hören. Seine Schritte waren zielstrebig und … wütend. Ich rannte ihm hinterher.

Schon suchte sich Matt einen Weg durch die Menge, die sich neugierig nach ihm umdrehte, weil er die Gäste teilweise etwas grob beiseiteschob. Sie standen in einem Halbkreis, und hörten Nancy zu, die gerade von der Stiftung sprach, die sie am heutigen Abend mit dem Erlös unterstützen würde. Gerade noch konnte ich zwischen den Leuten hindurchschlüpfen und sah, wie Matt direkt auf Jake zulief.

»Matt, nicht!«, rief ich, doch da war es schon zu spät.

Matt baute sich drohend vor Jake auf und schuppste ihn.

»Du mieses Schwein!«, brüllte er und schlug Jake zu Boden. Erschrocken schrien die Leute auf und irgendwoher blitzte ein Fotoapparat auf.

»Matt! Hör sofort auf damit!«, schrie ich schon fast hysterisch. Doch er nahm mich nicht wahr.

Jake hatte es geschafft, vom Boden aufzustehen, aber er blutete aus der Nase.

»Du hast sie gevögelt?«, brüllte Matt und attackierte ihn ein weiteres Mal, doch diesmal konnte Jake den Angriff abwehren und schlug Matt seine Faust ins Gesicht, sodass er ins Straucheln kam und rücklings fiel. Sofort stand Matt auf und ging wieder auf Jake los.

»Hört sofort auf! Es reicht jetzt!«, brüllte ich, doch da hatten sich die beiden schon ineinander verkeilt und kämpften. Verzweifelt sah ich zu, wie ein paar Männer versuchten, die Streithähne zu trennen. Jake prügelte sich von Matt frei und erst da hatten die Männer Erfolg und konnten die Kontrahenten trennen. Jemand griff Matt von hinten und zog ihn mit sich. »Lasst mich los? Sofort!«, brüllte er.

»Beruhige dich erstmal!«, sagte der Typ, der ihn festhielt. Sekunden vergingen und Matt gab ihm zu verstehen, dass er sich wieder im Griff hatte und Jake nicht noch einmal angreifen würde. Daraufhin ließ er ihn tatsächlich los.

»Du hast sie nicht verdient! Du kennst sie noch nicht einmal!«, brüllte Jake zu Matt.

»Sie hat sich für mich entschieden. Also lass deine Drecksfinger von ihr. Sie gehört mir, Arschloch ...«, pöbelte Matt zurück. Von der Prügelei war er immer noch außer Atem und wischte sich über den Mund.

Zitternd stand ich am Rand und blickte zwischen den beiden hin und her. Jetzt brüllten sie sich gegenseitig an und jeder nahm sich das Recht heraus, sich aufzuführen, als könnte er über mich bestimmen.

Ich hielt das alles nicht mehr aus, trat aus der Menge heraus und spürte, wie meine Wut überkochte. Ich musste mutig sein, wenn ich nicht wollte, dass das Ganze in einem Desaster endete. Also sprang ich über meinen Schatten. »Hört sofort auf! Alle beide!«

»Das ist eine Sache zwischen mir und ihm, Hannah! Halt dich da raus«, rief Matt mir zu.

»Nein!«, brüllte ich und fühlte mich plötzlich sicher in meinem Handeln. »Den Teufel werd ich tun … ich gehöre dir nicht, nur mir selbst.«

Erstaunt blickte Matt mich an. Noch niemals hatte ich so mit ihm gesprochen und schon gar nicht in diesem Ton.

Auch Jake sah zu mir. Ein schiefes Lächeln umspielte seine Lippen, doch schnell sah ich wieder zu Matt.

»Wir gehen!«, ordnete er an und kam auf mich zu. Die Leute machten Platz für ihn und tuschelten.

»Los, komm, Hannah!«

Gehen? Ich sah zu Jake. In seinem Blick las ich die stille Bitte, es nicht zu tun. Ich konnte nur ein freier Mensch werden, wenn ich mich von allem löste, was mich festhielt. Ich konnte nur herausfinden, wer ich wirklich war und was ich tun wollte, wenn ich die Grenzen selbst überschritt. Ich musste mich von den unsichtbaren Ketten befreien, auch wenn es wehtun würde. Und das tat es. Tränen stiegen mir in die Augen und die kräftige Stimme, mit der ich Matt aufgefordert hatte, aufzuhören, war plötzlich verschwunden.

»Es tut mir leid, Matt!«, flüsterte ich, und obwohl ich so leise sprach, konnte mich jeder hören, da es totenstill war.

»Was? … Du kommst jetzt mit nach Hause!«, befahl er. Unglaube funkelte in seinen Augen auf.

Langsam und traurig schüttelte ich den Kopf. Unaufhörlich liefen meine Tränen, aber das interessierte mich nicht.

Er schluckte. »Was soll das, Liebling? Die Sache ist vorbei«, versuchte Matt es sanfter.

»Matt, bitte! Geh!«

»Was? Das glaub ich einfach nicht!« Sekunden verstrichen.

»Ich kann nicht mit dir gehen. Bitte, geh ...«

Verwirrt starrte er mich an. Dann wurden seine Augen zu kleinen Schlitzen und sein Ausdruck wurde grimmig. »Ist das dein letztes Wort? Es gibt kein Zurück mehr, wenn du das jetzt tust!«

Ich weinte, wusste aber gleichzeitig, dass ich diesen Schritt tun musste. Ich senkte den Kopf. »Es tut mir leid, Matt!«

Sekunden vergingen. Er wartete, ob ich mich doch noch anders entscheiden würde. Doch als ich weiter schwieg und ihm dabei auch noch in die Augen sah, wusste er, dass es vorbei war. Enttäuschung und Schmerz spiegelten sich in seinem Gesicht wider. Wortlos ging er an mir vorbei, stieß jemanden dabei um. Die Leute bildeten eine Gasse und schließlich hörte ich noch, wie die Tür laut ins Schloss fiel.

Die Vernissage wurde abgebrochen und die Leute verließen die Kunsthalle. Jake wurde verarztet. Er hatte eine Platzwunde an seiner Lippe. Immerhin hatte das Nasenbluten aufgehört. Nancy kümmerte sich um mich.

»Hier, Süße, trink!« Sie reichte mir ein Glas Wasser und blieb bei mir. Ich war so froh darüber. Ich hatte keine Ahnung, wie es jetzt weitergehen sollte.

Eine Weile war Nancy bei mir geblieben, bis sie wusste, dass ich wirklich in Ordnung war. Liebevoll strich sie mir über die Wange und schenkte mir einen mitfühlenden Blick. Es wäre wohl das Beste, wenn ich jetzt gehen würde. Jake ging es soweit gut und eigentlich gab es nichts mehr zu sagen.

Leise stieß ich die Tür auf und trat in die Sommernacht, als freier Mensch ohne Ziele.

Kapitel 25

Wahrheiten

Hannah

Jetzt war ich allein und auf mich gestellt. Ohne Job, ohne ein Dach über dem Kopf. Was mir früher immer Angst eingejagt hatte, fühlte sich jetzt leicht und unbeschwert an.

Meine Seele und mein Kopf waren frei, nur mein Herz fühlte die Einsamkeit, die auf mich wartete. Es tat mir so leid für Matt, aber vielleicht würde er bald dahinterkommen, dass eine Ehe zwischen uns niemals gutgegangen wäre. Ich liebte ihn, wie einen Bruder, aber mehr war da einfach nicht. Das wusste ich jetzt.

Eigentlich musste ich Jake dankbar sein. Durch ihn konnte ich mich endlich von allem lösen und zu mir stehen. Das Dumme war nur, dass ich ihn liebte.

Seufzend straffte ich meine Schultern und ließ das Kunsthaus hinter mir. Später würde ich Lisa anrufen, bei ihr könnte ich bestimmt fürs Erste unterkommen.

»Hannah, warte!« Jake stand an der Galerie und sah in meine Richtung. Als ich mich nach ihm umdrehte, lief er auch schon los.

»Warte!« Doch ich lief weiter, wollte ihm die kalte Schulter zeigen. Er war noch ein ganzes Stück von mir entfernt, als ich mich dann doch zu ihm umdrehte. »Egal, was du mir sagen willst, Jake. Ich will es nicht hören«, schrie ich ihm entgegen. Abrupt blieb er stehen.

»Das Buch werde ich dir zukommen lassen und ...«

»Wieso willst du nicht hören, was ich dir zu sagen habe?«

Ich schnaufte verächtlich. »Ich ...«

»Es tut mir leid, ich wollte nicht, dass das alles passiert. … Oder doch, eigentlich wollte ich es ganz genauso.« Herausfordernd sah er mich an. »Und willst du wissen, warum? … Weil du endlich begriffen hast, dass Matt dich nicht glücklich machen kann.«

»Immer noch der arrogante Kerl, was?«

Er schmunzelte. Es stand so viel mehr zwischen uns als die paar Meter, die mich von ihm trennten.

»Weißt du, Jake, ich habe dir vertraut und du hast es schamlos ausgenutzt. Ich bin auf dich hereingefallen und das tat wirklich weh.«

»Wieso bist du an diesem Morgen abgehauen?«

»Ich denke, das weißt du. Aber ich kann es gerne laut aussprechen«, sagte ich gewohnt schnippisch.

»Bitte sag es mir.«

»Am Morgen nach unserer … Nacht habe ich gehört, wie du im Badezimmer telefoniert hast. Mehr muss ich wohl nicht sagen, oder?«

Er lachte, stemmte seine Fäuste in die Hüften und sah in den Himmel. »Nein, das musst du nicht!«

Was war daran so witzig? »Kannst du dir vorstellen, wie sehr mich das verletzt hat?«

»Das kann dich aber nur dann verletzt haben, wenn du etwas für mich empfunden hast. Habe ich recht?«

»Bild dir bloß nichts ein, Jake Bennet!«

Diesmal lachte er noch lauter und warf seinen Kopf dabei in den Nacken.

»Du hast mich total verrückt gemacht. Ich konnte mir nicht eingestehen, dass ich Gefühle für dich habe. Seit ich Dundee damals verlassen hatte, habe ich nie wieder jemanden so nahe an mich herangelassen. Seit ich dich kenne, habe ich mich verändert.«

»Wie meinst du das?«

Jetzt kam er langsam auf mich zu. »Ich habe den Job aufgegeben, Hannah. Um ehrlich zu sein, ich kann es nicht mehr. Mein Leben als Escort-Man ist vorbei. Ich habe es aufgegeben – für dich – für uns.«

Hatte er das jetzt wirklich gesagt? Durfte ich ihm glauben?

»Meinst du das ernst?«, fragte ich verwundert.

»Natürlich, warum, glaubst du veranstaltet Nancy für mich eine Vernissage? Okay, ihr Angebot bestand schon länger, aber erst, als ich auf der Heimfahrt von Dundee war, beschloss ich, den Sprung einfach zu wagen.« Er blieb stehen, sah mich an und streckte mir *seine Hand* entgegen. Wie gern hätte ich sie ergriffen, aber ich war mir nicht sicher, ob ich ihm glauben konnte.

»Hannah«, er ließ seine Hand wieder sinken, »vom ersten Moment an, als ich dich sah, wusste ich, dass du etwas in meinem Leben verändern würdest. Ich wusste, mit dir könnte ich meiner Familie wirklich glaubhaft verkaufen, dass ich ein erfolgreicher Geschäftsmann bin, der in New York ein erfülltes Leben hat.

Du warst so anders und natürlich – so echt. Und dann passierte etwas mit mir, wofür ich zuerst keine Erklärung hatte. Ich verstand einfach nicht, warum ich plötzlich so fühlte. Es machte mir Angst. Und um mir selbst zu beweisen, dass ich noch Roger Roon sein konnte, rief ich die Kundin zurück. Ich war mir sicher, dass ich danach wieder der Alte sein würde. Doch als ich bemerkte, dass du fortgegangen warst, bekam ich noch mehr Angst. Das war schließlich der Punkt, an dem ich wusste, dass ich, ganz egal wieviele Termine ich machen würde, meine Gefühle für dich niemals würde unterdrücken können.«

Jetzt trennten uns noch ein paar Meter. Er konnte sehen, wie ich zitterte.

»Ist dir kalt?«

»Ein wenig!«, gab ich zu.

Er fuhr sich ungeduldig durchs Haar. »Dann komm, sei vernünftig und lass uns irgendwo hingehen und reden.«

Er wollte reden? War das jetzt ein gutes oder ein schlechtes Zeichen? »Ich soll vernünftig sein?«, neckte ich ihn.

Er grinste. »Nein, das sollst du überhaupt nicht. Aber gib mir doch die Chance, dir alles zu erzählen. Und gegen ein wenig Gemütlichkeit hätte ich auch nichts einzuwenden. Einverstanden?«

Er wollte reden! Ich wollte Antworten. Mir war kalt, aber ich wusste, in seiner Nähe zu sein, bedeutete auch, dass ich schwach werden könnte. »Na gut! Wo gehen wir hin?«

***

Nicht weit von Nancys Kunstgalerie führte mich Jake in ein Hochhaus. Die Eingangshalle war so groß wie der Eingangsbereich vom Caesars Palace. Alles in edlem Marmor und glänzendem Stein gehalten. Ein Portier begrüßte Jake und nickte mir freundlich zu.

»Einen schönen Abend, Mr. Roon!«, sagte er und fasste sich an seine Mütze.

»Danke, Nigel, Ihnen auch«, sagte Jake, als wir in den Aufzug stiegen und in den letzten Stock hochfuhren. Einmal blickte Jake kurz in meine Richtung, doch er schien sich die Worte für später aufzuheben. Schweigend fuhren wir hinauf. Die Aufzugstüren öffneten sich endlich und ich folgte ihm.

»Du wohnst hier ganz allein?«, fragte ich verwundert.

»Ja, es ist das Penthouse«, sagte er, öffnete die Tür und überließ mir den Vortritt.

Wow! Sprachlos betrat ich die heiligen Hallen des Jake Bennet. Sanftes Licht empfing uns in einem riesigen Wohnzimmer. Ich sah mich um. Alles war geschmackvoll und modern eingerichtet, und wenn ich ehrlich war, hatte ich mir das auch so vorgestellt.

Eilig räumte er Klamotten beiseite, die unordentlich im Wohnzimmer verteilt lagen und fegte mit der Hand ein paar Krümel vom Sessel. Ich schmunzelte.

»Entschuldige, meine Putzfrau war heute noch nicht da. Willst du etwas trinken?«, fragte er mich, warf seinen Schlüssel achtlos auf den großen Esstisch, auf dem einige Papiere und ungeöffnete Briefumschläge lagen, und ging in die angrenzende Küche. Ich hörte, wie er den Kühlschrank öffnete.

»Ich nehme mal an, Alkohol darf ich dir keinen anbieten?«

»Vergiss es, Jake. Ein Wasser, wenn du so etwas hast, bitte.«

Ich lief zu dem großen Panoramafenster und sah in die Nacht hinaus. Die Aussicht war atemberaubend.

»Warte nur, bis du oben auf dem Dach warst. Da ist die Aussicht noch viel besser.«

Ich zuckte zusammen, weil ich ihn nicht näherkommen gehört hatte. »Dein Wasser!«, sagte er.

Dankbar, endlich eine Beschäftigung für meine Hände zu haben, nahm ich es entgegen und wandte mich wieder der Aussicht zu.

»Wie lange wohnst du schon hier?«

»Etwa vier Jahre. Gefällt es dir?«, fragte er und lief durch den Raum, löste seine Krawatte und warf sie schließlich zu den anderen Kleidungsstücken. Anschließend ging er in den Flur und zog seine Schuhe aus. Als er wieder in das Wohnzimmer kam, war er gerade dabei, sein Hemd aufzuknöpfen. Gebannt beobachtete ich ihn dabei. Er blieb stehen, als würde er überlegen, warum ich so ein verschrecktes Gesicht machte.

»Oh, macht es dir etwas aus, wenn ich mich kurz umziehe? Den ganzen Tag im Anzug, da will ich es wenigstens privat bequem haben. Ist das in Ordnung für dich?«

Ich nickte. »Nur zu!«

Schon war er verschwunden und ich hatte Zeit, mich weiter umzusehen. Nirgends gab es etwas Persönliches, weder Fotos noch Andenken. Statt Bilder an die Wände zu hängen, ließ er sie kahl. Ich betrachtete die Bücher, die Jake auf den Tisch gelegt hatte. Goethe, Novalis und ein Sammelband der romantischen Epoche. Er hatte sich tatsächlich damit beschäftigt. Es berührte mich tief, wenn ich an die Gedichte dachte, die er für das Buch ausgesucht hatte. Das war wirklich süß von ihm. Ich lächelte.

»Ich hab alle Gedichte in diesen Büchern gefunden.«

Ich zuckte zusammen. »Schleichst du dich immer so an?«, fragte ich irritiert über seine plötzliche Nähe. Er trug jetzt eine verwaschene Jeans und ein einfaches T-Shirt.

»Nein!«, sagte er und sah mir in die Augen. »Hannah, ich möchte, dass du das Buch behältst. Ich habe es für dich nach meinen Vorstellungen anfertigen lassen.«

»Es ist wirklich unglaublich schön. Aber ...«

»Ich … habe alles in dem Brief so gemeint, wie ich es schrieb. Novalis sprach mir damit aus der Seele. Als ich es las, glaubte ich, er erzählte von dir.«

Wie sollte eine Frau bei solchen Worten stark bleiben? Ich schwächelte, und zwar gewaltig. Er kam näher, so nah, dass ich seinen warmen Atem auf meinem Gesicht spüren konnte.

»Auf die Hände küsst die Achtung«, begann er plötzlich, nahm meine Hände und küsste sie.

»Freundschaft auf die offne Stirn«, sanft hauchte er einen Kuss darauf.

»Auf die Wange Wohlgefallen«, ich schloss die Augen und genoss seine warmen Lippen.

»Selbige Liebe auf den Mund«, wisperte er leise. Dann fühlte ich seinen warmen Kuss. Ein ganzer Schwarm Schmetterlinge flog in meinem Bauch, als ich ihn schmeckte. Erst jetzt wurde mir bewusst, wie sehr ich ihn vermisst hatte.

»Aufs geschlossene Aug' die Sehnsucht,

In die hohle Hand Verlangen.« Er küsste meine Lider, die voll mit Tränen waren, und meine Handfläche.

»Arm und Nacken die Begierde«, zart hauchte er viele kleine Küsse auf meinen Hals, auf meine Schulter, hinunter bis zu meinem Arm.

»Überall sonst die Raserei«, sagte er leise zum Schluss. Unsere Blicke verharrten ineinander und dann küsste er mich wieder auf den Mund. Ich vergaß mich völlig in dem Gefühl dieser unendlichen Zärtlichkeit, war überwältigt von der Poesie und der Liebe, die er mir schenkte.

»Hannah, ich liebe dich. Bleib bei mir, bitte.«

Meine Dämme brachen. Blind vor Liebe fiel ich in seine Arme. Endlich!

»Ich liebe dich auch, Jake. Du weißt nicht, wie …«, weinte ich an seiner Brust.

»Sch ...! Vergiss, was war. Ab jetzt wird es nichts mehr geben, was zwischen uns steht.« Er legte seinen Arm unter meine Knie, hob mich hoch und trug mich aus dem Wohnzimmer.

»Wohin gehen wir?«

»Du bist die erste Frau, die meine Wohnung betreten hat. Ich will keine Geheimnisse mehr vor dir haben, du sollst jetzt alles über mich erfahren.«

Vom Flur führte eine Treppe hinauf. Auf der letzten Stufe stellte er mich ab, öffnete die Tür und schaltete das Licht ein. Er nahm mich an die Hand und führte mich hinein.

Der Geruch von Ölfarben und Terpentin stieg mir in die Nase als ich das kleine Atelier betrat. Überall standen

Gemälde an den Wänden und auf Staffeleien. Die meisten Motive zeigten das blonde Mädchen, welches ich auf der Vernissage gesehen hatte. Auf anderen Gemälden waren die Gesichter seiner Familie zu sehen.

»Das ist meine kleine Schwester Elly. Sie war sehr klug und besaß eine ganz besondere Stimme. Sie konnte für ein Mädchen in ihrem Alter unfassbar gut singen. Sie sang bei uns im Kirchenchor und gewann einige Wettbewerbe. Sie galt als Wunderkind. Wir alle wussten, dass sie eine große Zukunft vor sich hatte. Mit sieben Jahren ertrank sie«, sagte Jake tonlos. Sein Blick ruhte auf ihrem Portrait. Sofort tauchte die Bildergeschichte vor meinen Augen auf. Oh Gott, das war seine Schwester!

»Als das Unglück geschah, war ich sechzehn Jahre alt. Damals war ich mit Susan zusammen. Ich war total verliebt in sie. Sie war das schönste Mädchen in Dundee und ich der unbeliebteste Raufbold. Niemand durfte wissen, dass wir zusammen waren, schon gar nicht ihre Eltern. Sie war die Tochter des Bürgermeisters und er duldete nicht, dass sie sich mit mir traf.

Eines Abends gingen meine Eltern mit den Blumbergs essen. Sie wohnten damals ein paar Häuser weiter. William, Adam und ich hatten den Auftrag, auf die Mädchen aufzupassen.

Ich hatte dir erzählt, warum mein Verhältnis zu meinen Brüdern nicht das Beste war.«

Ich nickte. »Ja, du erzähltest mir, dass du nicht der leibliche Sohn von Carl bist.«

»Genau. Zu Laura und vor allem zu Elly hatte ich schon immer eine sehr enge Bindung. Vor allem Elly schaffte es, mich immer wieder auf andere Gedanken zu bringen, wenn ich wütend oder traurig war. Sie sang für mich oder ich erzählte ihr erfundene Geschichten.

An diesem Abend brachte ich die beiden Mädchen ins Bett. William und Adam kümmerten sich nie um sie. Sie waren Teenager und hatten andere Probleme. Elly war noch sehr klein und so nahm ich sie immer in Schutz, während Laura sich ganz gut selbst wehren konnte, wenn meine Brüder sie mal wieder ärgerten.

In der Unglücksnacht las ich Elly noch eine Gutenachtgeschichte vor und erzählte ihr, dass ich mich mit Susan am See treffen wollte. Ich bat sie, mich nicht zu verraten, und falls sie aufwachen würde, sollte sie zum See kommen.

Es dauerte nicht lange und sie schlief ein. Ich schlich mich aus dem Haus und ging zum Treffpunkt. Susan wartete schon auf mich. Wir tranken Bier, rauchten Gras und irgendwann zog sie ein Tütchen aus ihrer Tasche. Ich weiß noch, wie sie mich verführerisch angrinste. In dem Tütchen befand sich eine neue Droge, die sie unbedingt mit mir ausprobieren wollte. Zu diesem Zeitpunkt hatte ich schon ein paar Erfahrungen, aber vor diesen Pillen war ich bisher immer zurückgeschreckt. Doch sie wollte sie unbedingt nehmen. Ich redete es ihr aus und schaffte es tatsächlich, dass sie sie wieder in ihre Tasche zurücksteckte. Ein wenig später kam sie auf die Idee, mit dem Boot bis zur Mitte des Sees zu paddeln, dafür musste ich den Bootsschuppen aufbrechen und das dauerte eine ganze Weile. Elly war wohl in meiner Abwesenheit an den Steg gelaufen – wahrscheinlich hatte sie schlecht geträumt.«

Er stockte und ich spürte deutlich, wie sehr es ihn aufwühlte. In diesem Moment wollte ich ihm beistehen. Dann erzählte er weiter.

»Sie konnte nicht besonders gut schwimmen. In diesem Sommer hatte ich es ihr beibringen wollen. Ich hörte, wie Susan einen unglaublichen Lachanfall hatte - verstand zuerst nicht warum, bis ich begriff, dass sie sich die Dinger heimlich eingeworfen hatte. Vom Schuppen aus konnte ich nicht genau erkennen, was los war. Neugierig ging ich zum Steg zurück. Mit Entsetzen erkannte ich meine kleine Schwester im Wasser. Sofort rannte ich los und sprang hinein. Ich schrie Susan um Hilfe an, doch sie reagierte nicht. Sie war nicht mehr sie selbst und immer noch lachte sie völlig durchgeknallt, war eingetaucht in ihren Drogenrausch. Also zog ich Elly allein aus dem Wasser und versuchte, sie wiederzubeleben. Ich werde nie vergessen können, wie blau und gleichzeitig bleich sie war. Hysterisch und völlig geschockt versuchte ich, sie irgendwie wieder zurückzuholen. Aber das kleine Herz wollte einfach nicht mehr schlagen. Verstehst du, Hannah? Sie war tot! Und das nur, weil ich mich unbedingt mit Susan hatte treffen wollen. Wäre ich nicht so egoistisch gewesen, wäre sie heute ein gefeierter Star. Ich bin schuld, dass Elly tot ist.«

Ergriffen fuhr er sich durchs Haar. Jake war alle Farbe aus dem Gesicht gewichen, als er mir die Geschichte erzählte. Sein Gesichtsausdruck war erstarrt und er tat mir so unendlich leid.

»Es war nicht deine Schuld, Jake«, versuchte ich ihn zu trösten und legte meine Hand auf seinen Arm.

»Ich weiß nicht mehr, wie lange ich bei Elly blieb. Jedenfalls klang irgendwann Susans Rausch ab und sie geriet in Panik. Sie schrie und weinte, als sie begriff, dass Elly tot war. Sie hatte solche Angst davor, dass ihre Eltern erfahren könnten, dass sie Drogen genommen hatte. Sie war die Vorzeigetochter in Dundee. Deshalb schickte ich sie nach Hause und gab ihr mein Versprechen, dass ich niemandem davon erzählen würde, dass ich mit ihr hier gewesen war.

Du kannst dir vorstellen, dass danach die Hölle losbrach. Ich war der Mörder der kleinen Elly. Ganz Dundee hasste mich von da an noch mehr. Ich hatte ihnen das kleine Mädchen genommen, welches mit ihrer wundervollen, einzigartigen Stimme Dundee zu Ruhm und Geld hatte verhelfen sollen. In dieser Nacht verprügelte mich Carl und meine Mom versank in tiefe Depressionen. William und Adam machten mir das Leben noch schwerer und ich wollte nur noch sterben.«

»Das ist ja schrecklich, Jake.«

»Von da an war ich nur noch geduldet, nahm regelmäßig Drogen, versuchte, meine Schuld und meinen Kummer zu betäuben. Ich wollte einfach, dass das alles aufhörte. Nur Granny habe ich es zu verdanken, dass ich noch am Leben bin. Sie war die Einzige, die ein Machtwort sprach und dafür sorgte, dass man mich in Ruhe ließ. Ich aß, schlief und arbeitete. Aber die Blicke und das Getuschel, wenn ich eine Straße entlanglief, habe ich deutlich mitbekommen.

Granny hatte mir von Anfang an nie ganz abgenommen, dass ich damals allein am See war. Sie wusste, dass es jemanden gab, den ich schützte. Aber ich hatte Susan mein Wort gegeben und mich bis eben daran gehalten. Das war der Grund, warum ich Dundee verließ und erst mit dir wieder zurückkehrte.«

Ich war erschüttert von Jakes Geständnis. Mein Herz wurde ganz schwer bei dem Gedanken, was er alles hatte ertragen müssen. »Ich weiß gar nicht, was ich sagen soll, Jake. Das ist einfach nur furchtbar.«

Endlich sah er wieder zu mir. »Ich werde diese Sache in meinem Leben nie vergessen können. Aber ich habe diesen Unfall akzeptiert. In New York bekam ich das erste Mal in meinem Leben Abstand zu all dem. Niemand wusste davon. Unter diesen Bedingungen konnte ich mir eine neue Identität schaffen, verstehst du?«

»Absolut!«

»Es tat gut, jemand Anderer zu sein. Roger Roon hat nichts mit Jake Bennet gemeinsam. Alle lieben und achten Roger und niemand würde auf die Idee kommen, dass er eine solche Vergangenheit hat. Mit dem Sex war es genauso. Dadurch konnte ich vergessen, wer ich wirklich war. Ich brauchte nur meine Rolle zu spielen und schon war ich erfolgreich. Bis du in mein Leben getreten bist«, sagte er und wandte sich mir zu. Sein tiefer Blick ging mir unter die Haut.

»Du hast mich gemocht, so, wie ich war. Du hast dich für mich interessiert und wolltest mehr von mir wissen. Ich lebte in ständiger Angst, dass du herausfinden könntest, was ich getan hatte.«

Ich schüttelte den Kopf. »Jake, es war ein Unfall. Eine Verkettung unglücklicher Umstände. Niemand hätte ahnen können, dass das passiert. Das Verhalten deiner Familie und der Menschen in Dundee war alles andere als gerechtfertigt. Ihr ward Teenager. Teenager machen hin und wieder Dummheiten. Niemand hatte das Recht, dich so zu behandeln.«

Jetzt, wo ich die ganzen Hintergründe kannte, wollte mir das Verhalten von Susan nicht in den Kopf. Bis heute war dies ein Geheimnis zwischen den beiden. Wo war da ihr Gewissen? Fühlte sie sich nicht schuldig? Warum fand sie niemals den Mut, wenigstens einen Teil der Schuld auf sich zu nehmen, um Jake damit etwas zu entlasten? Das fand ich absolut feige.

»Was ist mit Susan? Warum hat sie dir nicht geholfen?«

»Sie hatte viel zu große Angst!«

»Trotzdem, wenn ihr wirklich etwas an dir gelegen hätte, hätte sie zu ihrer Schuld stehen müssen.«

»Das weiß sie heute. Damals konnte sie das nicht so sehen. Als du auf der Bühne standest, bei der Versteigerung, unterhielten wir uns draußen. Sie bot mir an, die ganze Wahrheit öffentlich zu erzählen. Sie wollte wenigstens einen Teil wiedergutmachen, aber ich wollte das nicht.«

»Wieso?« War er denn von allen guten Geistern verlassen? Dadurch hatte er die Chance, seinen Namen reinzuwaschen.

»Weil es nichts ändern würde. Elly wird dadurch nicht wieder lebendig und das Verhältnis zu meiner Familie war vor dem Unfall schon nicht das Allerbeste. Ich werde nicht wieder nach Dundee zurückkehren. Mein Platz ist hier. Hier bin ich glücklich und zufrieden. Niemand hätte etwas davon.«

Wir schwiegen eine Weile und hingen unseren Gedanken nach, während ich mir die Bilder in dem Atelier ansah. Jake beobachtete mich.

»Ich kann nicht fassen, dass du das alles die ganzen Jahre über ausgehalten hast.«

»Die Jahre in Dundee waren sehr schwer. Aber als Roger Roon hier in New York nutzte ich die Chance. Jetzt habe ich das Gefühl, dass ich diesen Decknamen auch nicht mehr brauche. Ich kann wieder Jake Bennet sein, aber nur mit dir, Blue.«

Er streckte seine Hand nach mir aus und diesmal ergriff ich sie.

ENDE

Die Geschichte geht weiter. Band 2

YOU & ME – DER ZAUBER AM ENDE DES TAGES

WAS WURDE AUS ...

Hannah zog zu Jake ins Penthouse. Sie genossen ihre Liebe und lernten, ihre Freiheit zu leben. Sie ging in ihrem Literaturstudium völlig auf, während Jake in seiner Malerei sein inneres Gleichgewicht fand und mit sich Frieden schließen konnte.

Roger Roon löste alle geschäftlichen Beziehungen und verschwand von der Bildfläche. Noch heute trauern viele Kundinnen "The One" nach.

Evelyn Parker, Hannahs Mutter, brauchte eine ganze Weile, bis sie akzeptieren konnte, dass sich ihre Tochter verändert hatte. Als Hannah und Jake sie besuchen kamen, musste sie sich eingestehen, dass ihre Tochter noch nie in ihrem Leben so glücklich ausgesehen hatte.

Susan Blumberg wollte mit einem reinen Gewissen in ihre Ehe gehen. Seit Jahren quälten sie die Erinnerungen. Schließlich hielt sie es nicht mehr aus, weil Jake für alles verantwortlich gemacht wurde. Zuerst beichtete sie es Pastor Davis und anschließend sorgte sie in einem öffentlichen Brief dafür, dass alle Einwohner Dundees die Wahrheit über die Unglücksnacht erfuhren.

Das Ehepaar Blumberg war entsetzt über das Geständnis ihrer Tochter. Der Bürgermeister legte daraufhin sein Amt nieder und nahm eine Stelle als Hausmeister in der Grundschule an. Seine Frau Fran verließ ihn, machte den Stripper von Grannys Geburtstag ausfindig und brannte mit ihm durch. In Dundee wurde sie nicht mehr gesehen.

Granny besuchte vier Wochen später Jake und Hannah in New York. Bei Jake orderte sie einen Alltagsbegleiter, der ihr künftig in allen Belangen zur Seite stand. Er sollte mindestens so sexy wie der Stripper von ihrer Geburtstagsparty sein und all inclusive anbieten.

Pat hatte ihrem Sohn schon längst verziehen. Sie freute sich, dass Jake in Hannah jemanden gefunden hatte, der ihn glücklich machte. Den Verlust ihrer Tochter konnte sie trotz allem nicht verwinden.

Carl Bennet schaffte es nicht, über seinen Schatten zu springen. Er konnte Jake einfach nicht so lieben wie seine leiblichen Kinder.

William Bennet war froh, als Jake wieder aus Dundee verschwunden war. Die Aussage von Susan Blumberg hielt er für eine Lüge. Jake hatte noch nie nach Dundee und in die Familie gehört. Für ihn hatte Jake das Leben seiner Schwester auf dem Gewissen.

Adam und Chloe Bennet konnten durch viele Gespräche, ein besseres Verhältnis zu Jake aufbauen. Es wurde sogar so gut, dass sie mehrmals im Jahr für ein paar Tage mit den Kindern nach New York reisten, um Jake und Hannah zu besuchen. Jake wurde sogar für Kind Nummer drei, welches im Frühjahr auf die Welt kam, Patenonkel.

Jordan Bennet entdeckte bei einem Besuch bei Jake und Hannah, die Liebe zur Malerei. Jake zeigte ihm verschiedene Techniken und Jordan konnte sogar einige Bilder zugunsten von Grannys Organisation versteigern.

Laura Bennet arbeitete weiter im Coffee Shop ihrer Mutter. Dort begeisterte sie mit ihrer lustigen, fröhlichen Art die Gäste und wartete immer noch auf den Mann ihres Lebens.

Nancy Holister wurde eine sehr erfolgreiche Kunstgaleristin. Sie managte Jake mit seinen Werken.

Nur Lisa bereitete ihr große Sorgen. Die junge Frau zog sich immer mehr zurück und Nancy sprach mit Engelszungen auf sie ein, damit Lisa wieder zu ihrem Psychologen gehen würde. Doch sie war nicht bereit sich irgendjemandem anzuvertrauen. Was war der Auslöser für die erneute Krise?

Lisa ging jeden Tag zur Uni und arbeitete nebenher in Neill´s Coffee Shop. Sie freute sich für Hannah und gleichzeitig hegte sie ein wenig neidische Gedanken. Sie sagte zwar immer, dass sie keinen Mann wolle und schon gar nicht brauche, aber in einsamen Augenblicken hätte sie gerne eine starke Schulter gehabt. Doch durch ihre dunkle Vergangenheit konnte sie keinem Mann vertrauen.

Mehr über Lisa – Frühjahr 2015

YOU & ME – EIN NEUES HALBES LEBEN

Band 3

Matt Baldwin konnte nicht glauben, dass Hannah ihn wirklich verlassen hatte.

Wollte sie wirklich bei diesem … - piep - ... bleiben? Er war außer sich vor Wut. Was sollte er jetzt seinen Eltern sagen? Seine Mutter würde ausflippen!

Wie geplant fuhr Matt am Wochenende nach Hause. Schließlich musste er die Hochzeit absagen. Was ihn dann aber dort erwartete, hätte er sich in seinen wildesten Träumen nicht ausmalen können …

YOU & ME – DER ZAUBER AM ENDE DES TAGES – BAND 2

Leseprobe:

Matt

Seit Stunden saß ich in der vollen, verrauchten Bar in Hinsdale und genehmigte mir den dritten Drink. Warm rann die goldene Flüssigkeit meine Kehle hinab. Das war genau das, was ich jetzt brauchte. Es schwächte den Schmerz, meinen verletzten Stolz und das Gefühl, versagt zu haben. Niemand in der Kneipe achtete auf mich. Der Barkeeper polierte seine Gläser und blickte mich bisweilen fragend an. Bestimmt dachte er, ich würde gleich anfangen zu erzählen. Aber darauf konnte der lange warten. Mit niemandem wollte ich sprechen. Man sollte mich einfach in Ruhe lassen. Ich hatte die Schnauze voll von den gutgemeinten Ratschlägen und den Vorwürfen. Der schrille Ton meiner Mutter, als ich ihr erklärte, dass Hannah die Hochzeit abgesagt hatte, hallte noch in meinem Kopf. Danach herrschte Chaos.

Zwei Barhocker weiter setzte sich jemand neben mich. Ich sah nicht auf. Es war mir völlig egal.

»Einen Martini, bitte«, sagte eine weibliche Stimme. Sie klang fast noch zu jung für Alkohol. Kurz linste ich zu ihr rüber, erhaschte einen Blick auf ihre Hände. Dann sah ich wieder in mein Glas. Ihr Nagellack war grün und ihre Nägel kurz. Egal, was kümmerte es mich?

Hannah trug selten Nagellack. Sie war ein sehr natürlicher Typ – schön und ein kleines bisschen langweilig.

Ihr Gesicht tauchte vor mir im Geiste auf. Verdammt! Wie konnte sie mir das nur antun? Und dann noch mit so einem Versager? Ich konnte es immer noch nicht begreifen. Nach allem, was ich für sie getan hatte, hatte sie mich tatsächlich für so einen Stricher verlassen. Ekel überkam mich.

Ich war so ein verdammter Idiot. War auf ihr unschuldiges Gesicht hereingefallen. Wie lange hatte sie mich schon mit ihm betrogen? Tage? Wochen? Monate? Ich sollte dem Kerl eine ordentliche Abreibung verpassen. Seine dämliche Visage tauchte vor mir auf, wie sie grün und blau von mir bearbeitet worden war. Ich grinste zufrieden.

»Was?«, fragte die Frau neben mir. Offensichtlich redete sie mit mir, ich sah mich um, ob ich mich auch nicht täuschte. Doch niemand sah zu ihr.

»Meinen Sie mich?«, fragte ich und sah sie zum ersten Mal an.

»Ja, genau, Sie! Was gibt es zu grinsen?«, fragte sie in einem gereizten Ton.

»Ich habe Sie nicht angegrinst!« Sie war hübsch, hatte lebendige, braune Augen und kurzes, dunkles Haar. Eine künstlich pink gefärbte Strähne fiel ihr in die Augen. Obwohl ich Frauen mit langem Haar bevorzugte, gefiel sie mir. Mein Blick wanderte über ihren Körper.

Sie war schlank, trug Jeans, Stiefel und ein T-Shirt, das ihr auf einer Seite von der Schulter gerutscht war.

Auch sie musterte mich. Dabei kniff sie ihre Augen zusammen und sah mir ins Gesicht. Ich sah wieder vor mich hin.

»Liebeskummer?«

Ich antwortete nicht auf ihre Frage, was sie als eine Art Zustimmung auffasste. »Ich kenne das«, sagte sie jetzt versöhnlicher. »Das ist immer mies! … Hat sie dich beschissen?«

Sollte ich darauf antworten? Schließlich ging sie das einen feuchten Dreck an. Ich entschied mich, nichts darauf zu entgegnen.

»Tut weh, oder?«, bohrte sie weiter.

Sie erinnerte mich wieder an dieses leere und schmerzhafte Gefühl, welches ich durch meine Drinks hatte betäuben wollen, und Ärger stieg in mir auf. Mürrisch orderte ich mir einen weiteren Drink.

»Dann war sie es bestimmt nicht wert!«, sagte sie, sprang locker von ihrem Hocker und setzte sich direkt neben mich.

»Mach dir nichts draus! Andere Mütter haben auch schöne Töchter.«

Genervt wischte ich mir über das Gesicht.

»Weinen hilft da nichts, das kann ich dir sagen«, meinte sie und legte ihre Hand tröstend auf meine Schulter.

Mitten in meiner Bewegung hielt ich inne und sah sie verwundert an. »Ich heule nicht!« Wie konnte sie nur glauben, dass ich weinte? Ich war schließlich ein Mann! Seit Jahren hatte ich nicht mehr geweint. Obwohl Hannah mich schon sehr verletzt hatte.

»Ach so, ich dachte …«, kicherte sie jetzt. »Nichts für ungut. Obwohl ich finde, euch Kerlen würde es mal guttun. Weinen kann sehr befreiend sein.«

Eigentlich wollte ich mich hier in Ruhe in meinem Kummer besaufen. Für ein paar Stunden meine Wunden lecken und jetzt saß eine nervige und plapperwütige junge Göre neben mir!

»Mir ist gerade auch zum Heulen zumute.«

Wollte ich das wissen? Ich schloss meine Augen in der Hoffnung, sie würde sich in Luft auflösen und ich hätte meine Ruhe. Leider war das nur eine Wunschvorstellung!

Sie wartete darauf, dass ich nach dem Grund fragte. Doch das tat ich nicht, sah nur kurz zu ihr rüber.

»Meine Eltern wollen mich zwingen für ein Jahr mein Leben aufzugeben. Kannst du dir das vorstellen? Ich soll für ihr Geschäft ein ganzes Jahr meines Lebens opfern und das, wo ich gerade dabei war, eine Surfschule zu eröffnen.« In einem Zug trank sie ihr Glas leer und orderte beim Barmann einen weiteren Drink.

»Ich liebe meine Familie, aber das ist einfach zu viel verlangt.«

Ja, das konnte ich verstehen. Aber das Leben war schließlich kein Ponyhof. Wir hatten alle unsere Probleme.

»Ein Jahr kann schnell vorbeigehen«, war das Einzige, was ich dazu sagte.

»Spinnst du? Das Angebot für die Surfschule bekomme ich nur jetzt. Ein Freund von mir will das Geschäft aufgeben und bietet es mir für einen Spottpreis an. So ein Angebot bekomme ich nie wieder!«

»Tja, ich würde sagen, das nennt man dann Pech!«

»Und wenn ich mich weigere und dieses Jahr nicht durchziehe, dann dreht mein Dad mir den Geldhahn zu«, sagte sie und ignorierte meinen Kommentar. »Was ist mit dir? … Wirst du sie zurückholen? Ich meine, deine Freundin?«

Zurückholen? Ehrlich gesagt, hatte ich mir darüber keine Gedanken gemacht. Obwohl ich mir insgeheim wünschte, dass Hannah mich um Verzeihung bitten würde – auf den Knien natürlich!

»Nein, sie hat sich entschieden!«, murrte ich.

Sie schwieg endlich – Gott sei Dank. Nach einer Weile sah ich zu ihr. Diese lebendige und fröhliche Art war aus ihrem Gesicht verschwunden. Sie sah jetzt wirklich traurig aus und ich bekam ein schlechtes Gewissen. Etwas regte sich in mir und wollte sie am liebsten trösten. Doch ich hielt mich zurück.

Jemand warf ein paar Münzen in eine Musikbox und kurz darauf erklang ein Countrysong aus dem Lautsprecher.

»Hey, hast du Lust zu tanzen?«, fragte sie plötzlich, begeistert von ihrer Idee.

»Tanzen?«

»Ja, warum nicht? Komm schon!«, quengelte sie, trank ihr Glas aus und hüpfte gut gelaunt vom Barhocker und zog an meinem Ärmel.

»Nein, ich kann nicht tanzen«, versuchte ich, mich zu wehren.

»So ein Quatsch! Jeder kann tanzen. Ich werde es dir zeigen und du wirst sehen. Es hilft dir, wieder fröhlich zu werden.«

Obwohl ich mich erst weigerte, schaffte die Kleine es, mich vom Hocker zu reißen. Sie legte einen Arm um meine Mitte und hielt meine Hand, ihre Hüften bewegten sich im Takt der Musik.

»Du musst unbedingt lockerer werden. So aus den Knien heraus, siehst du?«

Die Drinks machten sich bemerkbar – gut. Die junge Frau war einen ganzen Kopf kleiner als ich. Wie alt sie wohl war? Ich schätzte sie noch jung, vielleicht gerade zwanzig.

»Wie heißt du eigentlich?«, fragte ich, während ich anfing, mich nach ihren Anweisungen zu bewegen.

»Lu.«

»Lu? Was ist das für ein Name? … Ich bin Leo«, log ich.

Sie lachte laut. »Leo?«

»Was ist so lustig daran?«

»Nichts! Leo ist total süß! Passt aber überhaupt nicht zu dir«, sagte sie und zog mich enger zu sich. Ihr süßer Duft stieg mir dabei in die Nase. Sie roch gut, anders als Hannah, aber wirklich gut.

Wir tanzten weiter, und als die Musik endete, musste ich zugeben, dass ich mich tatsächlich besser fühlte. Die Kleine gefiel mir. Ich fand sie sogar ausgesprochen sexy mit ihrer pinkfarbenen Haarsträhne und dem grünen Nagellack.

Zwei Stunden später saßen wir beide mehr als angeheitert an der Bar. Wir kicherten und blödelten, bis der Barkeeper schließlich die letzte Runde einläutete.

»Sollen wir gehen?«, fragte Lu.

»Und wohin?«

Ihr Lächeln verschwand und ernst blickte sie mich an. »Ich glaube, ich habe Lust, mit dir zu schlafen.«

Mit allem hatte ich gerechnet, aber niemals mit so einer direkten Antwort. Sofort regte sich etwas in meiner Hose. Was war schon dabei? Ich war schließlich ein verlassener Mann.

»Bist du immer so direkt?«

Ein diabolisches Grinsen lag auf ihren Lippen. Lu war eine Frau, die genau wusste, was sie wollte. Das imponierte mir. Sie war anders als Hannah – fröhlich, lustig und ein wenig verrückt. Doch wie verrückt sie wirklich war, das sollte ich schon bald erfahren. Und das mit allen Sinnen ...!

Mehr von Matt … Winter 2014

YOU & ME – DER ZAUBER AM ENDE DES TAGES
BAND 2

Ich hoffe, Ihnen hat meine Geschichte gefallen. Ich freue mich immer über Feedback oder Anregungen per Email, Facebook oder in Form einer Rezension im Internet.

Vielen Dank
Ihre Any Cherubim

Mail: tidani@freenet.de

oder

www.any-cherubim.jimdo.com

oder

https://www.facebook.com/Any-Cherubim-Autorin

DANKE

Ach her jee... wo soll ich nur anfangen …?

Es gibt so viele Menschen, denen ich zum Dank verpflichtet bin, wohl aber am meisten meinen Lesern. Ihr motiviert mich und treibt mich immer weiter an. Euch zu unterhalten macht sehr viel Spaß und ist mit jedem Buch ein Abenteuer.

Aber alleine würde ich das niemals schaffen. Es gibt ein paar Menschen, die einen großen Anteil daran haben:

Danke an ***meine Familie***, die mir die Freiheit schenkt, mich jedem Buch so intensiv zu widmen. Wir sind einfach ein unschlagbares Team.

Danke ***Papa***, du unterstützt mich und bist immer für mich da - egal, wie verrückt meine Ideen sind.

Danke ***Anja Horn*** für deinen unermüdlichen Einsatz, die vielen Stunden am Telefon und deine Liebe zu Büchern. Du verblüffst mich immer wieder mit deiner Kreativität, deinem Scharfsinn und deinem Gefühl für Texte.

Danke ***Beate Döring*** für deine Freundschaft, deine Geduld und deine Kreativität. Wie viele Talente stecken eigentlich in dir? Coverdesign, Korrektur, Management …

Frau Tausendsassa!

Beates Rezensionen zu "Mea Suna" und zu "Zwei Leben mit dir" findet ihr auf ihrem Blog: www.buchplaudereien.de

Danke ***Renate Heilemann*** für deine Begeisterung und Unterstützung. Es ist so schön, dich in meiner Nähe zu wissen.
Renates Videorezension zu "Mea Suna" und "Zwei Leben mit dir" findest du hier: www.nadys-buecherwelt.jimdo.com

Danke ***Christine Schubach*** für deine Unterstützung, deine ehrliche Meinung und deine Zeit, die du in meine Texte steckst.

Danke ***Monika Dufner*** für deine Hilfe und deinen Rat. Auf dich kann ich mich immer verlassen.

Zudem möchte ich allen danken, die sich die ersten Entwürfe angetan haben: ***Michelle Ward, Sonja Züge, Jenny Wäldchen, Kerstin Krepper, Christina Stöger, Sandra Bringman, Laura Bellert, Markus Minzsk, Jennifer Esche und Wendy Mahler.***

Leute, ihr seid großartig!

Kennst du...

Mea Suna - Seelensturm?

Der Erfolgsroman von Any Cherubim
Band 1

Die junge Jade Lewis belauscht heimlich ein Gespräch ihres Onkels. Ihre 4 Minuten jüngere Zwillingsschwester Amy soll in tödlicher Gefahr schweben. DER TALURI, ein eiskalter Killer, hat den Auftrag sie zu töten. Mutig beschließt Jade, für das Leben ihrer Schwester zu kämpfen und ist fest entschlossen, sich jeder Gefahr zu stellen. Als sie dem Taluri gegenübersteht, löst er verwirrende Emotionen in ihr aus. Kann Jade hinter das Geheimnis der Taluris blicken?

»Er war ein Taluri, gefährlich, stark und geheimnisvoll. Und obwohl mir klar war, dass er meine Schwester töten will, war ich fasziniert von ihm.«

Mea Suna - Seelenfeuer

Band 2

… alles verloren … trotzt dem Schicksal … das Wagnis vor Augen … in Freundschaft vereint … eine Entscheidung … die Liebe verbindet … bis in den Tod … Heil und Verderben...

Morgions Bedrohung - unaufhaltsam und zerstörend
Jades Seelenfeuer - herrschend und vernichtend
Lucas Kampf - Rache und Tod

Auf meinem Handrücken saß ein orangefarben leuchtender Schmetterling. Wie ungewöhnlich zutraulich! Etwas Seltsames geschah. Meine wütende, leuchtend rote Aura hüllte ihn komplett ein. Er sah aus, als würde er in meinen Flammen aufgehen. Energie übertrug sich von meiner Hand auf den Schmetterling. Genau in dem Augenblick verloren seine Flügel jegliche Farben, wurden grau wie Asche und Rauch qualmte aus seinem Körper. Die Flügel zerfielen vor meinen Augen zu Staub und der flügellose Körper fiel tot zu Boden. Fassungslos sah ich, wie die Staubreste glitzernd durch die Sonne in der Luft schwebten. Der Schmetterling war tot. Ich hatte ihn getötet.

Fängt der Albtraum damit erst an?

Impressum

ISBN-13: 978-1502836236

ISBN-10: 1502836238

Autorin:
Any Cherubim
www.any-cherubim.jimdo.com

Lektorat/Korrektorat:
Anja Horn/Dr. Andreas Fischer/ Julia Engelhardt

Covergestaltung:
Vivian Tan Ai Hua
http://www. Facebook.com/aihua.art

Bildmaterial:
© "Kiuikson" -shutterstock.com
© "Keo" -shutterstock.com

Herstellung Druck:
On-Demand Publishing LLC
100 Enterprise Way
Suite A200
Scotts Valley, CA 95066
www.createspace.com

5565394R00203

Printed in Germany
by Amazon Distribution
GmbH, Leipzig